战争就是这么回事儿

这么回事儿

袁腾飞讲一战

袁腾飞/著

湖南人民出版社　博集天卷
CS-BOOKY

图书在版编目（CIP）数据

战争就是这么回事儿：袁腾飞讲一战 / 袁腾飞
著. 一长沙：湖南人民出版社，2013.6
ISBN 978-7-5438-9432-7

Ⅰ.①战…　Ⅱ.①袁…　Ⅲ.①第一次世界大战-
历史-通俗读物　Ⅳ.①K143-49

中国版本图书馆CIP数据核字（2013）第 131670 号

战争就是这么回事儿：袁腾飞讲一战

作　　者：袁腾飞
出 版 人：谢清风
责任编辑：胡如虹
特约策划：徐　杭
监　　制：于向勇
策划编辑：马占国
营销编辑：张　宁　刘菲菲

出版发行：湖南人民出版社［http://www.hnpp.com］
地　　址：长沙市营盘东路 3 号
邮　　编：410005
经　　销：新华书店

印　　刷：三河市中晟雅豪印务有限公司
版　　次：2013 年 7 月第 1 版
　　　　　2019 年 2 月第 6 次印刷
开　　本：787mm×1092mm　1/16
印　　张：20
字　　数：308 千
书　　号：ISBN 978-7-5438-9432-7
定　　价：38.00 元

质量监督电话：010-59096394
团购电话：010-59320018

自序：战争史也可以讲得很有趣儿

　　第一次世界大战，是人类历史上第一次大规模的陆、海、空立体战争，是近代战争与现代战争的分水岭。

　　在一战之前，战争是平面的，要么在地上，要么在海上。一战时，天上、地上、海上、海底都是战场，这在战争史上具有划时代的意义。一战刚爆发的时候，飞机上还没有武器，到了1918年歼击机大空战的场面就出现了，今天所有的空军战术动作，在一战的时候基本上就已经定型了。现代的"陆战之王"坦克，就诞生于一战的烽火之中。潜艇也在一战中大规模投入战争，德国的U艇神出鬼没，战果累累，有了一个令无数海员闻风丧胆的称号——"水下杀手"。今天的海上巨无霸航空母舰，也在一战中崭露头角。看过电影《战马》的朋友，想必对德国马克沁机枪记忆犹新，这是一战中大显神威的大杀器之一。此外，巨炮、毒气等大杀器也在一战中广泛使用。人类为了互相屠杀，无所不用其极。百年前的这场世界大战，有很多值得我们去了解和思考的事儿。

　　在我决定创作这套书的时候，有朋友对我说，真实的战争残酷而枯燥，写真实了，就容易枯燥；要写得好看，就变成戏说了；要想写的既真实又好看，很难。

　　确实如此。现在市面上有关战争史的书很多，大体上分为两类：学院派和戏说体。学院派所讲的战争史过于严肃，一大堆外国人名、地名、军队的番号，从这个格勒进攻那个斯克等，往往看得人晕头转向。这样的战争史，更适合做军事院校的教材，不太适合大众读者阅读。而戏说体又过于调侃，不是历史的真实，只能说是艺术作品。

　　怎样让一战史既真实又好看呢？我着力在三个方面下功夫：

一是沿用讲二战的"史话体"风格。什么叫"史话体"呢？说白了就是在叙述大事的同时，照顾细节——讲故事、讲段子。这也是教师出身的我最擅长的。我不是历史学家，不是专家学者。我大学读的是历史教育学，说白了就是怎么教历史，而不是怎么研究历史。我讲战争时，不是按年代把发生的战役一一陈述，而是将大事交代清楚之后，多讲战争中有典型意义的故事，讲述战争中人物的命运。比如，俄军总司令上任之后哭了很久，德国铁24团的缺点就是太勇敢，法军坚持穿着红裤子上前线，沙皇皇宫里的淫僧，等。这种风格，可以为枯燥的战争史加入一些有趣的元素。

二是多采用别家史书没有的史料，尤其是国外的第一手资料和近几年披露的最新资料。比如阿拉伯的劳伦斯，老式帆船"海鹰"号的海上传奇，德国人在东非以少胜多的战斗，早期飞行员用石头和铁链当武器……相信这些鲜为人知的故事，能给读者带来不少新的收获。

三是用大众喜闻乐见的语言。我们常说读史使人明智，中国人也有重史的传统，但为什么现在很多人不喜欢读历史书呢？就是因为以往写历史书的人，大多是正襟危坐、板着脸说话，这样写出来的历史书使很多人望而却步，找不到读史的乐趣。我认为历史写作，就是要把严肃的历史写得生动，把枯燥的事情写得好看，从而激发更多人读史的兴趣，让读者笑着读懂历史，开心地学到知识。

写这套战争史，了却了我的一大心愿，也是我的一个尝试。讲二战的两本书陆续出版后，受到了很多读者的喜爱，也收到了一些读者的反馈，非常感谢他们一如既往的支持和提出的宝贵建议。读者的认可，一直是我前进的动力。

这本书的出版，还是要感谢精华学校的廖中扬、李峰学两位老总；感谢中南博集天卷公司的领导和编辑马占国先生；感谢本书的特约策划徐杭先生为我搜集材料、编定大纲、整理文字。

希望这本书能得到大家的喜欢。

袁腾飞

目录
Contents

第二讲

大打出手见杀招
（比利时之战，马恩河战役）

第三讲

纷纷动手来群殴
（1914—1915年的东线）

第四讲

空前惨烈大屠杀
（凡尔登会战，索姆河战役）

第五讲

决战七海风波恶
（一战海战史）

第七讲

互有攻守破僵局
（1917—1918年最后的决战）

美国青年上战场
大家一起来投毒
德军最黑暗的日子

第八讲

战火燃遍三大洲
（欧洲之外的战场）

第九讲

铸成大错悔已迟
(德、奥、俄、土四大帝国的终结)

第十讲

历史是个死循环
（一战之后，苏波战争）

战争就是这么回事儿：
袁腾飞讲一战

第一讲

拉帮结派抢地盘

（列强的三对矛盾和两大集团）

战争无非是政治通过另一种手段的继续。

——克劳塞维茨

01. 一朝天子一朝臣

往事不堪回首

"人世几回伤往事，山形依旧枕寒流"。唐朝"诗豪"刘禹锡以此慨叹历史兴亡。正所谓：心不动，则不痛。以这种态度抚今追昔，不是穿越，却能神交古人。当然，我们在此讲历史，特别是回顾100年前，人类历史上第一场全球范围的兵劫——第一次世界大战，又有几人能不动心呢？

美国前国务卿基辛格曾说，一战有个很长时间的潜伏期。1914年之前的若干年，欧洲一直处在战争一触即发的危险之中。从欧洲列强开始争夺海外领地，有了独霸全球的野心，就为这场战争埋下了伏笔。欧洲列强为了殖民地早已争得面红耳赤，大战一直延迟到1914年才爆发，已经算是个奇迹！

到这时，任何外交手段都不起作用了，大家几十年来的隐忍，要在一瞬间发泄出来！但是，1914年战争爆发后，他们大概不会想到，这场战争完全不同以往，再也不是那种打几天、最多几个月就能结束的战争。这团战火越烧越旺，最终点燃了整个地球。

火力越凶猛，战争就越残酷，各国之间的仇恨越深，普通民众受害的程度也就越深。然而，20世纪就是从战争与革命的洗礼中走过来的，正是有了过去血与火的炼狱，才有了今天所谓的"歌舞升平"。它的源头，就是第一次世界大战！

"铁血宰相"俾斯麦

各国公认的一战元凶是德国。两次世界大战都是德国人挑起的，这就有意思了，为什么总是德国？为什么德国人喜欢暴力？为什么德国要在1914年，与几个实力相当的老牌列强发生战争？这就说来话长了。

1870年普法战争爆发，法国惨败，法国被俘虏皇帝1名、元帅1名、将军24名（都是酒囊饭袋）。德国强迫法国签订不平等条约，要法国赔款50亿法郎，割让矿产资源丰富的阿尔萨斯和洛林给德国。1871年1月18日，普鲁士国王威廉一世还特意在法国凡尔赛宫的镜厅加冕为德意志皇帝。对于高傲的法国人来讲，这简直是奇耻大辱。

法国人号称"高卢雄鸡"，一向很牛，虽然仗打输了，但人家还款可不含糊。当时，50亿法郎相当于中国14亿两白银。中国近代，清王朝对外签订的所有不平等条约，赔款总额大约13亿两白银，比法国这一次赔款还少了1亿两。但是，清朝直到灭亡，赔款也没还完。而法国这50亿法郎，3年就还完了。看得出来，法国在拿破仑三世①时期，大力推进工业革命，国力还是大幅提升了。

法国作为一个强大的工业国家，赔了巨款，割了阿尔萨斯和洛林，却没伤筋动骨。法国人厉兵秣马，跃跃欲试，要向德国佬复仇。所以，德国在普法战争后，最主要的工作，就是保住胜利果实，防止法国复仇。从普法战争后的形势看，法德矛盾是欧洲最主要的矛盾。

普法战争结束后，欧洲保持了20多年的相对和平，实际上，这要归功于德国著名的"铁血宰相"俾斯麦。

普法战争使欧洲大陆自1815年建立起来的维也纳体系土崩瓦解，代之而起的是俾斯麦处心积虑要建立的欧洲新秩序。在俾斯麦看来，具有强烈复仇心理的法国是德国在欧洲大陆的主要威胁。因此，为了保住普法战争的成果，就必须联合俄国和奥匈帝国，孤立法国。俾斯麦进行了一番努力，在外交上纵

---

① 拿破仑三世（1808—1873），全名是路易·拿破仑·波拿巴，是拿破仑一世的侄儿，1848—1851任法兰西第二共和国总统，1852—1870任法兰西第二帝国皇帝。普法战争中，拿破仑三世被普鲁士军队俘虏，后被释放回国，于1873年病逝。

1871年1月18日，普鲁士国王威廉一世还特意在法国凡尔赛宫的镜厅加冕为德意志皇帝横捭阖，逐步建立起了一个以柏林为核心的结盟体系，即俄、德、奥"三皇同盟"体系。比较而言，这三国是当时欧洲最保守、最专制的国家，三国的皇权都很强大，这三国走到一起，共同维护欧洲的君主制度，在别人看来也很正常。

正是由于俾斯麦的苦心经营，使得欧洲大陆建立起了新的秩序和一种均势，俾斯麦也被称为一位纵横捭阖的国际关系大师。当时德国的外交政策被称为"王球不落"。王球就是西方国家君主登基的时候，一只手捧着的一个带十字架的金属球，另一只手拿着权杖。

短命的皇帝老儿

俾斯麦外交政策的核心，就是最大限度孤立法国，把奥匈帝国、俄罗斯甚至英国拉到自己这边来。俾斯麦特别希望能跟英国结盟，因为英国维多利亚女王最喜爱的大公主是德皇威廉一世[1]的儿媳妇，她老公是弗里德里希三世。

弗里德里希三世曾长期逗留英国，受到开明派、立宪派以及中产阶级的影响，具有强烈的自由主义思想。在英国老婆的劝说下，他曾决定继位后以英国为榜样，把德国改造成一个民主的君主立宪制国家。他不赞成俾斯麦的铁血政策，俾斯麦也从来不喜欢他。

1888年3月9日，德意志第二帝国的缔造者、年过九旬的威廉一世去世了，弗里德里希三世继位。

但非常不幸，早在1887年5月，弗里德里希三世就患了喉癌，由于英国医生的误诊，或许能救命的手术被取消。这个错误发现得太晚，肿瘤使弗里德里希三世窒息，为了呼吸，他的气管被切开，插入一支银色通气管。这样一

---

[1] 德皇威廉一世（1797—1888），出生于普鲁士王室，少年时从军参加反拿破仑战争。1861年即位为普鲁士国王。在任时，他改革军制，任用贤臣，先后发动普丹战争、普奥战争、普法战争，一统德国，建立德意志第二帝国。

搞，腓特烈就无法与家人讲话了，只能用文字交流。1888年6月15日，弗里德里希三世去世。他继位仅99天就死掉了，人称"百日皇帝"。

设想一下，如果这个倾向民主的皇帝能长久在位，也许世界历史就会改变，这里是不是有什么猫儿腻，就不好说了。

弗里德里希三世一死，儿子小威廉继位，他就是德意志帝国的末代君主——威廉二世。1888年也被称为德国的"三皇之年"，老中青三代皇帝交替。

德意志帝国的新主人

德意志帝国的新主人威廉二世，跟他的祖父和父亲相比，差别很大。

威廉二世被当时的人们称为轻率盲动的恺撒。他喜欢被人吹捧，听不进任何不同意见，而且不断用奸佞小人替换祖父和父亲留下的耿直的大臣。在德国，皇帝的权力很大，不像在英国，国王已经没什么实权。1891年，威廉二世非常自豪地宣布："只有一个人是帝国的主人，那就是我，我不会容忍其他任何人。"他还说过一句足以成为笑料的话："我们肩负历史的重任，我要带你们走向美好的时代。"

带你们走向美好的时代——所有的大独裁者都这么叫嚣，以上帝的代言人自居，经常自吹自擂，说我的方针是绝对正确的，要坚决贯彻下去。

威廉二世的个性是什么样的？据一位和他同时代的传记作家描述，皇帝令人费解的性格中，有许多自相矛盾的东西，戏剧式的铺张华丽与自然本色的朴实无华，政治上的想入非非与健康正常的理智，讨人喜欢的正直与无视真理的粗鲁，无微不至的关怀与并不得体的举止，绝对的慷慨与过度的敏感，构成了威廉二世非常矛盾又奇特的个性。

威廉二世还爱慕虚荣，他经常炫耀自己收藏的300多套军装，高兴的时候一天能换十几次。当时，柏林社交圈流传一个笑话，说他不挂上海军上将的徽章就不逛养鱼池，不打扮成英国陆军元帅的样子就不吃葡萄干布丁。许多效忠于他的人，都觉得他有股孩子气。

威廉二世还极端仇视英国。他母亲生他的时候，坚持要用英国医生接生，没想到这位医生是个庸医，小家伙在母亲肚子里胎位不正，被这个庸医胡乱扒拉出来了，造成了他的左手萎缩残疾。威廉二世为此很仇视英国。

另外，威廉二世的母亲作为维多利亚女王的大公主，对他的教育也引起了他的反感，他尤其不喜欢自己那位倾向民主的父皇。在威廉二世看来，自己肩负着拯救德意志民族、扩大德意志民族生存空间的伟大使命。

威廉二世这样的想法，自然就跟宰相俾斯麦产生了矛盾。

新皇帝赶走老宰相

在"铁血宰相"俾斯麦看来，殖民地没有用。

为什么呢？因为地球上的好地段都被英、法、俄占了，留给德国的殖民地，全是不毛之地，就是占领了也得不偿失。如果去抢有用之地，势必要跟英法等国发生冲突。这对于企图维持一段时间和平的德国来说非常不划算。

所以，俾斯麦在位的时候，基本不让德国卷入殖民地事务，他坚定地说，德国一寸殖民地都不需要。当然，他当政期间，德国也在太平洋、大西洋上占了一些小岛，但总体上不太积极。

可是，威廉二世却不像俾斯麦这么想，他抱怨老宰相"对于欧洲大陆政治的相互作用太关心，而对于殖民地、对于海军、对于英国，却没有足够的注意"。他提出了向全世界扩张的新的"世界政策"，并要发展强大的海军。

1888年，威廉二世继位后，和宰相之间就冲突不断。俾斯麦因与皇帝政见不合，几乎陷入崩溃的边缘。当时，外界盛传这位老宰相已经变成了无可救药的吗啡"瘾君子"。当然，这都是用来打击他的政治谣言，后来在侍医的劝说下，皇帝才同意俾斯麦返回帝都。

但问题远未结束。1890年，皇帝与宰相在关于劳动保护的问题上再次发生分歧。

此时，皇帝摇身一变，似乎成了一位悲天悯人的君主，他亲自主持制定关于劳动保护、星期日休息、限制女工和禁止童工的法律。他号召工人与雇主之间建立同事般的关系，甚至命令雇主接受工人涨薪的要求，因为雇主榨取工人时"像榨取柠檬汁一样，然后让他们在粪便上腐烂"。这是多么关心人民疾苦的话语呀，听了让人十分感动。皇帝懂得自己在阅历上远不及俾斯麦，所以，必须收买人心，而且，他算准了老家伙一定会中招。

果然，俾斯麦不赞成皇帝的这种"道义之心"，他代表着容克地主的利益。难道威廉二世就不代表容克地主的利益？但威廉比较会装，而俾斯麦不会动这心眼儿，反而强调沉醉于人道主义的高尚动机"可能对祖国的经济造成损失"。这话一传出去，民众都在咒骂这个毫无人性的宰相，希望皇帝获胜。

皇帝此时胸有成竹，他早在继位之初就曾说过："我还想让这个老家伙再喘两年气，然后就自己亲政。"

1890年，摊牌的日子终于到了，起因是皇帝要求宰相同意取消一份1852年签署的指令。这份指令规定，宰相本人不在场或没有宰相同意，大臣们不得向皇帝进行汇报。威廉二世认为这个指令限制了皇权，相权对皇权构成了威胁，要求废除它，但俾斯麦不同意。皇帝跟宰相的分裂已经不可避免。

3月17日清晨，一位年轻的将军带着皇帝的最后通牒来到了宰相的官邸，将军向宰相宣布："陛下要求您要么同意取消指令，要么立刻辞职，于下午2点到皇宫，以便在那儿接受免职。"

俾斯麦听完将军的话，沉默了一阵儿，才缓缓说道："我身体不适，不能去皇宫，但会向陛下致函的。"

到了第二天，这位举世闻名的"铁血宰相"，在主持内阁工作28年之后，终于辞职了，恋恋不舍地离开了宰相的位置。

年轻的皇帝还没忘送给宰相一套临别赠礼，诏书和头衔纷至沓来：皇帝赠送给宰相一幅跟他本人一样大小的肖像；授予其劳恩堡公爵的爵位；另授予加陆军元帅衔骑兵大将。威廉二世还赞颂一番，称俾斯麦的忠心和活力"即使将来对我和祖国来说也是不可缺少的"。

其实，这些不过是他对帝国宰相知趣走人还以面子，体现一下帝王的胸怀，而这一切，并不足以抚平俾斯麦受伤的心。

02. 分账不均闹矛盾

不靠谱儿的"世界政策"

"铁血宰相"走了，威廉二世甩开膀子干了。

威廉二世跟俾斯麦最终分道扬镳的一个重要原因是外交政策上的分歧。威廉二世梦寐以求建立一个世界帝国，不再满足于俾斯麦的"大陆政策"。所以，他提出了一个向全世界扩张的"世界政策"，要发展强大的海军。德国作为资本主义国家中的后起之秀，以跳跃式的发展迅速赶上了英法等老牌资本主义国家，然而它所占有的殖民地却远远不能与英法等国相比。因此，威廉二世迫不及待地要求改变现状，重新瓜分世界。

为此，威廉二世非常希望德国能冲出欧洲、走向世界。他发誓要建立舰队，重温祖辈战争胜利带来的辉煌，他号召"把火药备好，军刀磨亮，去争夺阳光下的地盘"。

随着威廉二世外交新路线的确立，德国传统外交的"大陆政策"被"世界政策"所取代。

早在1895年，威廉二世就做了关于"世界政策"的第一次演讲。此时，他刚刚继位7年，就坚定地声称德国要执行"世界政策"，"德国的未来在海上"，全世界都在德国的扩张范围内，必须重新瓜分殖民地，建立一个大德意志帝国。

1896年1月18日，在庆祝德意志帝国成立25周年国庆典礼上，威廉二世宣布，这个帝国必将是世界帝国。1897年，威廉二世改组政府，那些主张支持"世界政策"的人占据了政府几乎所有的关键职位。

这一年年底，德国外交大臣皮洛夫在国会发表了一个著名演说，宣称：

德国皇帝威廉二世检阅军队

"德国人向自己的一个邻国让出陆地，向另一个让出海洋，而给自己留下一钱不值的天空，这样的时代一去不复返了！一言以蔽之，我们不愿把任何人挤到阴暗的角落，但我们也要给自己一块光明之地。"他声称，德国人"已经看够了别人怎样分享甜馅大饼"。皮洛夫在国会煽情地说："如果英国人谈大不列颠，法国人谈新法兰西，俄国人侵占亚洲，那么，我们也要求建立大德意志。"

德国走上不归路

当时，各种扩张主义思潮充斥着整个德国——"没有殖民地，德国注定是二等强国""德国需要殖民地就像每天需要吃面包一样""时代的最大不公在于，这个地球上最有经济才能的民族，具有最坚强的思想和最强大组织能力的民族，却不能对世界起支配作用，承担责任"。

但是，皮洛夫和他的皇帝应该明白，德国走近殖民地——这桌列强盛宴的时候，席位已被占光了。德国要争夺殖民地，要"阳光下的地盘"，就必然会跟英国、法国、俄国这些老牌的列强发生冲突。因为你要"阳光下的地盘"，谁的地盘最多？就是这老哥仨！

德国当时敢说这话，确实跟国力迅速增强有关。1900年，德国的工业生产和对外贸易已跃居欧洲第一、世界第二，仅次于美国。德国商品精密优良，享誉海外。那时，德国商品就是精品的代名词，一直到现在。德国商人在海外的成就，帮助德国树立了工业强国的形象，使德国人更加确信德国应当成为一个与其经济潜力相称的殖民帝国。而且，德国的人口迅速增长，1871年普法战争时，德国有4100万人，1915年增长到6800万人。德国人又有尚武的精神、军国主义的传统，相信粗胳膊大拳头能摆平一切。

这些因素结合在一起，促使德国皇帝野心勃勃地带领这个国家走上了一条对外扩张、跟老牌列强发生冲突的不归路。

挑起海军竞赛

德国要想执行"世界政策"，要向欧洲以外的地方扩张，最重要的就是扩充海军。没有海军，陆军是不可能走到中国来的，当年八国联军都是靠船运来的。

在当时，争夺制海权是一股思潮，美国海军将领马汉率先提出"海权论"，影响极大。马汉从争夺世界霸权的角度出发，提出制海权是一国力量发展中最为重要的战略因素，海洋的主要航线带来巨大的商业利益，因此必须有强大的舰队确保制海权，以便有足够的商船与港口来使用。马汉同时强调海洋军事安全的重要，认为海洋可保护国家免于在本土交战，海军对战争的影响比陆军更大。

显然，海洋权益谁都不能轻让。威廉二世深信建立海洋霸权是争夺世界霸权的必由之路，认为建造一支庞大的舰队是解决所有问题最好的方法，只有占领了海洋，才能有效地压制敌人。因此，他处心积虑要建立一支强大的海军。

此时，德国已经是欧洲响当当的第一陆军强国了。不管德国在欧洲大陆怎么称霸，英国人认为事不关己高高挂起，毕竟德国离英伦三岛还很远，德国陆军不可能游过海峡进攻英国，英国凭借强大的海军，不在乎一个陆上强国的威胁。当年拿破仑称霸欧洲时，也没能染指英伦三岛。但是，当一个陆军强国开始谋求海上霸权，准备建立强大海军的时候，英国人就坐不住了，感受到了强烈的威胁。

威廉二世依然自行其是。他在1897年公开宣称："海神的三叉戟必须握在我们手里。"那时候，德国海军一年的开支才200万英镑，当时1英镑大概折合20德国马克，也就是说，德国一年的海军军费只有约4000万马克。而德国政府的年收入是多少呢？将近70亿马克！海军军费根本就微不足道，而且德国也没有大规模的造船业。在这个时候，威廉二世就敢公开这么嚷嚷，他推行的完全是冒险政策，他把手下的海军国务秘书晋升为海军元帅，并成立海军协会。这个协会的成员多是大资本家，海军协会成立一年人数就达25万，皇帝号召大家给"海协"捐款。大资本家们当然愿意扩充海军，只要政府扩充海军，他们就能承包工程赚钱了。

1898年，德国通过了加强海军的法案，规定到1904年，德国要拥有17艘战列舰，9艘装甲巡洋舰，26艘轻型巡洋舰；1900年，德国又提出第二个扩充海军计划，几乎把建造军舰的数目增加了一倍。从此，德国开始集中全力发展海军。1871年到1914年，德国船舶总吨位从8.2万吨增长到510万吨；在世界造船工业中的比重由1892年的7.3%增长到1907年的13.8%。特别是1914年，德国北部的基尔运河改建工程竣工，能使最大的战舰畅行无阻，大大增强了海军的战斗力和机动性。

大英帝国的禁区

但是，威廉二世草率冲动的性格，过早地暴露了德国的战略意图。1904年，英王爱德华七世①访问德国基尔军港，威廉二世几乎展示了德国全部的海军力量，并在国宴上宣称："用德国舰队的威严来欢迎远道而来的英王陛下。"

在这次访问中，英国国王和军政要员确实对德国海军印象深刻，但他们把这种海军实力的展示看作对英国的巨大威胁。从此，英国政府就更加关注德国海军的发展，更加坚定地转变外交政策了。

英国原本一直奉行"光荣孤立"的外交政策，希望欧洲大陆保持均势，不希望欧洲出现任何一个强大的国家来挑战自己。英国向来怎么干呢？永远联合欧洲大陆的老二对付老大，所以联合和反对的对象不断地变来变去。

在欧洲大陆上，英国的老冤家是法国，两国是世仇，光"百年战争"就打了两回，终于在拿破仑战争之后把法国拍下去了。

俄国成了欧洲大陆的老大，英国看着不爽，1853年克里米亚战争，联合昔日对手法国又把当年的盟友俄国拍下去了。

俄国下去后，法国又上来了，欧洲大陆就这么几个大国，法国又是老大

---

① 爱德华七世（1841—1910），是维多利亚女王和艾伯特亲王的长子，1901年即位为英国国王。爱德华七世年轻时很少处理国务，但他喜欢交际，在维多利亚女王逝世之前，他就已经促进了英国、法国、俄国三国协约的初步形成。

了，英国又不爽了。但没等英国出手，普法战争就爆发了，德国把法国拍下去了。接下来，在俾斯麦的外交努力下，欧洲大陆形成了法俄德奥四大国均势，英国非常乐意看到这种局面。

如果威廉二世不在两个关键节点上刺激英国，英国是不会跟法国联合的。哪两个关键节点呢？一个是殖民地，一个是海军。

大英帝国有两个禁区是别的国家不能碰的，就是殖民地和海军，德国千不该万不该在这两个最敏感的点上跟英国过不去，刺激了英国。本来德国跟英国不应该是仇敌，现在变成仇敌了，英德矛盾，反而成了列强之间最主要的矛盾，甚至盖过法德矛盾。

拉帮结派打群架

欧洲列强之间的另外一对主要矛盾，是俄国跟奥匈帝国和德国的矛盾，这是由巴尔干问题引起的。

巴尔干半岛号称欧洲火药桶，多民族，多文化，多宗教，本来就是个容易出事儿的地方。2000多年前，东罗马帝国和西罗马帝国的疆界，就从巴尔干半岛上划过，天主教和东正教的分界线也在巴尔干半岛划过。巴尔干半岛上生活的民族，要么是斯拉夫民族，像塞尔维亚、黑山、马其顿；要么就是信奉东正教，比如希腊，东正教就是希腊正教。巴尔干半岛曾被奥斯曼土耳其帝国统治500余年，进入19世纪，民族主义兴起，横扫许多国家，巴尔干半岛各民族也被唤醒，趁着土耳其帝国进入衰落期，各国纷纷独立。

各国独立后，各种矛盾没有解决，主要是边界划分不清。更关键的是，奥匈帝国和俄国都希望提高在巴尔干半岛的影响力，并扩张领土。

凭借地理优势，奥匈帝国向巴尔干扩张渗透，想取代奥斯曼土耳其帝国做这个地方的主人。这样干，引起了俄国的极大不满。俄国也是斯拉夫民族，跟巴尔干半岛国家的民族一样，都叫斯基诺夫维奇。俄国人和巴尔干半岛的斯拉夫人有血缘关系，常以巴尔干半岛的保护者自居。这样，在巴尔干问题上，俄国跟奥匈帝国的矛盾就尖锐了，而奥匈帝国背后站着德国。

于是，欧洲列强之间，形成了法德、英德、俄奥三对主要矛盾。其中，英德矛盾成为三对矛盾中最主要的矛盾，英德矛盾的起源就是殖民地和海军问题。

既然列强之间的矛盾错综复杂，总要各自找一帮打手，形成一个团伙，打起来也有人帮忙，可以群殴一下对方。因此，他们就互相联络，形成自己的团伙。

03. 外交也是战斗力

挽救法兰西的英雄

欧洲这几大列强各自拉上一帮小弟，就形成了两大军事集团。两大军事集团的形成过程错综复杂，让人眼花缭乱。

最早是在1873年，德国为了争取俄国，在俾斯麦的拉拢和操纵下，俄国沙皇亚历山大二世[①]、德国皇帝威廉一世、奥匈帝国皇帝弗兰茨·约瑟夫一世[②]结成了"三皇同盟"。

这个同盟是建立在德法矛盾和英俄矛盾的基础上的，俄、德、奥这三国当时的利益是一致的。但是，加盟各国对于德法矛盾和英俄矛盾的看法不同，而且同盟内部还有俄奥之间因巴尔干问题引起的尖锐矛盾，所以同盟很快就瓦解了。

[①] 亚历山大二世（1818—1881），俄国沙皇，是俄罗斯帝国历史上与彼得大帝、叶卡捷琳娜女皇齐名的皇帝。在任期间，他做出了一些历史性的贡献，1861年下诏废除了农奴制，还主持制订了多项政治改革计划。1881年3月1日，被刺客投掷的炸弹炸断双腿，当日医治无效逝世。

[②] 弗兰茨·约瑟夫一世（1830—1916），是哈布斯堡家族的嫡系传人，1848年即位为奥地利皇帝。1867年加冕为匈牙利国王，建立了奥匈帝国。1879年他领导奥匈帝国与德意志帝国结盟。1914年把奥地利和德国拖入了第一次世界大战。

"三皇同盟"瓦解的原因主要有两个：一个是俄国反对德国过分削弱法国；第二个就是著名的1878年柏林会议。在这个会议上，德国对俄国进行了报复。

1875年初，法国议会同意扩军，并准备从德国购买1万匹军马。德国以此为借口威胁法国，并宣布禁止马匹出口，叫嚣对法国发动战争。为了做好战争准备，俾斯麦派自己的亲信到圣彼得堡去游说俄国，支持对法战争。德国向俄国许诺，如果俄国不支援法国，德国将允许俄国在近东的土耳其自由活动。但是，俄国人并不傻，未被俾斯麦空口白牙的许诺和在墙上画的大饼所忽悠。俄国人很清楚，如果法国被过分削弱，德国就会建立起在欧洲大陆的霸权，如果德国独霸欧洲大陆，俄国就要悲剧了，俄国不愿看到在欧洲大陆上有一个处处压自己一头的巨人存在。

在这种情况下，俄国沙皇反而给法国大使打气说："俄法两国的利益是一致的，如果有一天你们被威胁，我们会做点儿什么的。"

1875年5月，沙皇带着首相抵达柏林，俄国人明确表示难以容忍德国发动对法国的新战争。这样，俄国坚决反对，英国也不支持——英国也不希望德国把法国彻底打垮，俾斯麦被迫取消了进攻法国的计划。这时，普法战争结束才4年，法国刚把赔款还清。

沙皇的德国之行达到了预期目的，当他离开柏林时，指示首相向俄国所有驻外使节发电报，通报这次外交胜利。电文经过沙皇钦定："皇帝陛下离开柏林时，完全相信，保证维护和平的这种美好愿望，在这里也占主导地位。"

在沙皇的授意下，这份内部电报很快就见报了。报刊刊登时，"保证维护和平"这句话被改成"现在，和平得到了保证"。为什么和平得到了保证？因为沙皇施加了影响。这样，沙皇就被塑造成了挽救法兰西的英雄。

俾斯麦对沙皇只顾往自己脸上贴金，肆意诋毁德国的做法深恶痛绝，德俄关系由此出现裂痕。

你不仁，我不义

1877年，俄国和土耳其爆发了战争，土耳其大败，俄军长驱直入，兵临土耳其首都伊斯坦布尔，迫使土耳其签订城下之盟。

盟约的内容归纳起来看，就是俄国单独肢解土耳其帝国，继承这个帝国在欧洲的所有地盘。"俄土条约"公布之后，舆论哗然，特别是英国和奥匈帝国不愿看到土耳其被俄国单独瓜分，坚决反对这个条约。奥匈帝国外交大臣提出召开一次国际会议讨论这个条约，英国和法国都表示附和。俄国在外交上一时陷入孤立。

这时候，身为"三皇同盟"成员的德国，却想趁此机会教训一下俄国。也就是说，"三皇同盟"当中的两皇联合起来对付另外一皇，奥匈帝国提出要开一个国际会议，德国就扯起了"主持公道的大旗"，以"调停人"身份劝告俄国一定来参加。

这样，1878年在柏林召开国际会议，俄、英、德、奥、法、意六大国和土耳其参加了。由于英国和奥匈帝国在会前取得了一致，双方在会上联合向俄国施压。德国这时不顾自己是俄国盟友，保持所谓的"中立"，俄国最终被迫让步，吐出了很多本来已经吃进嘴里的东西，丧失了大部分侵略果实。由于德国在会上眼睁睁地看着其他国家逼迫俄国而袖手旁观，俄国对此十分恼怒。

有一幅描绘当时开会情景的油画流传了下来，明显可以看出来，戴着穆斯林菲斯帽的土耳其代表，满怀感激地看着俾斯麦；而身穿狐皮大氅的俄国代表，则是一脸愤恨。

俄国报纸痛骂俾斯麦出卖盟友，斥责他忘恩负义，说他忘记了俄国在普法战争中给普鲁士的支持和帮助。俾斯麦是省油的灯吗？德国报纸马上反唇相讥，指责俄国恩将仇报，诬蔑好人。俾斯麦声称，他在柏林会议上站在盟友的立场，为俄国做了许多事，俄国与会外交官加一块儿也没他做得多。

双方对骂，使俄德关系迅速恶化，而俄奥本来就矛盾重重，关系不好。这样，5年前俾斯麦苦心结成的"三皇同盟"趋于瓦解。1878年"三皇同盟"条约到期后，没有续约，宣告了"三皇同盟"正式散伙。

继续找小弟

"三皇同盟"虽然解体了，但德国需要找帮手，于是德奥两国越走越近。

柏林会议之后，俾斯麦知道跟俄国和好基本没戏了，就决心加强跟奥匈帝国的联盟。此时，奥匈帝国也迫切希望和德国保持盟友关系。其实在缔结德奥同盟这件事上，德皇威廉一世跟宰相俾斯麦有分歧。德俄两国皇室很早就有姻亲关系，威廉一世是沙皇亚历山大二世的亲舅舅，威廉一世不愿意跟奥匈帝国结盟去反对自己的外甥，但德国大权操纵在俾斯麦手里。

1879年，"铁血宰相"来到维也纳，伙同奥匈帝国外交大臣安德拉希伯爵（传说中他是茜茜公主的情人，两人还生了一个闺女），秘密拟定了《德奥同盟条约》。这个条约实际上是针对俄法两国的。俾斯麦怕皇帝不同意签署，他从维也纳返回柏林后，召开内阁会议，要求全体内阁成员在这件事上跟他保持一致，如果皇帝不批准条约就全体辞职。这样，皇帝就成光杆儿司令了。威廉一世只好同意。为了给皇上一个面子，俾斯麦假惺惺地草拟了一封给俄国沙皇的信，由德皇签名盖章按手印后发出。信里说，德奥两国为了维持长久和平，签了一个协定，考虑到德俄传统邦交和甥舅之谊，欢迎你加入。这等于是黄鼠狼给鸡发请帖。

俄国沙皇不是傻子，知道德奥结盟是针对自己的，所以连理都没理。

到1882年，德奥同盟又发展成德、奥、意三国同盟。意大利为什么加入呢？因为它在跟法国争夺突尼斯的斗争中失败，感到有必要依靠法国的敌人——德国。

当然，意大利跟奥匈帝国有世仇，奥地利历史上曾长期统治意大利北部和中部地区，威尼斯就长期在奥地利占领之下。所以，奥地利跟意大利的关系是很僵的。但是意大利为了摆脱孤立，跟德国搞好关系是唯一的选择。既然要跟德国搞好关系，就得与奥匈帝国接近，于是意奥两国开始谈判。到1882年，德、奥、意三国终于签订了三国同盟条约。

三国同盟是针对法国的，但这里面德奥又针对俄国，所以，三国同盟明显就是针对法俄两国。

老哥俩抱团取暖

1882年三国同盟的形成，意味着欧洲列强中出现了一个同盟国阵营。当然，三国同盟中，意大利不值一提，是一个摇摆不定的盟友，本身实力非常弱，又有漫长的海岸线，经不起强大海军的攻击。在三国同盟结盟之初，意大利就表示，不参加任何反对英国的行动。俾斯麦深知意大利人的禀性，说没关系，"只要在阿尔卑斯山上出现一个打着三色旗的意大利鼓手就行了"。意思是说，只要你能牵制一下法国就行。饶是俾斯麦聪明绝顶，也万万没有想到，战争一打响，意大利就叛变了。

既然德、奥、意三国同盟是针对法俄两国的，法国跟俄国这老哥俩也就不客气了，迅速走到了一起。其实法俄两国历来交厚，特别是到19世纪后期，关系更加紧密了。俄国外交大臣曾对法国驻俄大使说："贵我两国建起最为亲密之谅解，实乃愈加顺乎情理之事。"他还说："我正考虑，贵我两国在走向协约的路上，可否再迈上一步呢？"

于是，1891年7月，法国舰队应邀访问俄国波罗的海要塞。沙皇亚历山大三世竟然同皇后亲自登上法国旗舰表示欢迎，当舰上的乐队奏起法国国歌《马赛曲》时，沙皇脱下皇冠表示敬意，这在俄国绝对是惊世骇俗之举。俄国沙皇推崇专制，痛恨共和主义，《马赛曲》作为法国革命的象征，在俄国是禁歌。而这一次沙皇竟然向共和国的三色旗和《马赛曲》致敬，让很多人惊讶，从这里可以看出俄国对法国的重视程度。

1892年，法俄双方总参谋长草签了军事条约，1894年，盟约正式生效。法俄协约就是针对德奥的。这时候，欧洲列强形成两大集团，以法俄为首的协约国和以德奥意为首的同盟国。

此时，欧洲最牛的国家还置身事外，这就是英国。

老大也怕群殴

为什么英国置身事外呢?

从19世纪中期到20世纪初,英国都奉行"光荣孤立"的外交政策。提出这个政策的是19世纪英国最著名的首相帕麦斯顿勋爵,他有一句名言:"我们没有永远的朋友,也没有永远的敌人。只有我们的利益,才是永恒不变的。"这句话常被误认为是丘吉尔说的,实际不是老丘原创。普法战争结束后,英国仍然保持"光荣孤立",谁是欧洲大陆的老大,谁就是我们的敌人。

19世纪末期,英国首相还强调,英国不加入任何同盟,只要求欧洲各大国保持均势。当时的英国殖民大臣张伯伦也在演讲时说:"英国外交政策的传统,就是自克里米亚战争以来,始终奉行不结盟的孤立政策。"

当时,英国奉行不结盟的孤立政策是具备条件的,因为它实力最强,如日中天,对外不管干什么,凭它自己的力量就能达到目的。如果有了盟友,反而是一种约束。比如说,我跟张三结盟对付李四,李四打张三你管不管啊?所以,英国奉行"光荣孤立"的内在原因有两个:第一,我有能力;第二,我不想被约束。

但是,随着历史的车轮驶进19世纪末20世纪初,英国的"光荣孤立"的外交政策很难执行下去了。因为德国、美国、日本等新兴国家崛起,英国、法国、俄国老牌列强相对衰落,过去那种天马行空、独步海内的优势不复存在了,不是什么事儿都可以自己摆平了。尤其是德国力量大大增强,打破了欧洲大陆的均势,对英国构成了威胁,在殖民地和海军问题上,英德矛盾成了列强之间最主要的矛盾。德国进而拉拢了一帮小弟,你不结盟人家结盟,也就逼着你必须结盟,以结盟对抗结盟,以免被群殴。

于是,英国开始考虑转变策略。

德国被英国给玩儿了

一开始,英国试图跟德国谈判解决问题。

1898年3月,英国殖民大臣张伯伦召见德国驻英大使。这位后来的英国首相是个有名的绅士，一般见人都会说一堆寒暄的话，这次却开门见山，提议缔结英德同盟，以"相互协商对中国和非洲的政策"。张伯伦的一反常态，让德国大使甚为震惊。按理说，英国对德国咄咄逼人的攻势恨得要死，这时候之所以主动放下身段，实在是有求于德国：一是想利用德国抵制俄国在中国的扩张；二是想促使德国支持英国的非洲政策，当时，英国和非洲的布尔人即将开战，英国担心德国人和布尔人眉来眼去，搞小动作。

威廉二世在接到驻英大使的报告之后，立即召集群臣商讨对策。结果，德国那些"近视眼"大臣一致认为："英俄矛盾不可调和，两国之间不可能达成任何协议，所以，英国提出跟德国结盟，目的是想火中取栗，指望通过德国平衡和遏制俄国在亚洲的扩张。"德国最后得出的结论是：英国居心叵测，它的建议不可接受。但英国的建议也反映出英俄矛盾的尖锐性，德国可以加以利用。于是，双方进行了一番谈判。

由于德国看出英国求和心切，谈判中，便开始大肆敲诈，提出要跟英国一起瓜分葡萄牙在非洲的殖民地，葡萄牙当时虽然是英国的盟友，但已经是上上辈子的强国了。英国为争取德国支持它在非洲的政策，特别是支持对布尔人的战争，只好做出了让步。

1898年，英德签订了瓜分葡属非洲殖民地的协定。其中规定：当葡萄牙以殖民地的收入作为担保来借债时，由英德两国对它提供贷款。英国将以莫桑比克南部、安哥拉中部的海关收入作为担保。如果不可能保住葡属殖民地领土时，双方保证不允许第三大国干涉。

德国喜出望外，傻乎乎地上了英国的当。德国向英国保证，不再给布尔人任何实际支持。但是英国对德国的让步，实际上是一纸空文，英德协约签订之后，英国暗中帮助葡萄牙不必以殖民地做担保，就从法国那儿获得了贷款。更可气的是，英国重申很多年前签署的《英葡条约》继续有效。在这个条约中，英国曾经保证不侵犯葡萄牙的领土和殖民地。这是几辈子前的事儿了，英国还说继续有效，明显是拿德国开涮。

德国被彻底激怒了，认为英国毫无诚意，说是帮我，实际上却暗中捣鬼。

这番角力之后，英德双方不欢而散，彼此更加不信任，对抗日益加剧。英国知道德国想在非洲大捞一把的野心没有实现，决不会善罢甘休，更害怕德国进一步壮大威胁到自己利益，于是，英国不得不抛弃了"光荣孤立"政策，试图跟他国结盟。

但是，英国寻找的第一个结盟对象并不是欧洲强国，而是远东新兴的日本，两国结盟的目的是为了对付俄国在远东的扩张。1902年，英国和日本签订了《英日同盟条约》，英日同盟的建立标志着英国放弃了"光荣孤立"的政策。

既然如此，跟一国签约也是签，跟两国签约也是签。因此，英国开始跟另一个宿敌——法国接近。

国王的魅力

英法在殖民地问题上本来矛盾尖锐。1898年，英法两军从不同方向往尼罗河上游推进，结果在苏丹古城法绍达相遇，两军对峙，差点儿就打了起来。法国当时要跟德国死磕，不想再跟英国发生任何冲突，于是就撤退了。

到了20世纪初，法国强烈感觉到必须和英国和解才能对付德国。所以，1902年法国外长就表示，愿意在国际问题上跟英国保持一致，甚至还讨好英国，说法国不生产英国出口的商品，比如法国不产棉布，只产葡萄酒和奢侈品，我不跟你抢生意，咱们之间就没有利害冲突。

英国考虑到德国的威胁，接住了法国人抛来的橄榄枝，同意修复英法关系，在殖民地问题上达成协议。

1903年，英国国王应法国总统之邀访问巴黎，这是英法亲善的开始。当时，法国民众还没忘记"法绍达事件"，对英王的到来并不欢迎。英国首相提醒爱德华七世，您访问法国的时候可能会遭到人家不友好的对待。英国国王问会遭到怎样的对待，首相说可能会有人往您脸上吐唾沫，英国国王说："如果真的吐到我脸上，我不擦，让风把它吹干。"你吐到我脸上，就是想让它留着，能被人看见，那我就不擦，让你满意，可以吧？这完全是唾面自干的精神啊！

英王刚到巴黎街头的时候，有人当着英王的面高呼："布尔人万岁！""法绍达万岁！"但英王爱德华七世非常有魅力，擅长外交，他在法国发表热情洋溢的演说，称赞法国人民和法国文化的伟大，表明自己对法国的仰慕和热爱之情，声称英法两国是唇齿相依的邻邦，一荣俱荣，一损俱损。访问途中，爱德华七世只要听见《马赛曲》就赶紧立正、敬礼！

爱德华七世在法国的言行，迅速改善了英法关系。当他踏上归程的时候，法国人自发聚集在码头欢送，"国王万岁"的呼声在人群中响起，这是法国60年来头一次响起"国王万岁"的呼声，因为他们的国王早在1848年就被推翻了。

这样一来，英法之间的关系迅速改善了。1904年，两国签订了协约。协约签订后，两国消除了长期以来在殖民地问题上的分歧，化干戈为玉帛，联合起来对付德国。

英法签订协约的消息传出后，俄国外交大臣喜出望外，他说："朋友的朋友，就是我们的朋友。"我跟法国是盟友，你也跟法国是盟友，那我们也是朋友。但是，英俄矛盾远比英法矛盾深刻，化解矛盾需要的时间也更长。

英国对俄国一直怀有戒心，把俄国比作魔鬼，认为"同魔鬼共进晚餐，必须有长羹匙"。所以，双方开始的几次接触都失败了。在这期间，国际形势发生了一些变化，首先是1904年爆发日俄战争，俄国失败；继而俄国爆发1905年革命，对外扩张的势头大为削弱。于是，英俄在亚洲的对抗有了一定缓和。同时，德国却向近东地区强劲渗透，成了英俄两国共同的敌人。

在各方力量的此消彼长之下，1907年，英俄化解了双方在亚洲特别是在中国的利害冲突，终于签订《英俄协约》。这意味着英、法、俄三国建立了协约关系，这个联盟被称为协约国，对抗德、奥、意组成的同盟国。

于是，欧洲列强之间的两大集团就形成了。

第一次世界大战之前欧洲形势示意图

04. 剑拔弩张险动手

英法投桃报李

地中海可以称得上是人类文明的发祥地，无论是古埃及文明、希腊文明，还是近代的资本主义文明，都在地中海周围诞生。但到了20世纪，地中海却被战争与阴谋笼罩。

地理位置一定程度上决定着国家的命运，那些无力保护自己的小国，只能遭受大国的侵扰。摩洛哥就是典型的例子，这个国家位于非洲西北角，北临地中海，西接大西洋，它的重要港口丹吉尔扼地中海至大西洋的门户直布罗陀海峡，战略地位极其重要。

在大国争霸的时代，战略地位重要的地方自然成为列强争夺的目标。摩洛哥跟所有列强都签有不平等条约，就连伪列强意大利也签了。只是因为这块地盘列强都想要，互不相让，才使得摩洛哥到20世纪初仍然保持着形式上的独立。不过在法国占领突尼斯和阿尔及利亚之后，摩洛哥悲剧的日子就不远了。

1904年，英法协约签订后，双方处在蜜月期，于是就投桃报李，法国承诺不干涉英国在埃及的行动，英国则承认摩洛哥是法国的势力范围。1905年2月，法国提出要求，让摩洛哥苏丹在法国顾问的监督下进行"改革"，企图使法国成为摩洛哥的"保护国"。这特别像日本吞并朝鲜时提出的要求，说得很好听，希望你"改革"，然后吞并你。

玩雁的反而被雁啄了眼

法国的算盘打得不错，但侵犯了德国在摩洛哥的利益。

以往德国对法国在北非的扩张，一直袖手旁观，但英法签订协约之后，德国明显感到英法是在联合对付自己。德国认为，法国在地中海的优势不断扩大，必将威胁到自己的称霸计划。为此，德国决定在摩洛哥与法国抗衡。

1905年3月，德皇威廉二世亲自出动，以游览为名，乘坐"汉堡"号豪华游轮突访摩洛哥港口丹吉尔。

这一举动，立即引发了一场危机。摩洛哥人将威廉二世视为"救星"，苏丹派代表专门到港口迎接。在访问中，威廉二世身着戎装，腰挎军刀、手枪，一副牛气冲天、对法国不屑一顾的样子。他还在欢迎仪式上公然表态支持摩洛哥独立，说摩洛哥苏丹"是一位绝对自由的君主"，他愿意和苏丹商量维护摩洛哥独立、自由的方式。

德皇的言论令法国民众大为震怒。法国外长采取强硬立场，他认为英法既已签订协约，英国将会支持法国，英国内部也确实有人主张一旦法德发生冲突，要给予法国援助。于是在1905年6月，法国派军舰驶往丹吉尔，回击德国的挑衅，德法关系顿时紧张起来。

德国可不是吃素的，几十年来就没怕过法国这个手下败将，德皇直接向法国发出了战争威胁，告知法国政府："如果法国越过摩洛哥边境，德国就立即越过法国边境。"威廉二世甚至预言："我向法国抛出手套（指要求决斗），而法国人不敢把它捡起来。"

威廉二世还真猜对了，面对德国的恐吓，法国服软了。法国总理认为英法协约还不稳固，法国最可靠的盟友俄国刚刚经历日俄战争和1905年革命，尚在恢复之中。他强调："英国的海军没有轮子，不能代替俄国的炮兵，也不能保卫巴黎。"于是，他把主张强硬对抗德国的外长给撤职了，自己兼任外长，寻求用和平方法解决问题。这在法国是不多见的，法国人向来很少屈服，但这次主和派占了上风。

德国一看法国认输了，自己挣了面子，便主动提出召开国际会议，解决摩洛哥问题，希望借此限制法国在摩洛哥的特权，但威廉二世还是嫩了点儿，没想到战场上打了胜仗，外交上也可能打败仗。

1906年1月，针对摩洛哥问题的国际会议在西班牙召开。德国认为法国的行径必遭多国反对，结果万万没有想到，在13个与会国中，只有奥匈帝国支持自己；法国则得到英国、俄国、意大利、西班牙与美国的支持。在会场上，德国完全被孤立了。之所以会如此，是因为两害相权取其轻，各国一致认为比起法国，德国更具威胁性。

一向聪明的德国人，玩雁的反而被雁啄了眼。最后，德国被迫妥协，签订了有利于法国的条约，承认摩洛哥独立，也承认法国和西班牙对摩洛哥的警察控制权。

第二次摩洛哥危机

第一次摩洛哥危机结束后，法国加紧了对摩洛哥的控制。不久，德法冲突又起。

1911年春，摩洛哥首都非斯附近爆发了反对苏丹和法国侵略的起义。法国乘机以保护侨民为由，派了1.5万人占领非斯及其他城市，摩洛哥完全沦为法国殖民地。

这下，德国又坐不住了。德国在摩洛哥也有很大的利益，不甘心受到损失。于是，德国向法国要求分割一部分法属非洲殖民地给德国作为补偿。同年7月，德国以保护德国商人为借口，派遣炮舰"豹"号开往摩洛哥的阿加迪尔港。有意思的是，就在德国通知法国要派军舰的当天，"豹"号炮舰就已经到达了阿加迪尔港并将炮口对准了该城，史称"豹的跳跃"。

德国的这一行动震惊了世界，法德两国再次剑拔弩张。德国又以战争来威胁，但这次法国毫不退让，法国大使说："我们早有准备，一定奉陪到底！"

关键时刻，英国介入了。英国倒不是担心法国，英国认为德国军舰停泊在阿加迪尔港是对自己海上霸权的威胁。7月21日，后来的英国首相、当时的财政大臣劳合·乔治发表了"决心冒一切危险以保持英国在世界各国中的威信和地位"的演讲，并进行相应的海军作战动员。面对英国的强硬态度，同时又适逢国内发生金融危机，德国感到自己的战争准备还不充分，被迫退让，与法国就较小规模的补偿问题进行谈判。

11月4日，法德达成协议，德国承认摩洛哥受法国保护，法国则给予德国一部分法属刚果领土作为补偿。协议签订后，德国撤走军舰，危机暂时消除。

1912年3月，法国与摩洛哥签订《非斯条约》，终于彻底控制了摩洛哥。

意大利火中取栗

两次摩洛哥危机总算平息了。在这两次危机中，令人意想不到的是，有个国家看准时机火中取栗，那就是意大利。

第二次摩洛哥危机期间，意大利见英、法、德互相较劲儿，无暇他顾，便伸出了自己的爪子，也想在非洲分一杯羹。意大利早就看准了土耳其的北非属地的黎波里，此地号称"地中海的白色新娘"，战略位置十分重要。

1911年9月28日，意大利向土耳其发出最后通牒，抗议土耳其在的黎波里阻挠意大利的"企业活动"。土耳其拒绝接受这个无理通牒，意土战争随即爆发。

这场战争之前，意大利做了充分的外交准备，或许它也知道自己的军队不行。当时，意大利已经加入了三国同盟，获得了德国的支持，同时，也在侵占的黎波里的问题上与法、俄达成了谅解。这样，当土耳其请求列强主持公道的时候，列强达成了默契，谁也不管。而且，意大利这次下了本钱，战争爆发后，派了2万余意军在的黎波里登陆。意军装备精良，还使用了陆海空联合作战，在战争中第一次使用了飞机。而土耳其这边呢？英国不许土耳其援军通过埃及，土军在当地只有少量警备部队可以参战。即便如此，土耳其依然在顽强抵抗。

但这场战争一直延续到1912年，可见意大利军队有多烂。战争什么时候结束的呢？等到巴尔干战争爆发，土耳其无力两线作战才算结束。

1912年10月，土耳其把的黎波里和昔兰尼加（后来合称利比亚）割让给了意大利。

05. 巴尔干火药桶

找土耳其算总账

巴尔干半岛位于欧洲的东南部，地处欧、亚、非三大洲交汇处，既控制着地中海和黑海的门户，也控制着通往印度洋的航路，战略地位十分重要，而且有丰富的自然资源。

14世纪以来，土耳其人逐渐吞并巴尔干地区，殖民统治达500年之久，是典型的落后文明凭借武力统治先进文明。这种压迫是让被征服者最难受的，巴尔干各民族忍受着难以言说的痛苦，因而，巴尔干各族强烈希望建立民族独立的国家。

到19世纪，巴尔干大部分地区获得解放，希腊、塞尔维亚、罗马尼亚、保加利亚先后摆脱土耳其统治，赢得了独立或自治。但是，直到20世纪初，巴尔干半岛还有一部分土地和人口仍在土耳其和奥匈帝国的统治下。

尚未被瓜分的土耳其及其统治下的巴尔干半岛，成为欧洲列强觊觎的重要目标，所以，这里一直矛盾不断。除了巴尔干各族同土耳其的矛盾之外，还有巴尔干各民族之间的矛盾，还有巴尔干各族与企图插手该地区的列强之间的矛盾。所有这些矛盾纠结在一起，特别是列强在巴尔干彼此角力，使巴尔干半岛成为没事儿给你找点事儿，有事儿更得出大事儿的地方。

随着奥斯曼土耳其帝国走向衰落，尤其是在意土战争中，土耳其人落败，巴尔干各族一看，你连战无不败的意大利人都打不过，凭什么还占着巴尔干？于是联合起来反抗土耳其。

1912年5月，已经独立的保加利亚、塞尔维亚、希腊和门的内哥罗（即黑山）四国先后结成反土同盟，即巴尔干同盟。虽然这个同盟订立之初，各国就打着各自的算盘，但共同的目的是找土耳其算总账！

奴隶打倒老主子

欧洲列强一看这儿有乱子，再也找不到比这更好的机会了，赶紧插了进来。

俄国本就与巴尔干的斯拉夫民族有血缘关系，便想借机控制巴尔干。英法不希望奥匈帝国填补土耳其的空缺，更想抑制奥匈背后的德国。于是，英、法、俄三个协约国站在巴尔干同盟一边，德、奥则支持土耳其，不让巴尔干地区民族主义兴起，以免威胁自己的扩张。

这样，巴尔干的斗争一上来就复杂化了。10月，巴尔干同盟各国相继对土耳其宣战，第一次巴尔干战争爆发。

巴尔干四国同盟的军队准备充分，目的明确，就是用武力寻求解放，多年的积怨使部队斗志旺盛，求战欲强。再看土耳其这边，根本没料到过去的奴隶竟敢联合起来造反，缺乏准备，手忙脚乱地临时调兵，许多士兵甚至都不会开枪。

战争开始后，土军节节败退，巴尔干地区几乎全部丢光，四国联军兵锋直指土耳其首都伊斯坦布尔。土耳其只好自投罗网，照会各列强，请求调解。

同年12月，巴尔干同盟四国与土耳其在伦敦举行谈判。英、法、俄、德、奥、意同时在伦敦召开大使会议。这会开起来就热闹了，俄、法支持巴尔干同盟，德、奥给土耳其撑腰，由于两大列强集团的插手，双方的谈判断断续续拖了好几个月，直到1913年5月，才签订了《伦敦和约》。条约宣布巴尔干各国获得独立，从而结束了土耳其对这个地区500年的统治。条约规定：土耳其除保留伊斯坦布尔及附近的一小块地区外，在欧洲的领土及爱琴海上的大部分岛屿都交给巴尔干同盟各国；承认阿尔巴尼亚独立；马其顿由保加利亚、塞尔维亚、希腊三国分割。

对于巴尔干各国来说，第一次巴尔干战争是一场正义的民族解放战争。

大家一起抢地盘

伦敦和会解决了巴尔干各国与土耳其的问题，但巴尔干各国之间的问题反而更加尖锐了。

这里有列强挑拨的因素，但巴尔干各国也都不是省油的灯，在分"桃子"的时候，巴尔干同盟内部产生了严重分歧。塞尔维亚要求取得土地最多的保加利亚让出马其顿的一部分；希腊则要求得到马其顿南部和色雷斯；四国同盟之外的邻居罗马尼亚也向保加利亚提出了领土要求；门的内哥罗也想从保加利亚夺得部分领土。到手的果实，凭什么给你？上述要求都被保加利亚拒绝。

于是，塞尔维亚和希腊于1913年6月1日结成反保加利亚同盟，随后罗马尼亚加入其中。俄国想利用这个同盟对抗德、奥，便对其表示支持。奥匈帝国为了对付俄国，则支持保加利亚。1913年6月29日，保加利亚在奥匈帝国的怂恿下，先发制人，向塞尔维亚、希腊两国发起进攻，挑起了第二次巴尔干战争。

战斗打响后，罗马尼亚和门的内哥罗加入塞尔维亚、希腊一方作战，保加利亚军队遭到多方夹击。更要命的是，刚刚被打败的土耳其，见鹬蚌相争，也加入了反对保加利亚阵营一方，企图捞回些老本儿。这简直太逗了，一年前，大家还联合起来打土耳其呢，这会儿土耳其跟大家合起来揍保加利亚。

这么多人一起群殴，你想保加利亚还能顶得住吗？7月29日，保加利亚战败求和。8月10日，交战各方签订了《布加勒斯特和约》，保加利亚不仅丧失了在第一次巴尔干战争中从土耳其手中得到的大部分土地，还丧失了一部分原有土地。这些地盘被塞尔维亚、希腊、罗马尼亚重新瓜分，巴尔干昔日的主人土耳其则捞回了色雷斯东部地区。

第二次巴尔干战争毫无理性，毫无正义，说白了就是分赃不均抢地盘，甚至不惜引狼入室。两次巴尔干战争中，交战双方的背后都有欧洲列强支持，因此，巴尔干战争也反映了两大列强集团的争斗。

第二次巴尔干战争后，土耳其和伺机"复仇"的保加利亚积极投靠德奥集团；塞尔维亚、希腊和罗马尼亚则加强同协约国的联系。这样，昔日并肩战斗的巴尔干各国分道扬镳。两大集团对巴尔干的争夺和巴尔干各国之间的矛盾更加激烈了。

巴尔干战争加剧了欧洲列强之间的摩擦，加深了协约国与同盟国之间的敌视和对立，刺激各国扩军备战。特别是协约国支持的塞尔维亚，它是两次巴尔干战争中的最大赢家，领土扩大了一倍，人口由300万增加到近450万，这对德国和奥匈帝国的扩张计划构成了严重威胁。

因此，奥匈帝国对塞尔维亚虎视眈眈，好斗的塞尔维亚也不甘示弱，巴尔干地区火药味渐趋浓烈。

06. 萨拉热窝的枪声

好斗的塞尔维亚

在两大列强集团的不断干预下，巴尔干成了欧洲火药桶。

有道是：玩火者必自焚。20世纪初，火药桶的引线再也捂不住了，最终萨拉热窝枪声响起，引爆了人类历史上第一场世界范围的战争！

世间没有无缘无故的爱，也没有无缘无故的恨，世间的仇怨多由贪欲而起。

最容易勾起帝王贪欲的就是土地。1908年，奥匈帝国向南扩张，正式吞并巴尔干的波斯尼亚和黑塞哥维那。奥匈帝国吞并这两块地盘，是因为号称"巴尔干的保护者"的俄国出卖了它的保护对象。在19世纪中期的俄土战争中，俄国为了换取奥匈帝国的中立，许诺奥匈帝国吞并上述两地。不过，当时奥匈帝国只是代管，名义上这两地仍属于土耳其。为免夜长梦多，奥匈帝国终于先下手为强。

世间很多事就是一层窗户纸，一捅破就不好收拾。巴尔干最好斗的塞尔维亚对此强烈不满，坚决反对。好斗的塞尔维亚人是不容易妥协的，对任何人都不迁就。塞尔维亚的国王和王后曾示好于哈布斯堡王朝，结果在1903年，一群军官发动政变，将国王夫妇射杀，还把尸体的衣服剥光，从贝尔格莱德王宫的窗户扔了出去！然后扶植了一个对俄亲善的新国王。对自己的国王尚且如此，塞尔维亚人的野性可以想见。

塞尔维亚一直把与其接壤的波斯尼亚当成自己的兄弟，兄弟的土地也应该是自己的，塞尔维亚人的梦想就是把波斯尼亚纳入信奉东正教、属于斯拉夫人的大塞尔维亚王国之中。

奥匈帝国的公然吞并，使塞尔维亚人的民族自尊心受到了严重伤害，民众的反奥情绪高涨，大有无法抑制之势！

王子与灰姑娘的爱情

正在这个当口，奥匈帝国在临近塞尔维亚边境的波斯尼亚安排了一场军事演习。

奥匈帝国的皇储斐迪南大公，带着媳妇儿索菲到波斯尼亚检阅军队，并访问萨拉热窝。斐迪南大公一方面想炫耀一下武力，想让波黑人认识到奥匈帝国的强大，另一方面是想显摆显摆他的媳妇儿。

斐迪南大公是奥匈帝国皇帝弗兰茨的大侄子，弗兰茨的皇后就是著名的茜茜公主，皇帝跟皇后有一个独生儿子鲁道夫大公，但这位太子爷是个情种，开枪打死了17岁的小情人，然后自杀殉情了。你说外国的皇太子多有意思，你当了太子，将来就是皇帝，想找谁谈恋爱不行啊，偏偏要因为失恋而自杀。这对于中国的皇家来讲是不可想象的事儿。皇太子一死，斐迪南大公就成了奥匈帝国皇位的合法继承人。

斐迪南大公把媳妇儿带来是因为只有在这儿，他的媳妇儿才能得到大公夫人应有的尊重。在哈布斯堡王朝的首都维也纳，没有任何人尊重索菲这位未来的皇后。当初大公要娶索菲为妻的时候，皇帝曾强烈反对，因为她没有皇家血统。

哈布斯堡家族的成员有一个著名的体征——他们的下嘴唇和下颚能奇异般地突出，被称为"哈布斯堡嘴唇"。其实，这种突出有点儿像猩猩。但是，就为了保持这个高贵的特征，哈布斯堡家族对结婚对象有严格的限制。

不仅是哈布斯堡家族这么做，当时的欧洲皇室成员绝对不能跟没有皇家血统的人通婚，只能在各国皇室之间通婚。索菲出生于一个没落的捷克贵族家庭，虽然不是平头百姓，是个伯爵，但因为家里穷，贵族的场子已经撑不下去了，索菲就在一位奥地利大公夫人家做侍女。而这个大公夫人特别想把自己的闺女嫁给斐迪南做皇太子妃，将来当皇后。但是，斐迪南偏偏没看中大公的女儿，反而跟她的侍女一见钟情。斐迪南经常去拜访大公夫人，但不是去追求大公夫人的女儿，而是追求已经30岁的侍女。这样一来，大公夫人怒火中烧，把索菲给辞退了。可是，斐迪南依然追求索菲，这可以说是一场王子与灰姑娘的爱情。

这事儿终于被老皇帝知道了。斐迪南很坚决，跟自己的叔叔进行了一场意志上的较量，一直斗了两年，最后老皇帝对这件事儿感到厌倦，同意斐迪南跟索菲结婚。但他们之间有一个约定，索菲的后代不能做奥匈帝国的皇位继承人。斐迪南大公被迫出席哈布斯堡王朝的秘密内阁会议，当着皇帝、奥地利大主教、匈牙利大主教、政府各部大臣、哈布斯堡王朝所有大公的面，郑重宣誓：他与索菲的后代及后代的后代都不继承皇位。

在他们俩的结婚典礼上，哈布斯堡家族出席结婚典礼的只有斐迪南大公的母亲和姐妹，连他的弟弟们都没来参加。虽然这个婚姻非常幸福，他们生了一女二子，但是索菲在皇宫里没有任何地位，不能跟丈夫一起骑马参加皇室游行，不能一起参加国宴，甚至不能跟丈夫在同一个包厢看歌剧。斐迪南作为皇储参加宫廷舞会时，索菲被安排在最低等级的皇族女士后边。他们只有到外地，到帝国的殖民地，才可以摆脱维也纳宫廷的束缚。斐迪南大公觉得，这里可以给妻子应有的尊重。

于是，1914年6月28日，斐迪南大公带着妻子兴致勃勃地坐着敞篷汽车来萨拉热窝巡游。

史上最二的军事演习

对于奥匈帝国来讲，挑选6月28日在萨拉热窝搞军事演习是最二的。

这一天，是塞尔维亚500多年前在科索沃战役中失败、被土耳其征服的国耻日。你以征服者的形象来访问，就是给人家的伤口上撒盐。于是，塞尔维亚"黑腕会"和波斯尼亚青年会秘密联络，制订了行刺计划。

但斐迪南大公夫妇对此一无所知，完全沉浸在小夫妻度假的快乐气氛中。

当天上午，萨拉热窝阳光明媚，夏意正浓。街上挤满了人，有的人在欢呼，有的人在沉默中观望。检阅了演习军队之后，斐迪南大公夫妇坐着敞篷轿车驶向市政厅，汽车行驶当中，突然听到了爆炸声。警察断定爆炸的声音是塞尔维亚人制造的袖珍雷管发出的。有人看到一个黑色的小物体在空中飞过，那就是塞尔维亚人扔的炸弹。这个炸弹是朝着大公夫妇的座车飞过来的，但是司机反应敏捷，立刻踩油门儿加速行驶。斐迪南大公也看到了炸弹，还下意识地回手做了一个阻挡的动作，炸弹又向后飞了一段距离，在大公夫妇身后不远处落地爆炸，炸坏了跟在后面的一辆汽车，炸伤了几个人，但大公夫妇没什么事儿，只是夫人的脖子被弹片擦了点儿皮。

但刺杀还没结束，实施刺杀计划的共有6名年轻刺客，他们除了炸弹还带着手枪。从有人扔炸弹算起，到车队抵达市政厅，斐迪南夫妇的轿车沿途驶过了3个刺客的伏击地点，但这3个刺客都没有采取行动。然后，斐迪南大公来到市政厅，接受市长的欢迎。市长知道刚刚发生的事儿，却在致欢迎词时宣称：萨拉热窝全体人民都非常尊敬斐迪南大公，并对他的来访感到高兴。这让人感觉十分荒谬可笑。

如果此时斐迪南大公结束一天的行程，也可能"一战"就不会这么快爆发了。结果大公为了耍酷，说刚才受伤的人里有自己的随从，坚持要去医院看望他们，显示一下君主对臣民的关怀。大公要求夫人留下躲避危险，但是夫人拒绝了，表示无论如何也要跟自己的丈夫在一起。把大公夫妇送上鬼门关的是波斯尼亚的地方长官，这个人信誓旦旦地向大公表示，萨拉热窝不会再有什么危险了，他说自己很了解塞族狂热分子，说这帮人能力有限，每天只能组织一次刺杀行动。

于是，大公的车队再次出发了。

改变历史的暗杀

也许是命中注定，斐迪南大公要在萨拉热窝画上生命的句号。在经过一个路口时，大公的司机发现走错了路线，只好停车换挡，准备掉头。

此刻，一个令人震惊的巧合出现了，司机掉头时，恰恰停在一个叫普林西普的塞尔维亚人面前，离他只有几米远。普林西普时年19岁，是刺杀小组的最后一名成员，也是刺杀小组的组长。

普林西普抓住了千载难逢的机会，拔出手枪，瞄准停下的轿车，连开两枪。如果轿车在行驶中，不见得能打准，但此刻，轿车停下了，历史改变了。

车子再次启动的时候，一股血流从斐迪南大公的嘴里喷射出来，大公夫人在尖叫："我的上帝，你怎么了？"说完这句话，她自己也中枪昏倒了，头正好落在丈夫的两膝之间。同车的波斯尼亚地方长官还以为他们俩是被吓昏的呢，没当回事儿，但是大公明确意识到，自己遇刺了。大公说："亲爱的索菲，亲爱的索菲，别死！为了我们的孩子，你要活着！"

这时候有人跑过来，围住大公，撕开他的外套，想检查一下哪儿受伤了，大公硬撑着——因为他是军人——连说："没事儿，没事儿。"

与此同时，这名刺客举枪瞄准自己的头部，人群当中有人制止了他；在搏斗中，他吞下了一瓶氰化物想自杀，没想到毒药是从地摊贩子的手里买的，已经过期了；他还挣脱了警察，想跳到河里淹死，结果河水太浅。这哥们儿三种死法都没死成。

由于普林西普不满20岁，按照当地法律不能判死刑，就被判了20年监禁。他还说自己没计划刺杀索菲，对她的死表示遗憾，说明这小伙子还有点儿绅士风度。1918年，他死在了监狱里。

斐迪南大公夫妇在遇刺几分钟之后就死去了，子弹打得非常准。对于斐迪南大公的评价是褒贬不一的，有人说他贪婪残酷，对到他的城堡附近捡干柴、采蘑菇的穷人都不放过；也有人说，斐迪南大公的思想还是比较开明的，他甚至想给予奥匈帝国内的斯拉夫人以管理帝国的话语权，包括波斯尼亚的塞尔维亚人。如今，他却被塞尔维亚人刺杀了，现实真够讽刺的。

斐迪南大公夫妇遇刺的消息传到维也纳，立即引发了骚动。当时83岁高龄的奥匈帝国皇帝听到这个消息，不知是喜是悲。他不喜欢这个侄子，但是又见过了太多亲人的非正常死亡：儿子自杀；他的一个兄弟去墨西哥当皇帝被枪毙；另一个兄弟放弃公爵头衔后离奇失踪；最惨的是，老婆茜茜公主被人用锉刀暗杀，凶手是个有神经病的无政府主义者，他本来是要刺杀意大利国王，因为没钱买火车票，就转而把她刺杀了。这时候，皇帝已经有点儿糊涂了，他的私人秘书记得皇帝曾说过这样一句话："一种更高层的力量，已经重新恢复了秩序。唉，这是我难以做到的。"

老皇帝确实糊涂了，他绝对想不到，要想恢复秩序，得有一场空前惨烈的世界大战！

普林西普抓住了千载难逢的机会，拔出手枪，瞄准停下的轿车，连开两枪

战争就是这么回事儿：袁腾飞讲一战

第二讲

大打出手见杀招

（比利时之战，马恩河战役）

做决定的总是政治领袖，把人民拖着走是个简单不过的事儿，你只要告诉他们外面有敌人威胁，然后把反对战争的人全打为"不爱国"，或说他们使我国陷于危机，就行了。

——戈林

01. 准备大打出手

千载难逢的机会

"他们就这样把我们的斐迪南给杀了。"一位奥匈帝国的妇女曾这样形容萨拉热窝刺杀事件。不管斐迪南大公做过什么，普通民众对他们夫妇的惨死，多少抱有同情。但在政治家看来，这件事的性质完全不同，它令人兴奋。

19世纪末的欧洲，军国主义泛滥，各国君主们大多热爱战争，确切点儿说，是热爱发动战争和享受胜利果实。

1914年6月28日下午，德皇威廉二世还在基尔港外海的游艇上带着老婆吃着火锅唱着歌。听到刺杀消息后，他先是大惊失色，斐迪南大公是他的铁哥们儿，哥儿俩经常在一起猎杀动物。几周前，德皇夫妇还在大公夫妇的乡间别墅做客，没想到这么快人就没了！威廉二世为好友悲伤了几分钟，旋即挥动双手兴奋地大叫："这真是千载难逢的机会！"他马上吩咐，回柏林！一分钟也不准耽误。当然，他回去是为了观察动静，毕竟人家没有刺杀德国皇储，需要等待奥匈帝国的反应。

听说侄子去世，正在外面避暑的老皇帝、以茜茜公主的老公而闻名于世的弗兰茨·约瑟夫一世赶回维也纳召开大臣会议，商讨对策。皇储的挚友、陆军总参谋长康拉德将军咬牙切齿地说："加害大公是对奥匈帝国的公然挑衅，我们决不能再心慈手软，必须狠狠地教训塞尔维亚！"外交大臣贝尔希多尔德也力主开战，他说："现在到了解决塞尔维亚问题的时候了。"但是，老皇帝没有马上拍板，他反问道："我们对塞尔维亚开战并不难，小小的塞尔维亚我一只脚就能踏平，但如果俄国支持塞尔维亚怎么办？"康拉德答道："陛下可以同我们的盟友威廉二世联络，我相信他会帮助我们的。"于是，会议决定，在发动战争之前，先跟德国通气。

接下来，弗兰茨·约瑟夫一世给威廉二世写了封信。信的开头是："这次对我可怜的侄儿的袭击，乃是俄国和塞尔维亚大斯拉夫主义者直接鼓动的结果。他们唯一的目的就是要削弱三国同盟。"信的中段说："如果贝尔格莱德（塞尔维亚首都）这种罪恶的煽动根源不受到惩罚，那么所有欧洲君主国家的和平政策将受到威胁。"信的末尾点题，恳请威廉二世表态支持奥匈发动战争。

打仗就像追姑娘

威廉二世看完信后，当即表示，德国将全力支持奥匈帝国对塞尔维亚作战。接着，威廉二世才召开高级将领和大臣会议，告诉他们可能会开战的"好消息"。

让皇帝满意的是，将军们同样感到兴奋，纷纷请战。总参谋部的军需部长说："这次觐见后，我就没有什么事儿可做了。因为动员计划早在3月31日就已经完成。军队和往常一样，早已做好了准备。"总参谋长小毛奇甚至说："我们已经准备好了，对于我们来说，战争越快越好。"

对这帮战争狂人来说，打仗就像追姑娘，下手当然越快越好。

同盟国在密谋战争，协约国也没闲着。沙皇尼古拉二世派密使前往塞尔维亚，向塞尔维亚人保证：如果奥匈帝国胆敢动手，俄国决不会袖手旁观。俄国看起来像塞尔维亚的保护神，其实它真正的目的是想通过战争控制巴尔干并夺取土耳其的博斯普鲁斯海峡和达达尼尔海峡，使黑海成为"俄国湖"。

眼看着俄奥两国就要开打，7月20日，法国总统普恩加莱和总理维维安尼一同访问俄国。沙皇为法国人举行了盛大的招待宴会，两国相互保证，一旦对同盟国开战，一定履行盟友的义务。双方对天发誓，骗人死全家，两国的官员们亲如兄弟。访问期间，法国总统还不忘召见奥匈帝国驻俄大使，要他转告奥匈政府"应当特别慎重地"处理对塞尔维亚的关系。总统强调："塞尔维亚是俄国人民很亲密的朋友，法国又是俄国的盟友，在这个问题上真不知有多少可怕的纠纷。"

奥匈帝国才不管有多少纠纷呢，有了德国的支持，立刻胆儿肥了，对俄国的担心和害怕大大减少。7月23日，就在法国总统离俄回国那天，奥匈帝国向塞尔维亚发出最后通牒，用侮辱性的言语提出了10项苛刻要求。

这时候，塞尔维亚知道奥匈帝国不好对付，何况它后面还有更强大的德国。为了避免战争，除了不同意奥匈帝国派人干涉内政外，其余条件都答应了。但是，奥匈帝国要的不是这个，而是彻底解决问题！

英国依旧在演戏

1914年7月28日，按照预定时间表，奥匈帝国对塞尔维亚宣战。

俄国闻风而动，7月30日，开始进行战争动员，向奥匈东部边境集结军队。

德皇威廉二世怒了，7月31日，德国向俄、法发出最后通牒，要求俄国中止动员，要求法国宣布在德俄战争中保持中立，遭到俄法两国断然拒绝。

就在德奥和俄法积极备战之际，有一个国家还在观望，那就是英国。英国十分狡猾，乔治五世①在俄德之间尽情演戏，他一面向德国表示，尽一切可能防止大国战争，英国将不卷入战争，尽可能长期袖手旁观；另一方面，英国暗中怂恿俄国备战。英国的做法，给了德奥集团一种错觉，以为英国真的会对巴尔干事态保持中立，不愿卷入战争。

---

① 乔治五世（1865—1936），英王爱德华七世的次子，曾作为海军学员在军舰服役，1910年即位后被称为"水手国王"。第一次世界大战期间，乔治五世为了安抚民心，舍弃了自己的德国姓氏，将英国王室改称"温莎"。

没想到，7月29日，也就是奥匈帝国对塞尔维亚宣战的第二天，英国外交大臣就约见德国大使说："如果冲突仅仅限于俄奥之间，英国可以保持中立，如果德法两国卷入，那么局势立刻就会发生变化，英国政府在一定情况下，将被迫做出紧急决定，就不能长期作壁上观了。"敢情英国是想借俄国之手干掉德国的一个盟友，连带着把俄国削弱，还想让德国在旁观战，不能插手。

威廉二世气急败坏，在奥匈帝国对塞尔维亚宣战之前你怎么不说呀？他明白，英国一旦加进来，胜负的天平就起了变化。他郁闷地说："英国在它认为我们已陷入绝路的情况下，向我们摊牌！"

威廉二世似乎是中招了，实际上他是被自己的欲望冲昏了头。德国要建立的是一个从北海、波罗的海到亚得里亚海，从柏林到巴格达的大德意志帝国。在中欧和近东建立殖民统治，让英国交出全部舰队；把埃及变为棉花产地，把南美洲变为德国的势力范围。这手都伸到哪儿去了？只有神经病才想得出来。

无独有偶，德国的兄弟奥匈帝国希望通过战争吞并塞尔维亚，独霸巴尔干半岛，夺取通往亚得里亚海和爱琴海的出海口，变奥匈二元制帝国为三元制帝国。

英国打算参战是希望击败主要对手德国，保住世界霸权，肢解土耳其帝国，夺取两河流域和巴勒斯坦，顺便瓜分德国在非洲有限的殖民地。

只有法国的参战动机相对单纯，法国要雪洗普法战争的耻辱，收复阿尔萨斯和洛林，还企图侵占德国的萨尔煤铁矿。

为战争鼓与呼

不过，话说回来，谁想发动战争，谁就应该自己上战场。就像在竞技场比赛，让皇帝、大臣、将军们上场竞技，一对一格斗，拼到最后，谁活着，谁的国家就算胜利。但是，皇帝和大臣们是不会亲自去拼命的，他们要煽动那些不想打仗的人去相互仇杀，让民众的头脑变得疯狂，去替自己实现"理想"。

7月28日前后，为了进行战争动员，各国宣传机构大肆鼓吹。威廉二世在王宫白色大厅慷慨激昂地宣布："我不知道有什么党派，我只知道我们都是德意志兄弟。"群众狂热地欢呼，不分年龄、职业和政党的人都被集合起来。在各种媒体声嘶力竭的鼓动下，大街上到处都是狂热的人。当时的诗人吟唱："德国的全部德与美只有在战争中才能显示出来。"

法国总统普恩加莱发表了《告法国人民书》，意思也差不多："此时此刻不再有党派，只有一个永恒的法兰西，一个爱好和平与充满决心的法兰西，一个有权力和正义，紧紧团结在安宁、警惕和尊严中的祖国。"他强调"法国将再一次为人类的自由、理性和正义而斗争"。

那些御用喉舌竭力为战争辩护，宣传战争可以解决人口"过剩"的问题，挽救工商业危机，甚至宣称战争能对人类起到"优生"作用。德国骑兵将领柏第公然叫嚣："战争是万事之父……是文明的不可缺乏的因素。"罪恶的战争终于被提上日程了。

1914年8月1日，德国对俄国宣战，推倒了大国宣战的多米诺骨牌。

德国用足了心思，它先向东边的俄国宣战，可主攻方向却在西线。

精妙的施里芬计划

为什么德国首先在西线发动进攻？因为有施里芬伯爵元帅。

在德国的历任总参谋长中，能耐最大的要数辅佐俾斯麦先后打赢普丹战争、普奥战争和普法战争而统一德意志的毛奇。最为中国人熟知的，是毛奇的继任者、八国联军统帅瓦德西。施里芬是瓦德西的继任者，早在1900年，也就是一战爆发前14年，他就制订了一个通过广阔的比利时平原入侵法国的作战计划。

比利时，这个小小的工业化国家，建设有发达的铁路和公路，穿越河流可以直通法国，而且它和法国的边界不设防。

施里芬设想，战争一旦爆发，德国无法避免受到法俄两面夹击，因此需要集中优势兵力，各个击破敌人。那么首先击破谁呢？施里芬对法国和俄国进行了深入研究。法国虽然在普法战争中失败，并失去了阿尔萨斯和洛林，但法国陆军雄风不减，在欧洲仍处于领先地位，是德意志帝国在欧洲大陆的最大敌人。反观俄国，虽号称有600万常备军，但装备落后，战略思想仍停留在冷兵器时代，很多俄国士兵还拿着绑了尖刀的木棍作为武器。于是，施里芬有了一个大胆的构想：利用德军便于机动的优势，先行经过比利时击败法国，之后回头集中力量击败俄国。

施里芬判断：俄国工业落后，铁路不发达，除了人多，什么都少，打起仗来，从宣战到参战至少需要6到8周时间，才能完成有效的军事集结。这段时间内，德军集中主力在西线，完全有能力迅速击败法国。然后利用德国发达的铁路网把军队调往东线，在俄国发动进攻前，再击溃俄国，结束战争。

施里芬计划的基本战略思想，用三个字概括就是：时间差。

开战之前就注定了失败

施里芬伯爵于1913年逝世，没看到自己制订的计划在实战中的效果。他临终时还念念不忘，再三嘱咐自己的接班人小毛奇将军：东西两线作战会分散兵力，法德边界又要分散兵力，所以你在向法国进军的时候，一定要加强右翼！让右翼末梢袖拂海峡，这样才可以在英国远征军到来之前，迂回包抄，占领法国。

可惜，施里芬的接班人小毛奇没有他的魄力。小毛奇将军系出名门，是老毛奇元帅的侄儿。德国军队特别珍视名将的血脉传承，因此把小毛奇捧到了总参谋长的高位。小毛奇其实就仗着叔父的余荫，仗着光荣的姓氏，军职不断提升，先做施里芬的助手，后来成为其接班人。但是小毛奇的性格和能力跟他的叔父比起来差得不是一星半点儿，小毛奇总是愁眉苦脸，神情忧郁，被威廉二世称为"忧郁的恺撒"。

施里芬伯爵曾经跟别人谈起，有一次，小毛奇制订了一个作战计划，施里芬认为计划不妥，就批评了他并让他修改。当施里芬伯爵再次走进小毛奇办公室的时候，惊讶地发现小毛奇在哭。难道说，堂堂一个将军，长官批评不得？

说你两句居然就落泪，还是个日耳曼爷们儿吗？

小毛奇没有集中全部兵力进攻一个目标的胆力，如果说施里芬的座右铭是"胆大、胆大、再胆大"，那么小毛奇的座右铭则是"千万不要冒险"。他担心左翼力量薄弱，不能抗击法国进攻；又怕东线防守东普鲁士的兵力单薄，不能抵御俄国。施里芬计划虽然被他继承下来了，但为了谨慎起见，每年都做出修订，不断往东线调兵。

到了开战前夕，施里芬计划已经被改得变了样。西线约150万德军被重新做了部署，小毛奇取消了入侵荷兰的计划，从而使右翼的两个集团军需要穿过狭窄的比利时列日要塞；由于顾虑法军从左翼突破，他抽调右翼的部队防守左翼；由于担心东线对付俄国的兵力太少，霍亨索伦王朝的龙兴之地被人占领，又从右翼抽出4个半军加强东线。

这样一来，德军右翼的兵力，比施里芬计划的减少了近一半。战史专家们认为，这样的修订，在开战之前就注定了德国的失败。

02. 德军进攻比利时

点儿背的公使

或许是为了给比利时一点儿颜色看看，1914年8月1日，德军率先对卢森堡大公国展开军事行动。

卢森堡军队只有几百人，只好放弃抵抗，这在法理上不构成战争行为。德军一个步兵连在一名中尉率领下，兵不血刃就占领了一个主权国家。卢森堡再小也有2500多平方公里，德国一个连的兵力就给占领了，看来卢森堡人民非常爱好和平。第二次世界大战中也是如此，德国一宣战，卢森堡就投降了。这个国家在两次世界大战中最大的特点，就是创造了零死亡的纪录。卢森堡被占领后，德军的下一个目标就是比利时。

1914年8月2日，德国驻比利时公使贝洛收到了从首都柏林发来的电令，让他立即拆封7月29日送来的密件，并且把密件内的最后通牒于当晚8时递交给比利时政府，要求比利时在12小时内做出答复。

贝洛公使的经历非常有意思。他年初才担任德国驻比利时公使，办公桌上有一只银质烟灰缸，上面有一个子弹眼儿。每当有人问起这个弹眼儿的来历，他总是哈哈大笑说："我这人就是点儿背，我到哪儿，哪儿就出乱子。我到了土耳其，土耳其就闹革命（指青年党人的革命）；我到中国，又碰上义和团，这弹眼儿就是从窗户外面飞进来的子弹打的。"不过，每次跟客人说完这句话后，他都优哉游哉地点上一根香烟，喷着烟圈说："我现在日子过爽了，布鲁塞尔是歌舞升平啊，这个国家是不会打仗的。"从1839年以来，比利时就是中立国，能有啥事儿？没承想密件一打开，他就傻眼了。

8月1日清晨，德国进攻卢森堡的消息传来，比利时就感到震惊，政要们纷纷来到德国驻比利时公使馆，要求贝洛保证尊重比利时的中立。贝洛只好一遍又一遍地许诺说："比利时没什么好害怕的，就算邻居的房子着火，也不意味着你的房子一定会着火。"

但是，这种模棱两可的保证没有让比利时人放心，比利时国王阿尔贝决定以个人名义向德国皇帝做最后呼吁。欧洲王室之间经常通婚，比利时王后是德国巴伐利亚公爵的女儿，德国是王后的娘家，很多比利时人都会说德语。阿尔贝国王希望通过亲戚关系，促使德皇做出保证，尊重比利时的中立。

与其跪着生，不如站着死

但是，比利时等来的是德国的最后通牒。

贝洛奉命把最后通牒交给了比利时外交部，在这份通牒里，德国人颠倒黑白，说法国要经过比利时进攻德国，因此，德国要回击法军就必须进入比利时国土。如果比利时反对德国通过，则将被视作敌国，今后跟比利时的关系将由枪炮来决定。德国要求比利时在12小时内做出明确无误的回答。

比利时自1839年以来就是一个中立的小国，它的部队只有7个师，狗拉机

比利时自1839年以来就是一个中立的小国，它的部队只有7个师，狗拉机枪都算重武器

枪都算重武器，军备跟德国没法儿比。当年施里芬伯爵制订计划时，打算通过比利时进攻法国，俾斯麦提醒他，不要为反德力量增加一个帮手。施里芬轻蔑地说，如果比利时的7个师敢于抵抗，我借道比利时的34个师，可以在进军途中捎带着将它消灭。

比利时外长看到通牒之后，感觉很为难，怎么办呢？比利时疆域狭小，如果决定捍卫独立，后果难料，弄不好就是玉石俱焚，田园荒芜，生灵涂炭；但是如果顺从德国的要求，比利时就会变成德国的附庸，也会遭到德国的掠夺。无论顺从还是不顺从，结局都是一样。这样，与其跪着生，不如站着死！所以，比利时人自豪地回答："如果我们必须要被化为齑粉，那就让我们光荣地化为齑粉吧！"

比利时首相说："我们是有准备的。"其实，比利时军队的6个步兵师和1个骑兵师，装备不足，缺乏训练。这时候，阿尔贝国王真正体会到作为一个统治者责任重大。阿尔贝16岁时成为王位继承人，因为他沉默寡言，老国王起初并未对他寄予厚望，说他是"封了口的信封"。可是，在这个"信封"内，却蕴藏着惊人的毅力和智慧。他喜欢户外运动和体育锻炼，爱好科学，关心自然环境，而且酷爱读书，包括许多军事著作。

1913年11月，阿尔贝国王曾应邀访问柏林，德皇设宴款待他，作陪的有陆军大臣法尔肯海因、海军大臣提尔皮茨、总参谋长小毛奇等德国所有军政要员。在宴会上，德皇指着一位将军对阿尔贝国王说，这个人将来要奉命率师进军巴黎，他叫克鲁克。小毛奇更是向阿尔贝国王吹嘘，德国军队不可战胜，愤怒的条顿人无法阻挡，他们足迹所至，将留下一片废墟。他问比利时驻德武官，如果一支外国大军入侵比利时，比利时将何以自处？这个武官回答，无论哪个大国进犯我们的边界，我们都将全力抗击。小毛奇说，你光有良好的愿望不行，还必须有一支可以履行责任的军队。

小毛奇的话音刚落，阿尔贝国王就接口说："我们决心向侵犯我们领土的任何大国宣战，决心竭尽全部力量和全部军事资源，在任何需要的地方，甚至越过边界进行战争，并且决心一直打下去，即使在进犯之敌败退之后，仍将继续打下去，直到实现全面的和平。"

也就是说，在战争爆发前，阿尔贝国王就已经下了这样的决心，无论任何国家，不光是德国，如果法国侵犯我的中立，我也要跟它打。

求你接受最后通牒

8月2日当天，阿尔贝国王主持召开国务会议，通报了最后通牒的内容。

国王在开场词中说："无论后果如何，我们的回答必须是'不'，我们的责任是捍卫祖国的领土完整。对此我们必须坚定不移。"国王的开场词得到了所有与会者的热烈掌声，比利时人做好了宁为玉碎、不为瓦全的准备。比利时副总参谋长甚至建议，在侵略者越过比利时边界之前首先出击，狠狠揍一顿德国人。比利时敢以这么少的军队主动攻击这么强大的敌人，虽然说在军事上行不通，但是他们的气节让人为之动容。

当比利时向德国的最后通牒说不的时候，德国人坐不住了。8月3日凌晨一点半，德国驻比利时公使贝洛，来到比利时外交部，想最后努力一把，劝说比利时人接受最后通牒。据说，贝洛在劝比利时人的时候，声泪俱下，他对比利时怀有美好的感情，不愿意看到比利时人这么不自量力，做出蚍蜉撼大树的蠢事，最后玉石俱焚。他几乎是哭着哀求比利时人，接受我们的最后通牒吧，你们别抵抗了……这在世界宣战史上也是个奇迹。但是比利时人还是气壮山河地喊出了"不"！

8月3日上午7点，就在德国发出最后通牒12小时期限的最后一分钟，比利时政府把它的答复送到了德国公使馆，比利时拒绝接受最后通牒。

这一下，英国坐不住了。就在8月2日，伦敦还充满了和平的气氛，英国首相接见德国大使的时候，还眼含热泪地跟德国大使讲，我们两国之间发生战争那是完全不可能的事儿。

到了下午，德国向比利时发出最后通牒之后，英国外相格雷就要求内阁授权，用英国海军来保护法国沿海。在比利时拒绝了最后通牒后，格雷在英国国会发表了政府公开声明，声明最后说，我要求国会根据英国利益考虑当前的危机，假设法国被击败，假设比利时受到同一势力的支配，而且还有荷兰和丹麦，假设我们逃避责任，在战后，当整个西欧都已落入某一帝国的支配之下，我们又将如何自保？所以我相信，即使在全世界面前牺牲我们的尊严和名誉，也还是不能避免严重的后果。

最后，格雷问议员们，英国该何去何从？到这时候，英国的战争政策呼之欲出了。当格雷离开国会的时候，海军大臣丘吉尔问他该怎么办，他说要向德国发出最后通牒，要求它24小时内同意停止入侵比利时。

8月4日，在得知德军已经进入比利时的确切消息后，英国以德国破坏比利时中立为由，对德国正式宣战。

将"傻帽儿"碾成粉末

此前一天，德国已经对法国宣战。

德国大使递送宣战书时说，法国曾经空袭德国，而且飞行员已经飞越了比利时领空，德国指责法国破坏了比利时的中立，所以德国认为跟法国已经处于战争状态。法国总理兼外长立即否认了这项指控。德国大使曾驻法多年，递送完宣战书后，法国总理起身送他出门。两个人都知道，这一别再相见就不知何年了，都有点儿依依不舍。法国总理陪着德国大使一同走出了房间，走下了门前的台阶，一直走到德国大使的座车旁边，双方相顾无言站了一两分钟，彼此鞠躬告别。双方都很绅士，虽然两国宣战了，但这是国仇，咱们个人之间没仇。

法国对德宣战之后，英国外相格雷对一位朋友说："整个欧洲的灯光都要熄灭了，在我们一生中可能不会看到它再点燃了。"

比利时拒绝了德国的最后通牒后，德国仍然希望比利时只是象征性地抵抗一下，为了面子开上几枪，然后就投降。没想到阿尔贝国王居然下令炸毁列日要塞附近马斯河上的桥梁，以及与卢森堡交界的铁路和桥梁，公开表示抵抗。

当时德国驻比使馆的外交官就说："比利时人真是一帮可怜的笨蛋，他们干吗不避开压路机呢？我们并不想伤害他们，但是他们如果挡路，那就要被碾成粉末，这帮傻帽儿！"

8月4日上午8点，第一波土灰色的浪涛就冲过了比利时边境，这是德国派来攻打比利时列日要塞的先遣部队，一共3个骑兵师，6个步兵旅，各步兵旅都配备了大炮。德国人在日落之前到达了马斯河畔的要塞，这里后来成为欧洲一系列废墟中的第一个废墟。

德国人入侵1小时后，阿尔贝国王身穿军装，骑马去了国会，坐在马车上跟随他的，是他的王后和3个孩子。一路上，家家户户悬挂着国旗，手拿鲜花，向国王欢呼，素不相识的人互相握手。每个人的感情都非常强烈，充满着对同胞的爱和对敌人的恨。国王在国会发表了慷慨激昂的演说，他回顾创建独立比利时的1830年国会会议，向议员们问道："先生们，你们是否矢志维护我们先辈留下的神圣礼物，使它不受侵犯？"议员们群情激愤，起立高呼："是的！是的！是的！"

出席会议的美国大使记下了这个场面，他特别注意到，国王年仅12岁的继承人身穿海军军服，也在聆听父王的演讲。美国大使在日记里说，等到年长日久之后，这位12岁的男孩还会想起这个令人激动的场面吗？令人遗憾的是，1940年的时候，当年的男孩已经登基做了比利时国王，面对更加强大的德国再次入侵，他无奈地选择了投降。

国王的演讲结束后，比利时人同仇敌忾，齐声高呼："打倒德国佬！处死杀人犯！比利时独立万岁！"

没有带上大杀器

按照德国人的时间表，必须要在法国充分动员之前通过比利时。要想通过比利时，就必须首先攻克列日要塞。

列日要塞雄踞在马斯河左岸高达150米的陡坡上，这一带的河道宽约200米，是天然的护城河。列日要塞是一座驰名欧洲的固若金汤的城池，就像一座城堡的吊闸，守卫着从德国进入比利时的大门。整个要塞共有大炮400门，其中口径最大的是210毫米榴弹炮。这些大炮全都被安放在钢制的堡垒当中,而且都能降到地下。每座大型的堡垒有两个连的炮兵和一个连的步兵共400名士兵驻守。

战争爆发后,阿尔贝国王亲任武装部队总司令,他任命63岁的陆军大学校长勒芒将军担任第三师师长兼列日要塞指挥官,国王要求他"坚守托付给你的阵地,死战到底"。

德军右翼一共3个集团军计34个师,另有一支3个骑兵师组成的骑兵军,一起向比利时扑了过来。这3个集团军分别由克鲁克、比洛和豪森将军指挥,三位将军都68岁,前两个是普法战争时的沙场老将。

德军进攻列日要塞的是从第二集团军中抽调出的6个旅,他们组成了马斯河军团,由埃姆米希将军指挥。如果比利时人不抵抗,那么这支部队就会在主力集结之际完成占领列日要塞的任务。

战前,威廉二世曾经对一个英国将军伸出一只手,把它翻过来,说他将这样通过比利时,意为易如反掌。德国人认为,比利时人说不惜一战就是梦话,顶多进行象征性抵抗,很快就会屈服。

因此,德军没有把作为撒手锏的两种巨炮送到前线,一种是由斯科达兵工厂制造的305毫米臼炮,另一种是克虏伯兵工厂制造的420毫米臼炮。德国人认为杀鸡焉用牛刀,就没把这俩大杀器带上。

德军也玩儿人海战术

8月4日,德军越过边境开进比利时。行军的时候,一点儿都不紧张,德军士兵纵情高唱《德国至上》《国王胜利万岁》,仿佛是去游行,而不是去战斗。

埃姆米希将军指挥的各旅德军从北、东、南三个方向进攻列日,当他们到达马斯河的时候,发现桥梁已被破坏,就准备架浮桥过河。这时,比利时军队开火了。德军万万没想到比利时人居然会来真的,德军人数达6万,而比军只有2.5万人,在真枪实弹的对射中,德军开始了第一批死伤。但德军毕竟人数上占优，再加上装备和训练上的优势，还是强渡了马斯河。但是，德国人在一战中遭受的当头一棒也从此开始。

随着德军向列日要塞发动进攻，比利时人的反击越来越激烈，德国士兵的苦恼也就越来越深。德国人原来认为比利时人就是"巧克力士兵"，根本不堪一击，没想到抵抗这么坚决。他们原想在24小时之内通过比利时，现在才认识到，在列日要塞的战斗肯定是残酷的。

8月5日，德军步兵开始攻击列日的堡垒，先用野战炮连续轰击，然后是步兵冲击。但是德军没带重炮，轻炮对于坚固的要塞没有什么威胁，而比利时人从要塞中发射出的炮弹却杀伤了大量德军士兵。德军士兵不惜伤亡，一拨又一拨地投入战斗，玩儿的也是人海战术。

一名比利时军官写道："他们并不试图展开队形，而是一排排地几乎是肩并肩地冲过来，直到中弹倒地。倒下去的伤亡人员堆成一堵可怕的街垒，快要遮住我们的枪口，为我们带来麻烦。街垒越来越高，我们实在不知道究竟是隔着它射击好，还是走出去用双手开拓一些通道。可是你相信吗？这堵用尸体和伤员堆成的墙垛帮助了德国人，使他们越爬越近，终于爬上了碉堡前的斜坡。但是他们最多只能走到一半，因为我们的机枪和步枪把他们击退了。当然，我们也有损失，但是和敌人的大量伤亡比起来是微不足道的。"

由此可见，列日之战爆发后的第二天，各交战国不计伤亡、把士兵的生命视如草芥的情况就出现了。

为荣誉而战的战士

8月5日夜间，德军各旅再次集结，准备发动一次新攻势。

当时，德国第二集团军副参谋长鲁登道夫少将随军观战，他突然发现所在部队第14旅士兵情绪低落，神情沮丧。鲁登道夫立刻去查明原因，原来旅长战死了。鲁登道夫当机立断，接管了该旅的指挥权，并且立即组织进攻。

6日下午2点，德军突破了堡垒圈，进抵马斯河右岸制高点，在那里，可以遥望对岸的列日城及其堡垒。

德国派出使者前去劝降，告诉勒芒将军，如果不让德军通过，"齐柏林"飞艇将毁掉列日。勒芒将军拒绝了德国人的劝降。德国的飞艇对城市进行了轰炸，投下了13颗炸弹，炸死了9名市民，这是20世纪对和平居民进行的第一次轰炸。

轰炸之后，德国人再去劝降，还是无功而返。鲁登道夫一看勒芒是王八吃秤砣——铁了心了，就派出一支36名官兵组成的分遣队，穿上英军制服，开车到勒芒所在的司令部，准备干掉他。没想到勒芒将军的副官看出情况不对，大喊："他们不是英国人，是德国佬！"于是，比利时人集中火力把这支小分队全部歼灭了。

德军在列日要塞受挫的消息极大地鼓舞了协约国。法国政府把拿破仑创立的最高勋章——荣誉军团一级勋章，授予了列日市，并且把军功勋章授予阿尔贝国王。法国国民议会议长宣称，比利时是在保卫欧洲的独立，是为荣誉而战的战士。英国《泰晤士报》说，比利时人打破了德军不可战胜的神话，流芳百世。但是，当各种荣誉纷至沓来的同时，德国的巨炮也在向列日推进。

自从8月5日炮战开始以来，德国炮兵便不占上风。德军装备数量最多的105毫米榴弹炮几乎不能对列日堡垒造成任何损害，而重炮连的150毫米榴弹炮也无法奏效，因为它们根本就砸不穿钢筋混凝土筑成的堡垒。

相比之下，比利时军队凭借开战前对周边地形的精密测量，用要塞炮不断攻击德军。德国人虽然出动飞机修正弹着点，但是连续被摧毁的依旧是德国人的火炮。每到晚上，在炮兵未能压制堡垒火力的情况下，德军发起步兵冲锋，在守军火炮和机枪的打击下损失惨重，出现了伏尸如山的场面。

可怕的"歌利亚"

就在此时，德军第二集团军紧急调拨而来的4个210毫米重榴弹炮营开抵战场。这种榴弹炮最大射程9.4公里，穿甲威力远远大于150毫米榴弹炮。

8月8日上午，210毫米重榴弹炮第一次实施炮击，炮弹朝着巴洪堡如雨般倾泻，几小时后，巴洪堡的多个炮塔失去作用。210毫米重榴弹炮接着又蹂躏

德国人手中的大杀器——420毫米重型臼炮

了巴洪堡几个小时，巴洪堡终于顶不住了。虽然巴洪堡最大口径的炮塔仍能使用，阵亡者也只有22人，但是剩下的人已经在夏日高温下被有毒气体呛得无法作战，巴洪堡指挥官只好宣布投降，成为列日12堡中第一个投降的堡垒。

8月10日，德国人手中更厉害的一种大杀器，被英法媒体称为"歌利亚"（圣经中的巨人）的305毫米重型攻城臼炮到了。这种炮是从奥匈帝国借来的。奥匈哥们儿一共装备了24门，德军借走了8门，专门用于攻打列日要塞。

305毫米巨炮运到前线后，首先对伊夫格聂堡进行炮击，305毫米重炮可以射出384公斤重的穿甲弹，击穿2米厚的混凝土墙体，将里面的人员和装备毁伤殆尽，爆炸威力也足以影响周围100米内的建筑，杀伤周围400米内的人员。夜色中，这种重炮的轰击，使得列日周围的夜空呈现出可怕的暗红色，其间夹杂着爆炸所产生的惨绿色。

到了8月11日下午，列日要塞的伊夫格聂堡失陷了，但是，这场攻防战中真正令人胆寒的巨炮还没出场。

没有攻不破的堡垒

8月12日，在马斯河军团展开攻击一周之后，令人瞠目结舌的巨炮抵达了前线，这就是克虏伯①军工技术的集大成者——两门420毫米重型臼炮。这是当时德军可以拿得出手的最大口径重炮，它的昵称是"丰满的贝莎"。

一直到8月9日，贝莎才配备完毕。巨炮长7米，重达42吨，每颗炮弹有1吨重，威力极其巨大。为了将它运到前线，需要200多名炮兵辅助，先要用火车运到铁路线尽头，再铺设专门的公路，然后用36匹健马拖拉到列日附近的德军阵地。沿途的比利时百姓看到这个怪家伙，一个个目瞪口呆，异常惊愕，知道

---

① 克虏伯：克虏伯家族企业创立于1811年，起初是个小小的铁匠铺，后来创造出了"罐钢"，又用这种性能极好的钢造出了优良的后膛钢炮。克虏伯公司生产的闻名世界的"克虏伯大炮"，曾帮助德军先后战胜了奥地利和法国。此后，克虏伯家族成为德意志军国主义的柱石，受到国家最高当局的垂青。

大难临头了。

"丰满的贝莎"到达阵地后，耗时6个小时才装配完毕。列日要塞的末日真要到来了。

8月12日下午，两门"丰满的贝莎"开始发射，炮弹击中要塞之后，爆炸形成的尘土、碎片、硝烟，升入了300多米的高空。炮击持续24小时之后，又有3座堡垒被德军占领。

到8月16日，列日要塞12座堡垒中已有11座失守，只有勒芒将军所在的堡垒还在坚持，直到"丰满的贝莎"把它炸毁。德国人攻进堡垒之后，发现勒芒将军被压在一大片碎石下面，看起来已经气绝身亡。一名满脸污垢的副官守在边上，对德国人说："请对将军尊重一些，他已经死了。"其实，勒芒只是被震昏了过去，苏醒过来后，他被送到了埃姆米希将军面前，交出指挥刀说："我是在昏迷中被俘的。请你务必在战报中说明这一点。"埃姆米希将军说："你的指挥刀并没有玷污军人的荣誉。"并把刀还给了勒芒，说："你留着它吧。"一战时的军人还是很有骑士风度的。勒芒将军从此过上了战俘的生活，他写信给国王说："我当时是乐于牺牲自己生命的，可是死神不要我。"

勒芒的两个对手——埃姆米希和鲁登道夫的脖颈上则挂上了十字功勋章，这是德国最高等级的军事勋章，以它的俗称"蓝色马克斯"而闻名。鲁登道夫将军指挥的德军第14旅占领了列日城，这一年他49岁，列日成为他光辉的起点。

严厉无情的报复

列日要塞被攻克后，德军右翼的全部兵力投入行动，开始横越比利时。列日虽然丢了，但是推迟了德军的推进，为协约国赢得了宝贵的时间。

虽然德军大举进入了比利时，但是比利时军队迫使德军每前进一步都要作战。另外，比利时人炸毁桥梁、铁路，迫使德军不得不抽出兵力来保护后勤运输线。

德军认为，必须袭击比利时老百姓，作为严厉无情的报复。于是，德国军队所到之处焚毁村庄、打死平民的事儿非常多。一直到现在，比利时很多城镇的公墓里，还有墓碑上面刻着"1914年被德军杀害"的碑文。

德国人这么做，完全不顾道义准则和战争惯例，希望以此吓住比利时，实现速战速决的目的。针对即将与法国的战斗，威廉二世公开说："一切都应该被淹没在火焰和血泊中，必须把男女老幼都杀死，一栋房子、一棵树都不能留下，这是唯一能使退化了的法国民族感到畏惧的恐怖手段。运用这种手段，战争不到两个月就会结束，假如我以人道主义为怀，战争会延续好几年。"事实却是，德军抛弃了人道主义，战争仍然延续了好几年。

8月20日，德军攻占了比利时首都布鲁塞尔，比利时人民更加愤怒，反抗更加激烈。8月25日，德国人火烧了列日与布鲁塞尔之间的小城卢万，它有一座美轮美奂的中世纪图书馆，里面珍藏着许多价值连城的古代手稿，全被德军付之一炬。卢万城建于1426年，那时柏林还只是一片木棚。现在，卢万被德国人化为灰烬。

一位德国军官对来到卢万的美国外交官说："我们一定要把它毁掉，绝不会有一块儿砖石还砌在另一块儿砖石上，你们听着，一块儿也不会。我们要教导比利时人尊重德国，人们将世世代代在这里看到我们干了什么！"

今天的德国人看了这段话，一定会无比郁闷。

03. 老冤家再次交手

红裤子就是法兰西

德军通过比利时之后，开始进攻法国，法国军队奋起迎战。

其实法国在一战初期的战略战术，跟德国几乎完全一样，也是主动进攻。法国人的战略方案是1913年4月制订的"17号计划"，这个计划说到底就是一个词：进攻。计划一开头就讲，在任何情况下都要求我全军将士奋勇前进，齐心协力，对德军发动攻击。

法国总参谋部认为，德国人在右翼投入的兵力过强，在左翼和中路的兵力就会相应削弱，法国可以在这一带取得突破。所以，法军在兵力部署上减少了右翼的防守兵力，增强中路和左翼，想在这两个方向进行突破。法军的作战目标首先是收复阿尔萨斯和洛林，然后是占领德国本土。德军重心放到了右翼，法军重心放到了中路和左翼。法国人认为，这就跟赛马似的，我的下驷对你的上驷，我的上驷对你的中驷，我的中驷对你的下驷，再不济也是平手。你就算占了我的地盘，我也可以占领你的地盘，双方谁也不吃亏！

但是，相比计划周密、思维缜密的德国人，法国人显然算错了。法兰西民族被复仇的欲望冲昏了头脑，无论是战略计划，还是军事准备，都非常不合实际。

当法军开往前线的时候，可以看到什么景象呢？穿戴还停留在1830年的沙场老将，骑马走在队伍的前面；骑兵团的士兵身披着闪光耀眼的护胸铁甲，头盔上垂下长长的黑色马尾，一水儿拿破仑战争时的装束；大炮都是75毫米口径的野战炮，缺乏重炮。

法国步兵的穿戴同样停留在1830年，蓝色军上装搭配红军帽、红军裤。1830年步枪子弹的射程只有200步，军队都在近距离交战，不用隐蔽。而到一战时期，鲜艳的服装是给人家提供显著的标靶。

法国陆军部长原本打算让法国兵跟其他国家的军队一样，穿戴别这么鲜艳，把军服改成蓝灰或者青灰色，但是遭到了陆军狂热的反对，陆军的捍卫者们宣布："取消一切鲜明的色彩，放弃一切使士兵生机勃勃的服装，是违背法国人的爱美观念和军队职能的。"法国前任陆军部长在议会上大声疾呼："绝对不行，红裤子就是法兰西，法兰西就是红裤子。"

上前线打仗还爱美？穿红裤子你挨一枪都找不着伤口在哪儿。

超级自信的统帅

可以看出，法国人的观念非常陈旧。

当时法军的总司令"迟钝将军"霞飞[1]，年近六旬，出任总司令之前是后方勤务总监，工程兵军官出身。除了为人稳重沉着、不动感情之外，他最大的特点就是对什么事儿都充满信心。他的副官曾经问他，战争是否会爆发。霞飞说："我认为这不成问题，我一向认为战争是要来的，我要指挥战争，我要取得胜利！无论干什么都恪尽职守，这一次也会如此，就像我以前干的那样。"

战争一爆发，法军就在边界展开了5个集团军，对付德军部署在西线的70个师，实力是相当的。

法军在德军右翼攻击当面部署的是郎勒扎克指挥的第五集团军。郎勒扎克将军认为，如果德军在马斯河西岸大举南下，他的防区暴露的侧翼将面临危险，于是向霞飞写信通报了自己的忧虑。与此同时，法军第三集团军司令吕夫将军，也表达了对德军长驱直入穿过比利时的忧虑。

霞飞却以莫名其妙的自信认为，郎勒扎克的信不合时宜，而对吕夫将军，霞飞的回答只有三个字："你错了。"霞飞说总司令只要发布命令，不必进行解释，将军们只需要执行而不必思考，各集团军司令收到命令后，应该执行命令，这才是职责所在。

对于霞飞来讲，大军鏖战，最关键的是执行作战命令的决心和激情，胜利并非来自于最理想的计划，而是来自最坚定的意志和信心。

8月6日至10日，英国远征军准备渡过海峡，协同法军作战。这支军队拥有3万匹战马，315门野战炮和125挺机枪，总共8万人。英军军官们的指挥刀都是刚刚磨过的，闪闪发亮，他们奉命在动员前三天把指挥刀送去打磨，但是这些刀在一战的战场上，除了检阅时行甩刀礼致敬外，根本没有用处。

英国远征军的指挥官是陆军元帅弗伦奇，手下两个军，一个军长是黑格爵

---

[1] 霞飞（1852—1931），1870年普法战争时入伍。中法战争期间，霞飞曾驻守台湾，获荣誉十字勋章。第一次世界大战爆发时，出任法军总司令。霞飞性格稳重，虽略显迟钝，却极其坚韧，被称为"迟钝将军"。

士，另一个军长是格里尔森爵士。两个军长跟他们的指挥官互相看不起，矛盾重重。

可惜了天才计划

8月15日，在西线战场上，调集军队和前哨战阶段结束。

法军在阿尔萨斯和洛林发动了攻势，第一、第二集团军分别穿越了洛林地区的两条天然通道，猛烈进攻。德军在洛林地区的守军是第六、第七集团军，他们的任务是把尽可能多的法军牵制在这条战线上，使他们无法支援右翼。

按照施里芬计划，德国第六、第七集团军的统帅、巴伐利亚王储鲁普雷希特要先行退却，把法军引入口袋，拉长法军交通线，把他们咬住，这时候，德军的右翼就会打响决战。王储的任务就是诱敌深入，关门打狗，让这个战区的敌人取得战术上的胜利，而使敌人全体遭受战略上的失败。所以在法国人进攻的头几天，德军按照计划徐徐后退，蓝衣红裤的法国士兵从公路上汹汹而来，开进了曾经属于他们的国土。

眼看着霞飞指挥的法军就钻进了施里芬布置的口袋阵。可是，就在施里芬计划要如期实现的时候出了问题。从法军在洛林发动进攻开始，小毛奇执行施里芬计划的决心就开始动摇。他曾经指望着法军会调集左翼的主力来迎击德军的右翼，但是法国人没有这么做，而是集结主力向洛林地区大举进攻。所以小毛奇就考虑，要不要调整整个战略部署。

实际上，这个时候双方就是比谁的动作快，因为都有空子钻。小毛奇这时候产生了动摇，他怕德军的右翼占领了巴黎，法军却突破左翼占领了柏林。再加上前线将领鲁普雷希特王储感到很不是滋味，兄弟部队都在昂首阔步地前进，只有自己一退再退。他认为，要完成牵制更多法军的任务，最好的办法是进攻，并且跟小毛奇在电话里激烈争论了三天。

最后，德军总参谋部派了一位少校到前线了解情况。鲁普雷希特告诉这位钦差："要么让我进攻，要么就下一道明确的命令禁止进攻。"他直接给副总参谋长打电话，问我发动进攻到底行还是不行。得到的回答是："我们不会束缚你们的手脚，不准你们进攻，但你必须担当起责任，本着良知做出你的决定。"鲁普雷希特回答："早就决定了，我们进攻啦！"副总参谋长说："好吧，愿上帝保佑你！"

于是，施里芬诱敌深入的口袋战略被放弃，第六、第七集团军后队改前队准备反攻。

这真是可惜了天才的施里芬计划！施里芬爵帅要是泉下有知，估计要被气得活过来。

令人发疯的进攻

几乎与此同时，霞飞将军也发布了第13号命令，指示第三、第四集团军准备进攻阿登山区，第五集团军向桑布尔河北面进攻。

从1914年8月18日到24日，德法双方在边境一共打了4场战役，分别是洛林会战、阿登会战、桑布尔河会战和蒙斯会战。

8月20日上午，法军第一、第二集团军向德军严阵以待的洛林防线发动进攻，结果被打得焦头烂额、头破血流。这场战役充分证明，对配有重炮、铁丝网和机枪的防御阵地发动进攻，就跟送死差不多。

这时候的机枪和重炮的杀伤力，不知道是拿破仑时代的多少倍，但是法军的进攻方式跟拿破仑时代一样，完全靠士兵的血肉之躯，平时刻苦训练瞄准射击这些科目，在战场上根本没用。在德军机枪和重炮的打击下，法军伤亡惨重，两个集团军被迫撤退。日暮时分，只见战场上尸横遍野，战死的士兵一排排、一行行，四肢伸开，脸面朝地，惨不忍睹。

连集团军司令的儿子都战死沙场了。司令官知道自己的儿子战死后，沉默了片刻，对部下说："先生们，我们还要继续下去。"这句话，后来成了法国一句鼓舞人心的口号。

8月22日，法军又发动了大规模的进攻，各个战场上炮声隆隆，火光冲天。法军在进攻前，枪上装上了刺刀，无数的旗帜随风飘扬，军乐队演奏着慷慨激昂的《马赛曲》，戴着白手套的军官们，在乐队20步之前，踩着音节整齐快速地前进，声势很是浩大。

一位英国军官对亲眼看到的情景，做过这样的记载："当法国步兵前进时，他们前卫队的步伐是整齐的，队形也是整齐的，甚至在德军枪炮下倒下去时，也是整齐的。他们倒下之后，就再也无法爬起来。他们很勇敢，并不退缩，一直前进着。前卫队的军官们带领大家前进，他们丝毫不害怕敌人的枪炮，昂首阔步，其勇敢沉着的精神是值得敬佩的。前卫队一小队一小队倒下去，又一小队一小队跟上去，不停地倒下去，又不停地前进，但截止到现在，后续部队倒下去的位置，从没有超过第一个倒下位置45米的。对于红裤子兵的这种战法，我深为遗憾，而对于他们的奋勇精神，我敬佩到了极点。"

战斗一开始，法军第三殖民地师打了6个小时就全军覆没，师长阵亡。战场上一片令人难以置信的景象，成千上万的死人还是站着的，靠在由成批的尸体垒成的拱扶垛上。

一个法国士兵在日记中这样记载："双方炮弹你来我往，看起来就像死神到处喷火。战场上尸横遍野，有法国兵，也有德国兵。我们部队的那些军官，上阵时还戴着白羽毛装饰的圆筒军帽和白手套，因为戴白手套阵亡被认为是漂亮的。炮击连续不断，但只要一停，我们就能听到森林里伤员的一片哀号，每天总有一些人发疯。"

打开法国的大门

到8月23日，法军败局已定，但是他们仍然鼓足勇气，挥舞军刀呐喊着前进，向敌人发动了一次又一次的进攻。

但是血肉之躯注定不是机枪大炮的对手，法国第三、第四集团军也被迫撤退了。在此期间，在桑布尔河畔的第五集团军奉命渡河进攻，霞飞要求英国人配合这次行动，渡过蒙斯运河。

进攻的时候，法国人既没有挖掘战壕，也没有架设铁丝网或者修筑别的防御设施，就用自己的肉体向敌人猛冲，军号嘹亮，战旗飘扬，法国人打得十分壮烈，但是损失惨重。德国人的机枪威力巨大，一位法军军官这样描述："那些自前方打来的机关枪，不知道有多少，声音连在一起，听起来像是鬼哭狼嚎，让人头皮发麻。夜里一串串弹丸，拖着一条条白色的尾巴在空中掠过。我老有这样的感觉，每一发子弹都是冲着我来的。"

由于损失惨重，法军第五集团军也被迫撤退。与此同时，英军和德军在蒙斯运河展开了争夺战。这是英国士兵自克里米亚战争结束之后，首次和欧洲的敌人作战，也是滑铁卢战役以来在西欧的第一仗。英军累计投入两个师共3.5万人，打了9个小时，伤亡1600人，把德国的克鲁克集团军拖住了一天。

整个法德边界战役中，法军投入70个师，伤亡14万。但边界已被德军突破，法国的大门被打开了。

普恩加莱总统在日记中写道："我们必须下定决心，既要后撤也要进攻，过去两个星期的梦幻结束了，现在，法国的未来取决于它的抵抗能力。"

04. 马恩河畔的奇迹

不敢相信的好事儿

1914年8月边界之战后，法国第四、第五集团军和英国远征军撤至马恩河以南，在巴黎至凡尔登一线布防。9月2日，德军克鲁克集团军的先头部队已挺进到距巴黎仅有15英里的地方。

霞飞指挥的法军主力，在边界之战中损失近30万，却没有阻止德军前进的步伐。巴黎人心惶惶，法国政府紧急迁往波尔多。

然而，克鲁克并没有立即向巴黎前进，而是向东旋转，以配合比洛指挥的德国第二集团军围歼法第五集团军。这样一来，德军旋转战线上的侧翼就要从巴黎附近经过，并且还要横越法第六集团军的前方。

"迟钝将军"霞飞一向反应迟钝，没有把握住这个机会，他还是命令部队继续后撤。但是巴黎卫戍司令、老将加利埃尼①看到了机会，他兴奋地说："他们把侧翼送上门来了！德国人怎么这样蠢！我不敢相信有这样的好事！"

加利埃尼立即命令毛努里指挥的法国第六集团军准备攻击德军右翼。他又打电话给霞飞，请他批准攻击行动，但霞飞没有表态。加利埃尼又驱车驶往英军司令部，希望赢得他们的支持，但英国人也表示对这个计划不感兴趣。

9月3日晚，克鲁克抵达马恩河，而他追击的法国第五集团军和英国远征军已经渡过了马恩河。这两支部队仓皇撤退、指挥混乱，虽然一再接到炸毁桥梁的命令，但都没有来得及执行。克鲁克占领了桥头堡之后，不顾柏林最高统帅部要他与比洛的第二集团军齐头并进的命令，准备于次日清晨渡河，继续追歼手下败将。

这一天，克鲁克集团军虽然行进了近30英里，但已经累垮了他的士兵，也把他的给养车队和重炮队远远地甩在了身后。

史上第一支摩托化纵队

9月4日，加利埃尼终于抓住了对战争进程影响重大的战机。

上午9时，在未取得霞飞同意的情况下，加利埃尼擅自向毛努里发布命令，让他先做好战斗准备。然后，加利埃尼再次给霞飞打电话，请霞飞下达攻击的正式命令，但霞飞还是那么迟钝，对这个请求不置可否。

听完加利埃尼的请求后，霞飞看着作战地图陷入沉思。霞飞有一项本领，他可以一言不发地坐在椅子上整日地思考，而不在乎别人对他的议论。

下午，加利埃尼再一次打来电话，"迟钝将军"霞飞终于批准了加利埃尼

---

① 加利埃尼（1849—1916）毕业于著名的圣西尔军校，参加过普法战争，在色当战役中受伤被俘。后长期在非洲进行殖民活动。一战爆发后，已经退役的加利埃尼被紧急召回，协助参与巴黎防务，后担任巴黎卫戍司令。

的请求。霞飞命令毛努里的第六集团军从马恩河北岸发动进攻，并下令法军其他部队停止后撤，于9月6日开始发动全面反攻。

9月5日，当克鲁克集团军经过巴黎东面时，甚至可以望见埃菲尔铁塔。但德军士兵们不知道，这是他们在一战中离巴黎最近的一次。

与此同时，克鲁克集团军后方侧翼受到了法国第六集团军的袭击。克鲁克立即命令负责掩护德国第二集团军右翼的第三和第九军，回头对付法军。这样一来，克鲁克的第一集团军和德国第二集团军之间，出现了一个宽达20英里的缺口。克鲁克之所以敢冒这个险，是因为这个缺口当面的英军已经撤退了。

此时，对德军来说，取胜的关键就在于能否在法军主力部队和英军突破这一缺口之前，击败法军的两翼，即毛努里的第六集团军和福煦的第九集团军。

毛努里的部队在克鲁克的进攻下，很快就顶不住了。毛努里请求加利埃尼从巴黎城内火速派兵增援。

于是，加利埃尼命令巴黎警察局征集出租车，将1个师的兵力紧急输送到战场。

战争史上第一支摩托化纵队诞生了！巴黎城内，大喇叭开始广播，所有出租车司机放下乘客，到市政厅门口集合，拉上军人上前线。巴黎出租车司机们听到后，马上停车，对乘客说，先生请您下车，我要去参加战争了。倍儿自豪。乘客给双倍车钱，祝你好运！

2000辆出租车把1个师的法军送到了前线，使毛努里最终没有被克鲁克打垮。

去法国阵地抢罐头

9月6日凌晨，法军发起全线反攻。

法国第六集团军继续与德国第一集团军激战；法国第五集团军也掉过头来，变撤退为进攻，与法国第六集团军一起进攻德国第一集团军；法国第四和第九集团军则截住德国第三、第四集团军，使德国第一、第二集团军陷于孤立。

9月8日，战事进行到了关键时刻，弗伦奇率领英军3个军悄悄地钻进了德国第一集团军和第二集团军之间的缺口，将这两个集团军隔开。德国第一集团军和第二集团军面临着被分割包围的危险。

于是，比洛在9月9日下令德国第二集团军撤退。克鲁克的第一集团军虽然暂时击败了毛努里，但此时也处在孤立无援的不利局面，不得不向后撤退。到了9月11日，德军在西线的几个集团军都后撤了。至此，马恩河会战以法军的胜利宣告结束。

这场战役中，交战双方先后投入了150万兵力，伤亡人数将近50万。其中，法军损失25万人，英军损失1.3万人，德军损失22万人。

在马恩河会战中，法军和英国远征军粉碎了德军速战速决的计划，保住了法国首都巴黎。这场会战的意义非常重大，施里芬计划彻底泡汤，德国人丧失了首先迅速击败法国再回头对付俄国的唯一机会。从此，西线战场进入了相持阶段，德国人极不情愿地被拖入了两线作战，胜利的机会已经十分渺茫。

在战争爆发的一个月内，德军快速穿越比利时领土向法国挺进。那时候，整个德国甚至几乎全世界，都深信巴黎即将被占领，德军很快就会取得战争的胜利。然而，协约国却出人意料地在马恩河畔转败为胜，因而被称为"马恩河畔的奇迹"。

马恩河战役结束后，德军速战速决的企图彻底落空，于是开始挖掘战壕。法军针锋相对，也开始挖战壕。双方比赛着挖越来越长的战壕，向着海边延伸而去，西线暂时安静下来。德法两军的士兵相距不远，互相"问候"都听得清清楚楚，就这样对峙着。

1914年的圣诞节很快到来了，双方宣布停火24小时，让在战壕里冻得瑟瑟发抖的士兵们过个节，喘口气。这一天，打了几个月的士兵们暂时不用担心敌人的炮弹会落在自己头上，他们终于有时间可以思念远方的亲人和逝去的战友。

有些地段的德法两军士兵们还举行了联欢会，啃着味同嚼蜡的压缩饼干的德国兵发现，法国兵竟然吃得这么好，自己这边平常只有军官们才能享用的高级香肠、黄油和果酱，法国兵居然随便吃，味道更香的肉罐头更是堆积如山。

12月26日，双方恢复了战斗。此后的很长一段时间，去法国阵地抢罐头，成了很多德国兵进攻的动力。

战争就是这么回事儿：
袁腾飞讲一战

第三讲

纷纷动手来群殴

（1914—1915 年的东线）

我们的队伍开拔了，所有的姑娘哭泣了……

——一战时东线小曲

01. 东普鲁士战役

给俄军洗脑

在德法两军激战的同时，东线的战斗也激烈展开，德国人最不愿意看到的两线作战，开始了。

这一方面归功于俄军敢于仓促出战的勇气，另一方面是边界的现状决定的。当时，波兰已经不复存在，俄国同德国和奥匈帝国直接接壤，有一条1100英里长的边界。波兰的大部分领土并入了俄国，由此形成一块250英里宽的突出部，这个突出部在西部和西北部与德国毗连，南部则与奥匈帝国邻接。俄国西部边界距离德国首都柏林只有180英里，北面就是充满传奇色彩的德国霍亨索伦王朝的龙兴之地——东普鲁士。这块80英里宽的德国领土，位置过于偏东，正好夹在俄国突出部与波罗的海之间，很容易被俄军切断与德国内地的联系。

按照德国人的预计，俄国从宣战动员到完成集结出击东线需要6到8周的时间，所以德军在东线的兵力不足。事实证明，德国人这次失算了。这是为什么呢？因为帮助俄国制订作战计划的是法国人，法国人制订的计划当然是兵贵神速了！

早在1911年，法军总参谋长就前往俄国去给俄军总参谋部洗脑，灌输必须主动进攻的思想。当时，急于从日俄战争的耻辱中走出来的俄国军官也非常赞赏主动进攻的建议，沙皇甚至公开说："我们会对准德国的心脏进行打击，我们两国的共同目标就是柏林。其他任何地方，我们都不感兴趣！"

战争初期，德国在西线的进攻引起了法国人的恐惧。1914年8月5日，德国对法国宣战的第3天，法国大使就觐见俄国沙皇，言辞恳切地说："请求陛下命令军队立即采取攻势，否则法军有遭覆没的危险。"沙皇回答说，俄国非常感谢法国信守协约，一定会支持法国来表明他们对协约的忠诚。

其实，还是老百姓那句话：拿人家的手软，吃人家的嘴短。在此之前，法国给俄国提供的贷款高达1000多亿金法郎。法国把钱借给俄国，就是自找亏吃。"十月革命"后，列宁同志大手一挥，不认账了，法国血本无归。

但在当时，沙皇非常开心地向法国大使保证："我们原来的目标，就是歼灭德国军队，要不惜一切代价，尽快打开通往柏林的道路。"

俄国是个纸老虎

对俄国沙皇的话，法国大使是相信的。

因为在他去冬宫①的路上，曾看到一个团的俄国哥萨克骑兵正在开赴前线。俄国团长看到了法国大使，非常激动，邀请大使检阅部队，大使虽然很着急，但盛情难却，就同意了。检阅的时候，团长率领全团士兵振臂高呼："我们要消灭那些卑鄙的德国鬼子，要把德皇威廉流放到圣赫勒拿岛（就是当年流放拿破仑的那个地方）去！"检阅结束后，团长挥舞着马刀，率领部队疾驰而去。这一幕让法国大使信心倍增，他觉得我们有这么强大的一个盟友，一定能够打败德国。

俄国陆军的数量确实非常惊人，常备兵力有140万，稍加征召就能达到310万，还有200多万后备役人员，总数可达650万。特别是哥萨克骑兵身强力壮、残忍凶悍，被称为"恐怖的压路机"。

在法国人看来，一旦俄国的敌人被这个"压路机"压过去，没有谁能够顶得住。别忘了法国人崇拜的拿破仑，就是因为进攻俄国而失败的，这给法国人

---

① 冬宫，坐落在圣彼得堡宫殿广场上，最早是叶卡捷琳娜女皇的私人博物馆，后来成为俄国沙皇的皇宫，十月革命后辟为圣彼得堡国立艾尔米塔什博物馆的一部分。冬宫是18世纪中叶俄国巴洛克式建筑的杰出典范，与伦敦的大英博物馆、巴黎的卢浮宫、纽约的大都会艺术博物馆一起被称为"世界四大博物馆"。

的印象太深了。

不但法国人看好俄国，就连英国人也是如此。一战爆发的时候，英国外相跟法国总统讲："俄国的资源非常富足，就算咱们不去支援俄国，时间一长，德国人也要山穷水尽。"不论拼人，还是拼劲儿，你都拼不过它。只要一提起俄国，英法就胆儿肥，德国人则寝食难安。

但实际上，俄国是欧洲最落后、最野蛮、最残暴的帝国主义国家。这个欧洲的宪兵、亚洲民族的恶魔，表面很可怕，其实完全是一戳就破的纸老虎。它有一个愚不可及的政体，集怯懦、盲目、狡诈、愚蠢为一身。沙皇尼古拉二世无才无德，唯皇后之命是从，而皇后又对活跃在宫廷中的淫僧和骗子拉斯普京（这个人的故事，我们放到后面再讲）言听计从。路边社传言，皇后还跟那个骗子有染。

此时的俄国，就像一座破房子，已经摇摇欲坠，只要谁在门框上踢一脚，整座房子就会轰然倒塌。至于俄国军队，就更不值一提，军官的晋升完全靠行贿和出身，除了有后台，还得有钱才行。军官们最精通什么呢？既不是马上比武，也不是图上作业，而是桌上耍牌，你给长官行贿，不能公开送，得通过打牌输钱的方式。

陆军大臣是废物

当时，俄国的陆军大臣苏克霍姆利诺夫迷上了一位省长年仅23岁的夫人，便千方百计将这个尤物弄到手，从此不务正业，全部精力都用来跟小夫人尽享鱼水之欢。

这个荒淫无道的老家伙，非常善于谄媚逢迎，很得沙皇器重，被认为是军事家。但是这厮对现代战争一窍不通，他认为打仗就是靠马刀、旗杆矛和白刃，一听到火力这两字就烦，当然他最不能听的还是现代战争这四个字。他说："战争过去是这样的，将来还是这样的，能有什么变化，所有的新玩意儿都是歪门邪道，都是一帮专家用来骗钱的。拿我来说，25年来我就没有看过一本军事手册！"

在1908年到1914年之间担任俄国陆军大臣的就是这样一个废物，俄国的军备情况可想而知。战争爆发的时候，不少俄国军官依然把苏沃洛夫那句"子弹是懦夫，刺刀才是好汉"奉为经典，而对"战争胜负取决于双方火力较量"的学说嗤之以鼻。

俄国人不肯花费力气去兴建工厂，生产炮弹、步枪和子弹。一战爆发后，俄军的步枪缺口每年在300万支左右，甚至不惜支付重金，向日本买三八式步枪。这种枪并不先进，而且到最后枪没交付，黄金却落到了日本人手里。

俄军军官可随便体罚士兵，军队中等级森严。当官的天天山珍海味加伏特加，当兵的嚼着黑列巴（黑面包）就凉水。上了战场，当官的得时时提防从背后射来的仇恨的子弹。

俄军的训练更是浮云，本来就不多的经费经层层盘剥后所剩无几，许多俄军士兵到退役的时候还没放过枪。

俄军的装备水平也落后于德军，主要是火炮较少，尤其是缺乏重炮。

当然俄军也不是没有优势，日俄战争给俄军带来了宝贵经验，而德军自从普法战争之后就没怎么打过仗。

对于俄军的这些积弊，英法并不关心，甚至俄国能不能打赢，英法也不关心。它们只希望在法国遭到德国进攻时，俄国像一个大炮弹，一下子扔过去，一声巨响，俄罗斯哪怕粉身碎骨，德国至少也得缺胳膊断腿，能牵制住德国的部分兵力，有这么个效果就行。

总司令哭了

当然，俄国沙皇看不到这些，他还妄想在战争中捞取好处呢。

战争爆发后，沙皇任命尼古拉大公为俄军总司令，此人是沙皇的堂叔，身材高大、相貌英俊、风度翩翩、仪表堂堂，是当时最受俄国愤青钦佩的人。为什么呢？不是因为他的才能和功勋，而是因为他憎恨德国人的态度。在俄国愤青心目中，他是皇族宗室中真正的爱国者，唯一的男子汉。相比那个来自德国的皇后，他是专门跟"德国帮"和宫廷里的奸邪小人做斗争的俄罗斯捍卫者，他被众望所归地任命为俄军总司令。

可惜，此人虚有其表。他得知自己被任命为总司令后，竟然哭了很久，他知道自己根本没有能力完成大侄子交给的任务，手下能干的人寥若晨星。他的参谋长雅努什克维奇44岁，陆军大臣说他仍是个娃娃。雅努什克维奇跟尼古拉二世一起在禁卫军中服役过，算是一块扛过枪的弟兄，才得以迅速提升。

尽管俄军问题多多，尼古拉大公还是向法国大使保证，为了遵守动员令下达第15天就开始行动的诺言，他将不待部队全部集结完毕，准备先行出动2个集团军向东普鲁士大举进攻。

比起庞大的俄军，驻守东普鲁士的德军确实不足，主力是第八集团军，一共4个半军和1个骑兵师，再加上柯尼斯堡的卫戍部队，人数相当于俄国的一个集团军。

德国第八集团军司令普里特维茨上将是威廉二世的宫廷宠臣，已经66岁高龄。这个人的好吃习惯要比他的军事才能出名得多，因此得到"胖家伙"的绰号。普里特维茨的高位，是他经常在饭桌上给皇帝讲荤段子得到的奖赏，他没有动脑筋搞军事的兴趣。总参谋长小毛奇认为他不胜任，许多年来一直想撤换他，但是因为他的荤段子深得皇帝欢心，撤换不了了之。

只要是君主专制独裁，都会出现用庸才、奴才而不用人才的现象。这样的人，在民主国家可能一天也混不下去，因为你讨好总统和总理没用，总统和总理没准儿几天就下台了，你总不能给全体国民讲荤段子吧？

提前到了2012

当俄国哥萨克骑兵粗野的喊叫声传遍东普鲁士时，德国人感到无比震惊。他们本来想集中主力搞定西线，没想到这帮野蛮人这么快就来了。

1914年8月12日拂晓，俄军第一集团军在莱宁坎普将军率领下进入东普鲁士。8月19日，萨姆索诺夫将军率领的第二集团军也开拔了。

俄军在进军中遇到了不少麻烦：食物、弹药和其他补给物资都没有充分准备；俄国的边境地带多是被森林和灌木丛隔断的半荒地，未硬化的道路下大雨时就成了一摊烂泥；俄国铁路网不发达，几乎没有延伸到边境的支线；俄国铁路的轨距与德国不同，由铁路运输的物资要经过国境必须"倒车"……这一切都使俄军的后勤军官以为提前到了2012。

随俄军同行的英国武官曾经向国内报告说："俄军出发的时候就缺乏粮食补给，行军纪律坏到了极点，部队神经也极为紧张，看到飞机就开枪，甚至还射击自己的汽车。高级军官对敌人的行动几乎毫无所知，各军长知道的情报最多只限于邻近目标，对第一集团军的任务一点儿都不了解。"

更糟糕的是，莱宁坎普和萨姆索诺夫之间根本没有合作可言，两位集团军司令的关系极为恶劣，他们连话都不讲。造成这种情况的原因是两人早年有过节。

日俄战争期间，萨姆索诺夫的部队曾在一处煤矿遭到日军攻击，莱宁坎普的骑兵师近在咫尺却一再对要他增援的命令置若罔闻。后来两人在沈阳火车站的月台上相遇时，先是破口大骂，继而挥拳对打，直到萨姆索诺夫把莱宁坎普打倒在地。

要命的是，这一情景被一个德国军事观察员看到，此人正是现任德国第八集团军作战处长的霍夫曼上校。他对日俄战争期间俄军暴露出的问题，看得一清二楚，而俄军中却没有这样的人物。

按照俄军大本营的作战计划，第一集团军从北方切断德军与柯尼斯堡的联系，第二集团军切断德军与维斯瓦河的联系，把德国第八集团军包围在东普鲁士突出部加以歼灭，进而直取柏林。

由于俄军的机动性不如德军，这个计划从一开始就毫无成功的可能。当然，更重要的原因是俄军的素质实在太差，指挥和参谋人员极度缺乏效率，战争准备也很不充分，至于威名远播的哥萨克骑兵，实际上就是一群土匪。

只会讲荤段子的司令

但是不管怎么说，哥萨克大军算是攻入了东普鲁士。这是拿破仑战争结束以来，德国领土上第一次出现俄国军队。

8月18日，双方发生了第一次交战，由于德军本来就不打算在边界纠缠，莱宁坎普击退了德国第一军，开始深入东普鲁士境内。8月20日，德军在古姆宾年对俄国第一集团军发动进攻。起初德军打得颇为顺手，但俄军发起了强大反击。先是德国第一军被击退，接着第十七军也遭到痛击。德国第十七军伤亡8000多人，俄军还俘虏了1000人，缴获了12门火炮。与此同时，德国第二十军与俄国第四军进行了小规模战斗，得知主战场失利后也撤退了，但是莱宁坎普没有乘胜追击，而是停在原地休整。

这时候，只会讲荤段子的普里特维茨接到俄军进攻得手的消息，大感震惊。他当即下令，要求全军向维斯瓦河上游退却。当时，德国第八集团军副参谋长格留尼特少将和作战处处长霍夫曼上校，正在集团军司令部办公室外面谈话。霍夫曼是一流的俄国通，他本来被派往西线当团长，因为他精通俄国事务，才被调到第八集团军服务。时任第八集团军参谋长的是瓦德西伯爵，这个名字大家不陌生，但这不是八国联军总司令瓦德西，而是他的侄子小瓦德西。他跟小毛奇一样，都是前任参谋长的侄子，属于"官二代"，也是一样的庸才。

普里特维茨走出办公室，喊这些人进来开会。他们进入办公室的时候，看到司令官满脸焦急地说："先生们，我想你们一定也知道了从前线来的新消息，我军应该摆脱战斗，并向维斯瓦河后方撤退。"格留尼特和霍夫曼立刻表示反对，认为先要稳住形势，然后专门对付萨姆索诺夫。但是普里特维茨不为所动，毅然告诉他们，做决定的人，应该是他而不是他们。普里特维茨说完就离开了办公室，留下格留尼特和霍夫曼跟瓦德西伯爵辩论。少将和上校终于说服了伯爵，采取了比较勇敢的措施，要下力气顶住俄国人的进攻。

普里特维茨回到办公室后，居然对这个建议表示支持，但是支不支持已经不重要了，因为免职令已经下来了，他跟瓦德西双双被解职。兴登堡[1]接替普里特维茨任司令，鲁登道夫接替瓦德西任参谋长。

---

[1] 兴登堡（1847—1934），生于东普鲁士的贵族家庭，曾参加普奥战争和普法战争。1903年晋升为上将。一战爆发后，在东线坦能堡会战中击败俄军，晋升为陆军元帅。1925年起担任魏玛共和国第二任总统。总统任期内，政治不稳定，经济萧条，1933年任命希特勒为总理，使之上台掌权。

珠联璧合的一对统帅

鲁登道夫原为德军第二集团军副参谋长，曾在列日有出色表现。他在得知升迁的消息后，接到了小毛奇的一封电报："你或许能够挽救东线的形势。我不知道哪一个人曾得到我这样的完全信赖。皇帝也完全信任你。当然，你无须对东线已经发生的情况负责。"

鲁登道夫此人野心勃勃，锋芒逼人，需要挑选一位善于同他相处的人担当主将，以便让他放手去干。这样，德军大本营便选中了秉性随和、善于处事的兴登堡。

兴登堡时年68岁，是参加过普奥战争和普法战争的老将。他的上司毛奇和施里芬对他都十分赏识，以至官运亨通，步步高升。他已经在1912年退役，两年多没穿军装了，现在再次入伍，他找出当年普鲁士将军的蓝色军礼服，穿上去了前线，而当时德军的制服已经是土灰色了。

到东普鲁士之前，德皇威廉二世和小毛奇接见了鲁登道夫，给他简单介绍了情况。从单独召见鲁登道夫可以看出，他才是第八集团军的实际负责人，但由于他不是贵族出身，姓名里没有"VON"（冯），所以不能担当主帅。

1914年8月23日凌晨，被后世吹捧为"珠联璧合的一对统帅"第一次在汉诺威车站相见了。鲁登道夫在车上向兴登堡汇报了第八集团军的情况和已发出的一些指示。兴登堡耐心听了15分钟，说了一句"我也没有更好的主意，我看就这么办吧"，然后就去睡觉了。

兴登堡从一开始就完全适应自己所担当的角色。兴登堡曾坦率地讲，他的主要任务是："使我的参谋长的聪明才智、几乎超人的精力和从不懈怠的干劲儿得到充分发挥，必要时为他创造条件。"

他们上任的几天内，鲁登道夫就调整了军事部署，对俄军采取各个击破的策略，先消灭萨姆索诺夫的第二集团军。德军主力南下，只留下第一骑兵师拖住俄国第一集团军。

骑1师白天大摇大摆地前进，扬起大片烟尘，晚上悄悄溜回出发地，第二

1914年8月23日凌晨，被后世吹捧为"珠联璧合的一对统帅"的兴登堡和鲁登道夫，第一次在汉诺威车站相见了

天再重演一遍。要说俄军也有飞机和大批骑兵进行侦察，德军玩当年张飞糊弄曹操的这套把戏真是弱爆了，不知道鲁登道夫是不是读过《三国演义》？而莱宁坎普更是傻缺儿，居然真的上当了。直到后来俄第二集团军与南下的德军发生激战，莱宁坎普才发现当面之敌不过是虚张声势。

为了诱敌深入，陷敌于绝境，鲁登道夫指挥德军佯败而退。俄军果然中计，萨姆索诺夫误认为这种撤退是德军的全线退却，下令穷追，弄得部队非常疲劳。据德军截获的电讯，俄军有一个军在12天中，已经在深没脚踝的泥土"道路"上跋涉了150多英里。

鲁登道夫反击的时候到了。

一雪祖先的耻辱

德军通过发达的铁路迅速调动部队从两翼合围。

萨姆索诺夫发现被围后也顾不得面子了，多次发电给老冤家莱宁坎普请求"拉兄弟一把"，但莱宁坎普根本不理他。萨姆索诺夫只好求助于上司西北方面军司令吉林斯基，吉林斯基立即电令莱宁坎普驰援。莱宁坎普左推右拖，就是不肯立即行动。

从8月26至30日，经过5昼夜的鏖战，俄国第二集团军在没有外援的情况下全军覆没，指挥官萨姆索诺夫在绝望中自杀。俄军阵亡和被俘者达12万之多，德军损失仅1万人，这就是坦能堡大捷。

坦能堡是战地的一个小村庄，也是一个古战场。1410年条顿骑士团在此败于波兰-立陶宛联军。这一次，德军一雪当年祖先的耻辱，于是决定以坦能堡命名这次战役。

坦能堡大捷，显示了鲁登道夫的非凡才能，他和兴登堡声威大震。

坦能堡之战两周后，德军又在东线取得了马祖尔湖战役的胜利，重创了俄国第一集团军。莱宁坎普丢下部队先行逃回国内，不久就和上司吉林斯基一起被沙皇炒鱿鱼了。从此，俄军被逐出东普鲁士并丧失了战略主动权。在整个战役中，俄军损失约25万人，德军损失约为俄军的十分之一。

德军在东线取得的战果，跟西线形成了鲜明对比。9月14日，德国媒体以整版的篇幅宣传"坦能堡的胜利者"。兴登堡一夜之间成了赫赫有名的"天才统帅"，全国掀起了"兴登堡热"：柏林率先修建了兴登堡纪念碑，许多街道广场都以兴登堡命名，许多大学授予他名誉博士头衔，市场上出现了种种以兴登堡命名的商品。

兴登堡被德皇授予元帅军衔，并由他统率东线全部军队，而鲁登道夫仅获大将军衔。

对于这个突然时来运转的"天才统帅"，了解内情的人当然会表示不满。后来晋升为少将的霍夫曼就曾愤愤不平地在日记中写道："真正有能耐的人是否也会碰巧当上元帅？"在后来兴登堡调去最高统帅部后，霍夫曼以假装敬畏的语气对来战地访问的人说："这里是战斗前元帅睡觉的地方，这里是战斗后元帅睡觉的地方。老实说，这儿也是战斗期间元帅睡觉的地方。"

02. 德军的东攻西守

准备一举打瘫俄国

马恩河战役结束后，德军总参谋长小毛奇朝见威廉二世，他跟皇上说："陛下，我们输掉了战争。"

于是，这家伙卷铺盖走人了，换上陆军大臣法尔肯海因[1]将军继任总参谋长。到1914年圣诞节，威廉二世开始冷静地全面分析战争形势，感觉前途颇为黯淡。

---

[1] 法尔肯海因（1861—1922），生于东普鲁士，1890年毕业于柏林军事学院。曾到中国，在清朝军队中做军事顾问，后参与八国联军入侵中国。1913年起，出任德国陆军大臣，参与发动第一次世界大战。他在小毛奇之后继任德军总参谋长。

8月份，德军士兵吹着胜利的军号出发时，他曾向士兵们许诺，树叶飘落的季节，你们就可以回家了，甚至可以回来收麦子。也就是说，他认为战争一两个月就能结束。

但是眼瞅仗已经打到年底了，还没有任何结束的迹象，战争陷入了对德奥同盟非常不利的局面，就是持久战。德奥同盟国的人力仅及协约国的一半，协约国占有广阔的殖民地，英国可以动员印度人、加拿大人、新西兰人、澳大利亚人当兵参战；法国可以动员非洲人和越南人当兵；而德国只能用德国人。德国海外殖民地很少，经营时间短，没什么大用。随着英国海军对德国的封锁，时间有利于敌，不利于我。

德国人认为，要想在东西两线同时发动进攻赢得战争胜利是根本不可能的，唯一的机会就是先打倒一个敌人。

应该先打倒谁呢？打到英国肯定是没戏的，德国陆军即便天下无敌也不能游过英吉利海峡；法国虽然遭遇小挫，但是仍跟德国苦苦缠斗不休；现在看来，唯一的希望就是先击败俄国。

1914年东线战役的经验使德国认为，德军数量在1∶2的劣势之下都可以击败俄军。而现在，东线俄军阵地形成了一个巨大的突出部，被德国的东普鲁士和奥匈的东加里西亚包围着，如果德奥联军南北夹击，就可以切断俄军补给线，一举击溃俄军。

因此，德国人将战略调整为东攻西守，在西线采取守势，而在东线采取攻势。如果对俄国作战取得决定性胜利，英法两国可能见风转舵，对意大利和罗马尼亚这两个中立国也会产生震慑作用，使它们不至于投靠协约国，特别是还可以稳住心理已产生动摇的盟友奥匈帝国。

兴登堡和鲁登道夫在东线战场已经树立了威名，他们力主在东线发动猛烈攻势，一举打瘫俄国。这样的话，就又该他们老哥俩表演了。

总参谋长的私心

但是，德军总参谋长法尔肯海因觉得过于冒险。

如果在东线发动一场巨大的钳形攻势，至少要从西线抽调20万兵力。法尔肯海因认为这是不可能的，当时西线德军是190万，协约国军是280万，如果再抽调，西线就要崩溃了。

法尔肯海因还觉得在东线南北相距400公里的钳形攻势很难奏效。他并不知道，当时俄国人的情况已经糟糕到了令人难以置信的程度，训练中的部队10个人才配1支枪，补充兵员都是徒手上的前线，在德军炮火射程之内，耐心地等待着拿起阵亡战友留下的步枪。这跟二战初期的苏军非常相似。

1914年底，俄军总参谋长就在报告中说，许多士兵只想逃亡回家，他们光着脚连鞋都没有。冰天雪地光着脚怎么打仗？俄国炮兵无弹可射，步兵成了敌人任意猎杀的目标。

1915年6月，俄军南线总司令在报告中说，他的部下有15万都是徒手的，俄军炮兵每门炮只准发射4颗炮弹。总参谋长向陆军部长说，即使没装引信的炮弹也可以送往前线，聊胜于无。中国有一个成语叫宁缺毋滥，俄军现在就是宁滥毋缺，炮弹就算不装引线不会爆炸，也可以发射，给自己人撞撞胆。

俄军极端糟糕的战备状况，法尔肯海因并不知道，所以他认为鲁登道夫毕其功于东线，过于冒险。另外，他还有一个说不出口的原因，就是他对鲁登道夫和兴登堡这老哥俩的战功羡慕嫉妒恨。

兴登堡在鲁登道夫的辅佐下屡战屡胜，已经升为陆军元帅了。那时的元帅比二战时更值钱，兴登堡晋升为元帅，在德国人心目中成了民族英雄。

法尔肯海因担心，如果发动这么一场攻势，又变成了兴登堡和鲁登道夫表演的舞台，要是再打赢了，兴登堡势必接任总参谋长，自己还怎么玩儿？

所以，他为了一己之私，公然置国家民族利益于不顾，破坏了鲁登道夫的计划。甚至为了不让兴登堡再有建功立业的机会，他企图拆散这对"黄金搭档"，兴登堡面见威廉二世才阻止了他的阴谋。

人是唯一过剩的东西

对同盟国来说，形势是紧迫的。德国人虽然可以继续撑下去，可奥匈帝国眼看就招架不住了。

1915年3月22日，经过194天的围攻，奥匈帝国著名的普塞密士要塞连同守军11万人，向俄军投降，奥匈帝国军队的士气受到了严重影响，有全面崩溃的可能。如果奥匈帝国崩溃了，那么俄军通往布达佩斯的道路就会畅通无阻。

在威廉二世指示下，法尔肯海因不得不救援奥匈帝国。他从西线调回了14个师，准备在东线的南端反攻俄国。

于是，德奥组成联军，但是联军的总司令不是兴登堡，而是另外一位名将——骑兵上将马肯森[①]。马肯森上将外表英俊，温文尔雅，但是对战略不精。万幸的是，希克特上校奉命出任他的参谋长。一战结束后，希克特是重建德国陆军的第一功臣，还到中国担任过国民政府的军事顾问，后来被纳粹党暗杀。希克特是一位头脑冷静、意志坚强的参谋人才，是德国参谋本部培养出来的优秀人才之一，就像鲁登道夫和霍夫曼一样。

1915年5月，德奥联军以18个师和2000余门大炮，分兵两路进攻俄军。德军计划向俄军中央部分实施突破。5月2日，开始攻击，到5月14日，俄军全线后撤80公里。德军的进攻大体成功，归功于参谋部的有效组织，各部队在行动上能密切协调。

相比之下，奥匈军队就是出来打酱油的，一方面是他们素质差；另一方面，他们对于德国人的骄横态度颇为反感，影响了跟德国人的合作。

双方交战8个多月，德军攻占了华沙等大片领土，俄军损失170多万人。由于军需不足，德军在东线才停止进攻。要不是俄军士兵吃苦耐劳，不怕牺牲，俄国在1915年就崩溃了。

[①] 马肯森（1849—1945），从小就立志成为一名骑兵军官。1869年，马肯森获准作为志愿兵加入"死亡轻骑兵"部队，并参加了随后爆发的普法战争，晋升为少尉。一战爆发后，马肯森先后参与了坦能堡战役、第一次马祖尔湖之战、罗斯之战、塞尔维亚之战、罗马尼亚之战等几乎所有东线重要战役，是德军在东线最为优秀的指挥官之一。

当时，俄军总司令尼古拉大公虽然一直在打败仗，但是他能苦撑到底，使俄军没有完全崩溃，也算功不可没。可是，总得有人为这场败仗负责吧？所以在1915年8月21日，他被沙皇解职，由沙皇亲自指挥东线的战争。

1915年的东线，俄军损失超过200万人，其中约一半成了俘虏。德奥两军的损失也超过100万人。法尔肯海因却大言不惭地说，这个战役已经成功地使俄国受到了巨大损失，德国完全达到了战略目的。为了彰显自己的英明，更为了抗衡兴登堡，他建议把马肯森上将晋升为元帅。

实际上，法尔肯海因的见解完全错误，俄国战争潜力非常巨大。到了第二年，俄军不仅卷土重来，而且还把罗马尼亚拖入了自己的阵营。沙皇已经征召了1300万人入伍，还有同样多的人在营房外面等待。

当一位英国使节对俄军遭受的重大损失表示哀悼时，俄国陆军大臣却说："不要因此而感到难过，人是我们唯一过剩的东西。"

03. 招呼兄弟一起上

土耳其也会演戏

一战爆发后，位于亚欧两洲交汇处的土耳其，成为交战双方竞相拉拢的对象。

土耳其在经济上很大程度依赖协约国，但执政的青年土耳其党倾向于和德国结盟。大战爆发后，德土双方就于1914年8月2日秘密签订了同盟条约。条约规定：如果俄国干涉奥匈帝国与塞尔维亚的冲突，土耳其有义务对俄国宣战，而且土耳其军队交由德国指挥。密约签订后，为了赢得时间，做好充分准备，土耳其对外公开发表了中立宣言。青年土耳其党的一位领袖私下说："我们宣布中立，只是为了赢得时间，一旦动员完成，即可参战。"为了迷惑协约国，土耳其还假装同俄国进行反德军事同盟的谈判。

1914年8月10日，德国海军的"戈本"号战列巡洋舰和"布里斯劳"号巡洋舰躲开了英国海军的追捕，驶进土耳其领海。之后这两艘德国军舰升起了土耳其国旗，归入土耳其海军建制。德国海军上将祖雄摇身一变，成了土耳其的海军总司令。

到了9月，土耳其陆军也开始被德国人染指了，土耳其参战已成定局。10月29日，在德国人的指挥下，土耳其海军进入黑海，突然炮击俄国在黑海沿岸的要塞。这时候，土耳其人还假惺惺地给俄国道歉，俄国提出和平的先决条件是赶走德国军官，这当然是不可能的。1914年11月2日，俄国对土耳其宣战。随后，英法两国也分别对土耳其宣战。

土耳其参战最大的影响是封锁了达达尼尔海峡，使英法两国想从南面接济俄国的希望完全断绝。俄国人剩下的只有北极方向的出海口，那里经常封冻，利用价值非常有限。

不过，土耳其参战是大脑严重缺氧的结果。当时，土耳其人口3600万，半数是想要闹独立的阿拉伯人，除了没有完工的巴格达铁路之外，全国几乎没有任何铁路，交通极为恶劣，桥梁载重不足，把一颗重炮弹从安卡拉运到俄土边界，用骆驼要走35天。开战的时候，土耳其陆军全部兵力一共36个师，后来又编了70个师的新军，但是装备和训练都很恶劣。

但土耳其人毕竟曾经创立过骁勇善战的奥斯曼帝国，百足之虫，死而不僵。尽管实力不足，土耳其第三集团军仍向高加索地区进军，号称19万人，实际上只有不到7万人。

这场进攻被俄军轻松击败。尽管如此，俄国仍然深感威胁，要求英国采取行动，迫使土耳其退出高加索战场。

俄国人的这个要求，使大英帝国在1915年进行了一场有史以来成本最高的战役。

丘吉尔的创意

马恩河战役后，协约国和同盟国在西线陷入了僵持。为打破僵局，也为了支援俄国，英法两国没有选择正面突破，而是采取"外围战略"。

土耳其参战后，英国立刻采取行动，兼并塞浦路斯，收埃及为保护国，炮击达达尼尔的要塞，侵入美索不达米亚平原。1914年11月，英国海军大臣丘吉尔提出凭借英国海军的实力打开达达尼尔海峡，然后在加里波利半岛登陆，直取奥斯曼帝国首都伊斯坦布尔，把土耳其逐出战争。这一方面可以减轻俄国在高加索战线的压力；另一方面，英国得到伊斯坦布尔控制的金角海，便可直通黑海，支援血战的俄国军队；还可以开辟南线，攻打奥匈帝国。这个设想在战略上相当有创意，实行起来却困难重重。

1915年2月19日，英法联军62艘战舰以及大量辅助船只投入战斗，由英国皇家海军地中海舰队司令卡登上将负责指挥。3月18日，联军16艘军舰强行闯入狭窄的海峡通道，炮轰达达尼尔海峡。土耳其军队纷纷丢弃阵地向内陆退却，英国突击部队在没有遇到抵抗的情况下率先冲上海岸。

此时，德国军事顾问赞德尔斯已洞悉协约国的加里波利登陆战，火速调集军队增援战区。土耳其军队掘壕坚守，依据半岛复杂的地形建立了强大的防御体系，又在该地集结炮兵部队。

就在英法军队准备扩大战果时，隐蔽在阵地中的土耳其士兵一起开火，把正在攀登悬崖的英军打了个措手不及。联军的首轮登陆行动宣告失败，卡登上将也负伤回国。

为夺回海滩，英军决心用陆军占领加里波利。英国集结了一支近8万人的远征军，主力由在埃及的澳大利亚和新西兰部队组成，即澳新军团。有"诗人将军"之称的陆军上将汉密尔顿负责指挥这支军队。

4月25日夜，在掩护舰队实施炮火准备后，协约国军队开始了登陆行动。由于澳新军团的士兵大多没有接受过夜间登陆的训练，再加上对半岛的地形一无所知，错误地登陆在一个无名小湾。同一天，英军和印度部队在海丽丝岬遭到土耳其军队的猛烈打击。登陆部队虽然建立了滩头阵地，却根本无法有效展开。

土耳其军队在后来的土耳其共和国"国父"、陆军上校凯末尔指挥下，猛烈攻击登陆部队。经过一夜混战，双方死伤惨重，已登陆的1.6万名澳新军团士兵在土耳其军队的炮火压制下，困在临时掩体内动弹不得。接下来的几天，双方陷入僵持。

皇家海军的一曲悲歌

5月1日，土耳其军队大举反攻。战斗中，英国战列舰"霍莱伊特"号、"胜利"号和驱逐舰"威严"号相继沉没，迫使英军撤离大批舰只。这样一来，登陆部队便失去了海军的火力掩护。

19日，土耳其军队对整个澳新军团的阵地发起反攻。土耳其士兵甚至不惜发动自杀式冲锋。澳新军团被困在一条从海滩到前沿不过400米的单薄阵地上。随着夏季的来临，阵地上尸体遍地，带来痢疾、腹泻和肠热等疾病，澳新军团的非战斗减员持续增加。

面对这样的局面，协约国还是不想放弃，又调配了3个师的英军前往半岛。与此同时，赞德尔斯也在拼命集结土耳其军队，准备迎击新一轮的进攻。

8月6日，英军在澳新军团登陆场西北面的苏弗拉湾登陆，但部队上岸后未能及时扩大登陆场，宝贵的战机被错过了。赞德尔斯紧急从其他防线抽调近2万军队增援苏弗拉湾，凯末尔也亲自指挥军队成功遏制了登陆部队前进的步伐，战事陷入了僵局。

9月，汉密尔顿被解除指挥权，由门罗将军接替，但协约国军队的伤亡仍然与日俱增。

到了初冬时节，天气寒冷，严重的冻伤迅速在部队中蔓延，超过16 000人冻伤，甚至有人冻死。11月23日，英国不得不下令分阶段撤退。这次一战中最大的登陆战宣告彻底失败。

9万协约国军秘密撤离加里波利，土耳其人居然完全没有发觉。在整个战役中，协约国军的撤退是最成功的行动，伤亡不到10人。

战后，一名英国历史学家分析："这是一个正确、大胆而有远见的计划，却在执行过程中被一系列英国历史上前所未有的错误给断送了。"

这场战役造成了协约国军队近40万人的伤亡，葬送了13万士兵的生命。同时葬送的，还有牛人丘吉尔一帆风顺的仕途。他在这场战役失利之初，就被免去了海军大臣的职务，被排挤在政治圈之外。

与世仇结盟

在南线的巴尔干战场，保加利亚是个重要国家。它与土耳其、罗马尼亚、塞尔维亚、希腊接壤，位置十分重要。同时，保加利亚拥有一支强大的军队，在两次巴尔干战争中，保加利亚都是主力。因此，保加利亚倒向哪一方，对巴尔干战局影响重大。

1914年，俄国曾经想联合保加利亚重建巴尔干同盟，因为保加利亚也属于斯拉夫民族，跟俄国的感情非常接近，保加利亚的皇帝也称沙皇。保加利亚也愿意接近协约国，但是把归还被希腊和塞尔维亚夺去的马其顿和色雷斯作为参加协约国的先决条件。对此，塞尔维亚坚决反对："情愿将整个塞尔维亚留给奥地利人，也不会把马其顿一小块儿土地让给保加利亚。"

于是，保加利亚加入协约国的谈判就崩了。这样一来，同盟国便处于有利地位。保加利亚在经济上依赖德奥，获得过德奥的大量贷款，重工业也控制在德奥手中，政治上亲德奥的倾向也十分强烈。保加利亚与加入协约国一方作战的塞尔维亚等巴尔干国家矛盾尖锐。所以，保加利亚统治集团就准备跟德奥缔结军事协定。

大战开始后，保加利亚由于准备不足，表面上宣布中立，跟协约国进行谈判，实际上与同盟国保持密切联系。1915年6月起，保加利亚和同盟国在索菲亚谈判，德国人力促两个老冤家——土耳其与保加利亚言归于好。德国外交官许诺将马其顿、罗马尼亚的部分领土，外加土耳其的一些边境地区划给保加利亚，保加利亚终于加入了同盟国阵营。

在保加利亚历史上，这还是第一次站到俄国人的对立面，与世仇土耳其结为盟友。1915年10月14日，保加利亚正式对协约国宣战。

见风使舵的意大利

意大利原是德奥的同盟国，也号称是列强之一，拥有同法国不相上下的人力。但是，意大利人民生活极端困苦，大量贫民背井离乡，逃往国外谋生，因此有"穷光蛋帝国主义"之称。

即便如此，意大利也和其他列强一样，积极谋求对外扩张。由于实力不足，意大利的扩张企图只能利用大国争霸来实现，哪边风硬，就往哪边倒，是典型的见风使舵。

1912年的意土战争后，意大利脱离三国同盟的倾向就很明显。一战爆发后，意大利借口奥匈帝国对塞尔维亚宣战，事先没跟它商量，便宣布中立。实际上，意大利是想以参战为条件，向双方讨价还价，获得更多的好处。

在发布中立宣言的同时，意大利外交大臣就秘密告知德国大使，如果得到足够的报酬，意大利将准备"考虑援助的方法"。说白了就是要东西，要多少呢？300万支步枪，10 000门大炮，5000个火车头。

威廉二世一看，气得把清单扔到地上。我要把这些东西给你，我们德国人得拿棒子去打仗。你不来拉倒，有你一个不多，没你一个不少。

第二天，意大利驻俄大使对俄外交大臣说，意大利很难"从德奥方面获得所期望的东西"，因而"可以与协约国谈判"，共同对付奥匈帝国。

就这样，意大利一面向同盟国敲诈勒索，一面又同协约国勾勾搭搭。在英国的协调下，俄国做了让步，同意将达尔马提亚大部土地让给意大利。由于意大利希望获得的领土大多属于德奥集团或中立国，而与协约国不存在直接冲突，所以，协约国答应给意大利的土地比德国许诺的多一倍，特别是英国还答应给意大利贷款5亿英镑作为参战费用。至此，协约国几乎满足了意大利的全部要求。

1915年4月26日，意大利终于同协约国签订了伦敦秘密条约。几天之后，意大利正式退出德、奥、意三国同盟，于5月23日向奥匈帝国宣战，次日宣布与德国断交，在背后捅了同盟国一刀。

对于意大利的这种龌龊行为，德国和奥匈帝国自然恨得咬牙切齿。

战场上见吧，意大利！

战争就是这么回事儿：

袁腾飞讲一战

第四讲

空前惨烈大屠杀

（凡尔登会战，索姆河战役）

士兵比任何人都渴望和平，因为正是他们必须忍受和忍耐战争带来的最大伤痛。

——麦克阿瑟

01. 凡尔登绞肉机

只有法国算盘儿菜

在1915年，由于德军在西线没能打开局面，所以大战的重心转移到东线战场。但是，德奥联军在东线的几次进攻，虽然推进了很远，无奈俄国幅员辽阔、气候寒冷，未能迫使沙皇单独求和。到1916年，大战的重心再度回到西线。

这时候，虽然协约国在加里波利战役和中东战场消耗掉了一些兵力，但是英国征召新军了，军火供应量激增。1915年底，英国驻法国的军队增加到38个师。英军原来都是志愿兵，这时开始大量征召义务兵报效国家。陆军元帅基钦纳的肖像被印在海报上，贴满英国的大街小巷，元帅目光深邃，手指前方，肖像下面一行文字——你的国家现在需要你！如此一来，英军人数激增，但跟志愿兵相比，义务兵大多缺乏训练。

大战的前两年，英法之间因为长期隔阂，协调不够。1915年12月，为了协同作战，协约国在法国召开军事会议，首次正式商讨如何使联军的行动取得一致。法国、英国、俄国、比利时、意大利、日本的军事代表齐聚霞飞将军的总部，经过激烈讨论，这些国家一致决定，在1916年要选择一个时机同时发动全面进攻。当时，英国新军需要时间训练，俄国军队装备奇缺。于是，大家决定1916年3月再次开会，商定总攻的时间，在此期间，抓紧积蓄力量。

然而，德国获取了这个情报，知道了协约国准备在东、西、南三线同时发动总攻的消息。面对日益增加的压力，德国不能坐以待毙。德军总参谋长法尔肯海因想先下手为强，计划发动他期盼已久的西线攻势。

在1915年圣诞节期间，法尔肯海因悟出了一个道理，英国才是协约国的支柱。他曾这么讲过，英国攻打荷兰、西班牙、法国的战争史现在正在重演，只要英国抱有一丝胜利的希望，德国就别想逃过这个敌人。

法尔肯海因看得很清楚，打蛇打七寸，必须先打英国。

但是，当时德国能够用来打英国的，除了潜艇之外没别的东西，海军并没有取得优势，对英国陆军也无可奈何。英国陆军的防区在法军侧翼，不适合德军发动大规模攻击。

所以，法尔肯海因认为："我们虽然对当前的大敌苦恼不堪，但是我们也知道，对于英国来讲，它擅长的并不是陆战，它在欧洲作战就是玩儿杂耍，真正的武器是与法国、俄国、意大利军队联合作战，那我们可就够受的了。"因此，还是得先在西线发动决定性进攻。

俄国已经被打瘫，意大利基本可以忽略不计，只有法国还能算盘儿菜，法国正是英国手中的一把"利剑"。

攻敌所必救

法尔肯海因认为法国在军事上已经到了力量的顶点，只要在法国的要害之处给予强有力的一击，就会使法军崩溃。如果法国人民认识到，他们已经没有希望胜利，那么突破的日子就到了，英国手中最厉害的武器就被打掉了。

法尔肯海因进一步阐明，没必要进行全方位突破，应该给法军弄一个伤口，这个伤口的血一放，法军指挥官必然要把所有人员都投进来止血，让他们把血流干就可以了。最后，他选的地儿就是法国东北部边境小镇——凡尔登。

为什么选这个地方呢？第一，凡尔登距离德国的铁路太近，威胁德军主要运输线。第二，凡尔登是法国战线东翼的支点，是巴黎的东北入口，距离巴黎只有210公里，有"巴黎锁钥"之称。拿下凡尔登，不仅会破坏法军的防御体系，还能给法军士气以沉重打击。第三，凡尔登对德国有着重要意义。德国人特别强调日耳曼精神，凡尔登曾经是古代日耳曼部落向西攻打高卢的必经之地。当年查理曼帝国几乎统一整个欧洲，查理曼大帝死后，公元843年，他的3个孙子就在凡尔登把帝国三分，形成德、法、意三国后来的雏形。凡尔登的地位类似于圣城。德国人特别有尼伯龙根史诗[①]情结，包括他们前几年拍的电影《查理曼大帝的密码》都能清晰地反映这种情结。德国皇帝之所以挑选小毛奇做参谋长，也是出于这种情结，他得代表这个姓，代表德国的胜利。甚至德军在一战时的总司令部，也跟普法战争的总司令部地点完全一样，在科布伦茨市的一家旅馆。在那里，他们指挥普法战争取得辉煌胜利，因此他们还选那个地儿，换地儿不吉利。

在这种情况下，法尔肯海因决定，以猛烈火力进攻凡尔登，攻敌所必救，德军持续进行系统的有限攻势，吸引法军全部精锐过来，然后把法军轰成炮灰。而且德军的每一次攻势都配有短暂且密集的炮兵支援，以减少自身伤亡。

在进攻部署上，法尔肯海因为了讨皇帝的欢心，任命威廉皇太子指挥第五集团军，担任主攻任务。

威廉皇太子当时只有30来岁，长得一副瘦弱样，一看就是病秧子，他智力平庸，才能低下，仅仅因为是皇太子才手握重兵。在民主国家和君主立宪制国家，这种事儿是不可想象的。他之所以从军，只是为了增加一点儿好看的履历，以资炫耀，不然将来登基坐殿，怎么当大元帅统御三军啊？有了从军的履历，就可以说我以前指挥过军队，要不然最高功勋章也不好意思往脖子上挂啊！他曾经做过德军的骑兵团长，还在总参谋部瞎混了一年。有了这点儿经历，他就自认为可以统领大军了。

新式武器很生猛

为了进攻凡尔登，德军从1915年冬就开始准备，抽调了西线战场装备最好、久经沙场的10个师，一共27万人。

[①] 尼伯龙根史诗，又称《尼伯龙根之歌》，风格雄浑，感情饱满，是中世纪德语文学中流传最广、影响最大的一部古代英雄史诗，有32种手抄本，已翻译成多种文字。

法尔肯海因还从俄国前线、巴尔干半岛和克虏伯兵工厂搜集了多达1400门火炮，运到凡尔登前线，其中重炮600多门，包括420毫米榴弹炮。另外，摆了542个掷雷器，能够发射装有45公斤高爆炸药和金属碎片的榴霰弹，杀伤力非常大。

法尔肯海因打算以战争史上前所未有的炮击，彻底摧毁法军的防御体系，有效杀伤法军的有生力量。德国总参谋部在一份报告中预言："单是火炮就可以夺取地面，实施进攻的步兵只是巩固和占领。进攻和迅速夺取凡尔登的决策是基于重炮和特大火炮已被证明的威力。"

德军参战的步兵、炮兵的集中与展开，包括工程作业，都是隐蔽进行的。在主要突击方向上，德国集中了850门火炮，平均1公里的突破正面就有62门火炮和15门迫击炮。

此外，还有168架飞机参加作战。在主要突击方向上，德军比敌军多3倍，火炮多3倍以上。

德国威廉皇太子在巡视进攻准备的时候，得意扬扬地宣称："集中如此数量的火炮用于进攻，这在战争史上还是首次。"

除此之外，德国人还投入新式进攻兵器——火焰喷射器。在巡视了炮兵部队后，威廉皇太子对副官说："咱们去工兵部队瞅瞅，看看那个会喷火的玩意儿到底威力如何？"喷火连的连长亲自为皇太子殿下演示，连长趴到一具火焰喷射器前，右手食指扣动扳机，"呼"的一声，一束烈焰射向几十米外的步兵掩体。那处掩体被燃起的烈焰覆盖，火焰燃烧大约15分钟，黑色浓烟直冲天空。掩体里放了一头猪，这时候已经彻底变成烤全猪了。

看到这一幕，威廉皇太子激动得直跺脚说："太好了，我要用这玩意儿，让法国人体会一下地狱火的滋味。"

总司令不相信情报

德国人磨刀霍霍，准备在凡尔登大干一场。这时，法国人在忙什么呢？

大战已进入第三个年头，拿破仑时代的许多著名要塞抵挡不住猛烈的炮火而迅速失陷，这个严酷事实动摇了军事家们对要塞堡垒的信心。他们得出一个结论：脱离野战部队防守的要塞，无法达到坚守的目的，大量的炮兵和火炮固定部署在要塞里面，会使要塞失去机动性，无法发挥更大作用。

因此，法军总司令部在1915年8月就决定，停止强化凡尔登的要塞，拆除要塞的火炮，连同守备部队一起加强到其他野战部队。法军总司令部发出指示，要求各集团军以原有要塞为基础，建立筑垒地域。这种筑垒地域由战壕、掩体、障碍物、铁丝网等野战工事构成。其实以筑垒地域跟要塞相结合，确实是建立起了一种全新的防御体系，是一种进步，问题是时间已经来不及了。

在凡尔登大战爆发前，要塞在拆，但是新的筑垒地域还没有建起来，凡尔登大部分炮台和机枪被拆了，拆掉的1000多门火炮交给西线的其他野战部队，还从要塞中运走了10万多发炮弹，炮台和筑垒只留下了少量警卫部队，这就使要塞在整个防御体中的作用大大降低了。

法军对德军大规模的战役准备并非毫无察觉，因为天气不好，德军的战役发起时间一再推迟。法军的情报部门早就把侦察到的德军动向报给了总司令霞飞，就连俄国的情报也判断出德军的进攻重点是凡尔登。可是霞飞就是不信，他认为德军将会进攻，但地点将放在香槟。

到1916年2月中旬，法军不但获悉德军展开地域的情况，而且掌握了其兵力部署和炮兵位置，但是霞飞还是顽固地坚信，德国人的进攻地点不在凡尔登。但是为了防范万一，在大战爆发前，他还是向凡尔登派了一些增援部队，一共10万人、270门火炮。

不会有任何活物

1916年2月21日早晨，天气奇寒，气温在零下20摄氏度左右。

天蒙蒙亮的时候，在前沿阵地的散兵壕和遮蔽部里苦熬了一宿的法国士兵钻出掩体，一个年轻的法国兵冲着对面阵地大喊："德国佬，昨晚睡得怎么样啊？"但是没人理他，这个法国兵生气地骂道："这帮臭猪，就知道睡觉，当心老子拿刺刀扎你们屁股。"

这个法国兵虽然年轻，但是他在这儿驻守的时间很长，生活很枯燥，一段时间以来，法国兵常常跟对面的德国兵对骂取乐，双方士兵只能这样打发无聊的日子。一般情况下，你有来言我有去语，法国兵一开骂，德国兵肯定回嘴。但是这一次，法国兵骂完之后，德国兵却没回嘴。法国兵急了，你怎么不按游戏规则玩儿啊，更加一个劲儿地破口大骂，甭管是法语还是德语，只要他会的脏话，如滔滔江水一般向对方阵地砸去，把德国人的女性长辈问候了一个遍。

终于，法国人得到了回答，但不是他熟悉的德国脏话，而是德国人铺天盖地的弹雨！

早上8点12分开始，突然间地动山摇，德国人的炮群一齐开火，上千门大炮以每分钟2000发的速度把各种炮弹砸向法军在凡尔登的筑垒地域。炮火之猛烈，有史以来前所未见。

法国士兵被突如其来的炮火吓得目瞪口呆，抱头鼠窜。很多人被炸得血肉横飞，残肢断体，连同冻土石块被抛向空中。侥幸未死的法国兵也被炮弹爆炸时的巨大轰鸣震得耳鼻流血，龟缩在地上不敢抬头。

到下午4点45分，德军向法军的防区倾泻了200万发炮弹，法军的地面阵地荡然无存，连附近的森林都被烧焦，一些山头被削平，整个凡尔登地区炸得跟月球表面没什么区别了。

德国人的想法就是在步兵发起攻击之前，用最猛烈的炮火摧毁前进中的一切障碍，从气势上压倒法国人，让他们丧失斗志。

德国人对敌军战区内所有的单个目标、集群目标、掩体、战壕，甚至道路、村庄、指挥所、炮兵阵地、炮台，以及凡尔登城，都在地图上做了标注，进行了大面积炮击。别说法国士兵，就连担任战区指挥官的贝当将军，事隔多年之后，回忆起那令人恐怖的一幕仍然心有余悸："浓密的硝烟弥漫在整个战区，炮弹呼啸着在凡尔登上空穿梭如织，震耳欲聋的爆炸声跟我军士兵的哀号啼叫声此起彼伏混杂在一起，如同地狱中发出来的声音。碎石焦土呼啸着从空中急泻而下，弹坑布满了防御地区，令人窒息得透不过气来的浓烟与尘土滚动着，一拨接着一拨在空中弥漫，防区内散落着冒着青烟、扭曲变形、带有暗红色的炮弹碎片和血淋淋的残肢断体。森林一片片地燃起大火，大火向四处蔓延吞噬着一切。"

在德军步兵从战壕里爬出来之前，德军参谋部的军官信心十足地跟士兵们说："兄弟们上，那里不会有任何活物留下来。"

不死于阵前就死于军法

下午2点多，德国步兵在主要突击方向15公里的正面上，展开了6个半师，向法军阵地发起突击。

但是德国人估计错了，德军士兵在他们认为空无一人的阵地上遇到了前所未有的激烈抵抗。法军的机枪顽强地扫射不止，法军士兵奇迹般地从地下钻出来向德军射击。法军被摧毁的只是地表工事，地下工事并没有被摧毁。在骤然打击面前，法国人表现出了高卢人倔强的性格和大无畏的精神，他们组织敢死队，拼命抵御德军的疯狂进攻。

德军推进十分缓慢，开战当天仅仅是利用炮火准备的效果，占领了法军的第一道阵地。到2月23日夜，德军只前进了3公里，抓获3000名法军俘虏。但是，经过德军的第一轮打击，法军的抵抗力迅速下降。很多法国士兵是从非洲招来的，这些非洲士兵长期生活在热带地区，没有经历过凡尔登零下20摄氏度的严寒，再加上德军的猛烈炮火和凶猛进攻，这些法军殖民地士兵不是被冻死在阵地上，就是扔掉武器掉头逃跑。

到24日，德军加大进攻力度，法军几乎要全线崩溃。霞飞大为震惊，他派参谋长到凡尔登下达死命令："在目前情况下，下令退却的任何指挥官将受到军事法庭审判。"霞飞命令前线指挥官要不惜一切代价死守阵地，将敌人拦住。法军还派出督战队，把从前沿阵地败逃下来的士兵就地正法，让你不死于阵前就死于军法，迫使法军奋力抵抗。

但是，德国人改变战术，发动了更猛烈的进攻，法军第二道防线还是被突破了。法军内部大为惊慌，有些部队甚至还未遭到德军攻击，就主动放弃阵地。

在这危急关头，霞飞再一次表现出了坚强的意志和沉着的性格。虽然战前他的判断出现了重大失误，但是在关键时刻，他做出了正确的判断，投入了更多的兵力，稳住了法军阵地。

缺点就是太勇敢

在参加凡尔登会战的德军中，有一个最精锐的步兵团队——第三集团军第二十四团。

从拿破仑时代起，该团就是一支锐不可当的铁军，拿破仑曾说过，普鲁士人都是炮弹做的，他把这个团称为"铁24"，可想而知它的威力。该团的士兵个个都是兵王，第三集团军司令评价："我的这个团只有一个缺点，那就是他们太勇敢！"

铁24团团长叫法里克，是个行伍出身的大老粗，但是，他对带兵打仗很有一套。这次凡尔登血战自然少不了铁24团，该团负责向凡尔登杜奥蒙炮台附近发起进攻。杜奥蒙炮台被认为是法国最坚固的要塞之一，几乎与凡尔登要塞齐名。杜奥蒙外围第一道墙上写有这样的标语：杜奥蒙固若金汤，进来不易，出去更难。进来后要想活着出去更难，如果不信，可以试试。

大战爆发后，杜奥蒙守军大概有几百人。1916年2月25日，德军开始向杜奥蒙要塞发动猛烈进攻。德军士兵尝试了一下后，才知道刀是铁打的了，发现杜奥蒙要塞果然名不虚传。整个要塞掩蔽在巨石之下，巨石的厚度是2.4米，不但枪打不透，当时最大口径的火炮对它也无可奈何。

当时，铁24团的兵力布置是2营在右，3营在左，1营在3营之后。战斗打响之后不久，法里克团长发现铁24团没有得到任何支援，下令部队后撤。

但是在2营左前方，有一队由康兹士官指挥的志愿兵。康兹是一个军事素质很高的军人，在进攻杜奥蒙炮台时，左腿负伤了。法军的机枪向他不断扫射，但是细心的康兹士官发现，射击都来自要塞边的战壕，杜奥蒙炮台似乎非常安静。

康兹一向是轻伤不下火线，经过一阵思考后，他一瘸一拐地率领部下来到要塞炮台下的缓斜坡处，这一举动竟然没有遭到法军射击。与此同时，要塞内的巨炮发出的一颗颗炮弹，飞过他们的头顶，向远处的目标轰击。在他们右翼的友军正遭到法军机枪的封锁，被困在杜奥蒙附近的一个村庄中，形势极为不利。

康兹决心找一条小路通往要塞之内，他带着弟兄们绕了半天找到了要塞的一个缺口。通过这个缺口之后，康兹发现还有一个巨大的天然障碍，是一条深水沟，水深10米，人要掉进去必死无疑。康兹伏在一块巨石后面，瞭望杜奥蒙炮台，他们已经能够清楚地看到杜奥蒙炮台的炮口以及数不尽的机枪射孔。

康兹发现这条深水沟的左方是一段铁路支线，那有一道铁门，门是锁着的。尽管十分冒险，但经过侦察之后，康兹认为取道那座铁门是最理想的进攻路线。

康兹决定冒险潜入杜奥蒙要塞。

相同点是不怕死

康兹让两名手下弄开铁锁，打开铁门。康兹胆大心细，手中紧握着手枪，率领弟兄们进入了要塞。

最先出现在他们面前的，是4名法军炮手。看到康兹的时候，法国人惊呆了，在法国人还没弄清情况想出应对之策时，康兹和他的战友已经把炮口的方向调个儿了。这是一门155毫米口径的要塞巨炮，也是杜奥蒙要塞中最大的一门炮，在过去的日子里，它杀死了无数德军，是德军指挥官最头疼的东西。

就在他们转动巨炮的时候，那4个法国人不见了。康兹想，那些法国人一定是通风报信去了，不久就会有数不清的法国兵来抓他们。但是，好半天都没有法国兵出现。这时候康兹士官发现，他的同伴大都失踪了，除了紧跟他的两位，其余的人都不知去向。康兹觉得这些手下要么跌入陷阱，要么已被法国人俘获了。康兹带着仅剩的两个手下，开始在要塞内部乱窜，看看在哪儿能找到自己的部下，在哪儿能消灭敌人。

歪打正着，他们发现了一名没带武器的法国兵，这个法国兵看到德国人出现在面前吓得目瞪口呆。康兹走上前去，拍了拍他的肩膀，连说带比画，告诉他我不会杀你，让那个法国兵带他到有法国军官的地方去。这个法国兵真听话，就把康兹带到了军官的房间，那里面有一张大桌子，上面摆着一大篮子鸡蛋、酒和各种食物。康兹往那儿一坐，大吃一顿，开战以后，他们天天啃过期面包，很久没吃到这么好吃的东西了。

就在康兹和他的两个手下在法军军官的房间里大吃大喝的时候，3个铁24团的军官也不约而同地潜入了杜奥蒙炮台。这3位是雷克特中尉、汉普特上尉和布兰兹上尉。他们3人走的并不是一条路线，彼此没有联系，唯一的相同点是，他们跟康兹一样，不怕死。

3位军官各带着人手潜入杜奥蒙要塞，先后在堡垒内会师。他们又活捉了3名法国士兵，审问后得知，整个要塞中，只有不过60个法国兵。雷克特大为惊讶。因为根据情报，法军守卫杜奥蒙外围的至少有25 000人，要塞内也有4000人。最后3个德国军官，加上康兹士官，组成一支防御部队，里应外合，让外面的德军顺着留下的记号，迅速占领了堡垒。

就这样，铁24团的几名军官，带着几百名士兵，就占领了这么重要的一座要塞。

谁先进入杜奥蒙

由于法军各种各样的失误，使得闻名于世的杜奥蒙炮台，被德军几乎兵不血刃就占领了。

占领杜奥蒙的消息是布兰兹最先送出的，德军参谋人员做了这样的记录：铁24团第七、第八两连官兵，像旋风一样，旋转在杜奥蒙之内，汉普特上尉、布兰兹上尉，有勇有谋，指挥有方，领导得法，出神入化……

捷报一层层报上去，几十分钟后，就送到了皇太子威廉的办公桌上。攻占

康兹胆大心细，手中紧握着手枪，率领弟兄们进入要塞内一座敞开的大门

杜奥蒙的消息迅速传遍了德国，连学校的孩子们都聚集在街头欢蹦乱跳。为了庆祝这一胜利，德国工厂放假3天，全国报纸大登特登，欢呼"铁24"取得的胜利，颂扬德军官兵的勇敢。

不过，荣誉有时候并不公平，几名军官为谁先进入杜奥蒙发生了争执。结果是，康兹仅被晋升为排长；雷克特更命苦，仅获赠皇太子签名玉照一张；汉普特和布兰兹则荣获了德国的最高勋章，特别是最先送出消息的布兰兹，一下子红了起来，他家乡的一个村庄，以他的名字命名。铁24团的大兵们也很有收获，受到了德国姑娘们的热烈追求，两周之内，有近300人举行了结婚典礼。

杜奥蒙要塞失守的消息传到伦敦，英国人立刻认识到事态严重，他们认为杜奥蒙陷落，凡尔登若再失守，巴黎的大门就敞开了，整个欧洲会受到威胁。特别是英国人对法军的战斗力产生了严重怀疑，被视为固若金汤的要塞，竟然在前后4小时，被德军兵不血刃地占领，看来法国兵都是酒囊饭袋，打仗不是跟师娘学的就是跟师妹学的。

杜奥蒙的沦陷在法国引起了与德国截然不同的反应，法国老百姓义愤填膺，最高当局如同心口挨了一记重锤，全国上下怀着一个目的——要尽快把杜奥蒙夺回来。

2月25日，法军任命贝当担任凡尔登前线指挥官。法国总统表示：决不允许德军在杜奥蒙盘踞下去，要尽快夺回来。法国人集中了5个师抵达凡尔登地区，准备夺回杜奥蒙要塞。

不扔炸弹扔传单

德军为了在凡尔登速战速决，除了投入步兵和炮兵之外，还有空军配合，展开攻心战。

当时的飞机数量不多，真正让它投弹，也没什么可怕的，飞机的炸弹杀伤力也小。德军出动的飞机不投炸弹，而是丢下大批传单。德军深知攻心为上的道理，在传单上，清一色的都是动摇法军意志的话。比如，一条标语写的是：

"朋友们，坚固的杜奥蒙都失守了，你们一条土壕还能藏得住吗？"另一条标语是："欢迎你们过来，保证以礼相待，别做笨蛋，鸡蛋碰不过石头，家人等着你们全胳膊全腿地回去。"还有一条标语说："纸弹是不伤人的，炸弹才会，朋友们！现在丢给你们的不是炸弹，以后我们会丢。"

紧张而惶恐的空气，像一阵狂风，扫过凡尔登。一时之间，法军风声鹤唳，草木皆兵。

2月25日这天，凡尔登的混乱和恐怖达到了最高潮。一位法国将军说："那是有史以来，凡尔登最黑暗的一天。"

贝当到任之后，调集大量火炮和人员增援凡尔登。贝当将军激励将士说："自2月22日以来，德国皇太子率领军队全力攻击我凡尔登阵地，炮火凶猛前所未有，消耗的弹药军需十分惊人，德国已将其后方精锐之师移至前线，他们不惜一切代价以步兵再次投入突袭。这一次攻击是过去一年来敌寇苦心经营的最后的孤注一掷。现在东线因英俄两军投入力量日益增加，德军的处境困难。西线之敌，经诸要塞的拼争，虽锐气尚存，但已屡遭挫折。现在的战斗，必将以我们的胜利而告终！德国孤注一掷，但败端已现。今天，全体法国人民都注视着我们，我们肩负着守卫国土的重任，全体国民都期待着我们能够担此重任，我们决不能让国人失望！"

法军兵力的迅速补充是德军始料未及的。德军虽然为攻占凡尔登进行了一次又一次的进攻，但进展日渐缓慢，法国士兵死战不退，德军每前进一步都要付出很大代价。而且德军选择在2月攻击，这个季节气候寒冷，战区的天气变化异常。德法两军战壕相距很近，每到天明，地面一解冻，步兵构筑的掩体和土墙随之消解，地面泥泞难以跋涉。

在这样的气候下，作为进攻一方的德军步兵死伤更惨重。

怎样整治胆小鬼

而皇太子威廉一味督促士兵进攻，不知道充足补给和体恤士兵的重要。他自己打仗时仍然有野鸭、沙拉、水果、啤酒、咖啡和雪茄享用，而冒死向法军阵地冲锋的士兵们，却很少吃到黄油，每天只能吃卷菜汤、土豆、辣根和黑面包。

德军士气逐渐低落，疲惫不堪，尽管军官们严厉督战，但士兵们的作战意志已大不如前。

在残酷的战争面前，并不是每个德国人都英勇善战。有的德国士兵，在恐惧之下，得了遗尿症。德国军官毫无怜悯之心，把他们当成胆小鬼。怎么整治这种人呢？军官把他们编到一起，支钢丝床，让他们睡上下铺，上铺把木板拆掉。这样一晚上下来，睡在下铺的兄弟只有接尿的份儿。为体现公平，两人还得轮流睡上铺。遗尿症士兵被整得实在受不了了，趁长官不注意，其中一人，偷偷打起地铺睡。

这时，法军设在马斯河西岸的炮兵从侧翼进行轰击，使德军陷入欲进不能、苦战难熬的境地。

到2月28日，德军的进攻基本上被阻止了。一位英国战地记者写道："德国俘虏当中很多人都表示不愿意再打了，认为战事延长对德军很不利，况且战线上黄油没得吃，肉食也很罕见，食用油更是一概没有。这种情形在各部队的情况中大体相同，所以士兵们的作战意志已经衰竭。"

到3月初，法军总司令霞飞向凡尔登守军发来贺电，称赞他们坚守阵地的功绩。英国远征军司令道格拉斯·黑格①也致电霞飞："英军十分钦佩法国勇士在这次大战中的无畏表现。贵军虽然死伤严重，但是气势旺盛，对此我军深为赞叹。特致电阁下，以赞美凡尔登守军的英雄气概，凡尔登能有这样不屈服的军人守卫，德军就算倾举国之力，也必是徒劳。"英国人大概忘

---

① 道格拉斯·黑格（1861—1928），生于英国爱丁堡，1884年进入桑赫斯特皇家军事学院。1910年晋升为中将。一战爆发后，黑格指挥英国远征军中的第一军，并于1915年2月升任第一集团军司令，于12月取代约翰·弗伦奇担任英国远征军司令，被称为"西线的屠夫"。1916年晋升为陆军元帅，1919年被封为第一任黑格伯爵。

了，他们几天前还在咒骂法国兵是酒囊饭袋呢。看来只要自己努力，多衰的名誉也能挽回！

从3月5日起，德军把进攻的正面转移到了马斯河西岸，但是法尔肯海因又犯了一个错误，没有搞清法军部署的变化情况。在这一方向上，法军早已严阵以待，贝当刚刚把一支生力军部署在这里，早就等着德军进攻了。这一地区的据点，成了两国军队反复争夺的对象，炮兵成了战场的主角，每次冲击和反冲击，炮兵都要进行猛烈而密集的炮火准备。

一位随军记者写下当时战斗的惨烈："地面呈现出月球表面的形状，布满了密密麻麻的炮弹坑，有的弹坑特别巨大。树林变成了一片枯木朽枝混乱的堆积场。到处可见炮火犁过的泥土上暴露着人和马的尸体……"

一发影响战局的炮弹

法军士兵在指挥官的激励下，顽强顶住了德军一次又一次的进攻。

官兵们几夜不合眼，在饥饿与寒冷中仍然奋勇战斗。一位英国战地记者描述了当时的情景："在距离杜奥蒙炮台7公里的战地医院，我跟一位从战场上抬下来的伤兵谈了几句，这位伤兵的右腿已经被截肢了。我本来想安慰他，没想到他跟我讲，作为军人，在祖国遭受这样的灾难时，就应该做好以身殉国的准备。现在我失去的不过是一条腿，在前线你只要看看那些无数没有留下姓名的战友同伴，他们已经长眠在山丘河谷中，心里怎能不难过？我丢了一条腿又算什么呢？"

一些轻伤员被送到医院，等到绷带缠好后立即返回前线，同战友们一起投入战斗。一位头发花白的老上士从后方跑到前线，年轻的少将惊讶地问他来做什么，这位老兵回答说："我儿子已经战死在敌人的枪口下，我要为他报仇！"

在1916年那段艰苦的日子里，马斯河两岸的据点，在进攻、反攻、摧毁、围困、强击、破坏、占领、再占领中，变成了法国人家喻户晓的地名。在此期间，一件意想不到的事帮了法国的大忙。

在一次炮兵对射中，法军的一发炮弹无意中击中了德军隐蔽在森林里的一座弹药库。有人说法军这是试射，随便开了一炮，还有人说是走火，但德军45万发大口径炮弹却被引爆了。原来德国人为了省事，给炮弹都装了引信，方便直接填进炮膛就打。这一下，德军的火力由于弹药短缺受到了很大影响。命苦不能怨政府，点儿背不能怪社会啊！简直就是德军命里该着，这是一发影响战局的炮弹。

到4月初，经过70余天激战，德军总共才前进了六七公里，而且受到的阻力越来越大，他们在兵力上的优势已经荡然无存。

事实证明，德国人企图用快速攻击夺取凡尔登的计划破产了。但是法尔肯海因无视这个事实，如同输红了眼的赌徒，下令用逐步进攻的方法继续打下去。他说："为了我们的威望，必须拿下凡尔登。"

可就在此时，协约国军队发起反攻了。

02. 喋血索姆河

进攻是最好的防守

有些战史专家认为，凡尔登是被索姆河战役拯救的。

1916年7月，就在法德两军在凡尔登城下浴血厮杀的时候，巴黎西北的索姆河两岸又燃起战火。英法联军向德军发动了大规模进攻，这场战斗持续了四个月，惨烈程度甚于凡尔登。

在索姆河发动大规模攻势，原本是协约国预定的1916年战略计划的一部分。1915年12月，法军总司令霞飞和英国远征军司令黑格碰面，当时霞飞就问黑格："我有意在索姆河地区发动进攻，不知阁下意下如何？"

黑格站在作战地图前面，紧盯着索姆河地区，很久都未开口。黑格当然也希望发动一场进攻，尽快结束战争，但是他反对以索姆河地区作为战场，一个重要原因是兵力不足。1915年以前，英国还实行志愿兵役制，并且已有40万人丧生。为了填补缺额，每星期需要5000名志愿投军的新兵，但他们缺乏训练。并且，黑格还认为，这里不是一个理想的战场。

但是面对霞飞的请求，黑格不能不有所表示，所以他问："您认为我们在这里能够取得突破吗？"

霞飞非常有把握地说："战争已经打了一年多，看不出有任何结果，只有在西线取得决定性进展，才能结束这场该死的战争！我反复考虑过了，你我联合在索姆河两岸同时发起攻击，必定能够迅速击退德军，取得战争的决定胜利。"

黑格经过一番沉思，说："好吧，那就这么决定吧。"黑格这个人意志坚定，而且又比较执着，不轻易做出决定，一旦拿定主意却百折不回。在霞飞的鼓动游说下，他改变了初衷，坚信在索姆河地区发动进攻能够取得胜利。

到1916年2月初，英法联军的进攻计划已经初步拟定，但是霞飞和黑格这老哥俩没想到，德军也有类似企图，而且动作更快，抢先在凡尔登发起了进攻，使法军无力发起索姆河战役。

1916年5月，霞飞再次约见黑格，请求黑格让英军担负起索姆河战役的主攻任务，并且希望英军能够尽快发动进攻。索姆河战役的目的是突破德军阵地，以便转入运动战，同时减轻凡尔登方向法军的压力。

黑格认为以英军现有的兵力很难提前发动进攻，起码要到8月15日。霞飞一听就从椅子上跳了起来，说："如果真是这样，法国就完蛋了！"黑格看到霞飞气急败坏，也认为如果法国完蛋了，在法国的英军乃至整个英国，处境将岌岌可危。英法两国现在是唇亡齿寒，荣辱与共。黑格认为可以考虑把进攻时间提前，但是不能立即进攻，需要时间准备。霞飞几乎喊了起来："拜托您赶紧的吧！越快越好！"

钢铁熔炉中的七天七夜

于是，霞飞和黑格调整了原先的计划，最后确定，英军方面由第三、第四集团军参战，一共25个步兵师；法军方面第六集团军参战，共有14个步兵师。

战役的主要突击力量由法军改为英军第四集团军，将在索姆河战役中唱主角的是英国远征军及其附属的加拿大远征军。

非常可惜的是，霞飞和黑格把反攻地点选在了索姆河，就跟德国总参谋长法尔肯海因把凡尔登选为突破点一样，没有充分估计到敌方防御的强度，最终使索姆河战役也变成一场无法达到目的的空前惨烈的消耗战。

英法军队为了保证战役顺利成功，在突破地带对德军形成绝对优势，步兵是德军的3.6倍，炮兵是1.7倍，航空兵接近2倍。英法军队从后方到前线铺设了250公里长的铁路，还有500公里的窄轨铁路，修建了6个机场，集中了840万发炮弹，3500门火炮和300多架飞机。每公里突破正面上，布置的兵力平均达到1个步兵师，火炮将近90门。

1916年6月24日，英法军隐蔽的炮兵群对德军阵地发动了大规模炮击。炮击持续一周，协约国共发射了比大战头11个月全英国制造的炮弹还要多的炮弹，一共打出150万发，有人形容这是"钢铁熔炉中的七天七夜"。

6月30日晚上，炮击达到最后阶段，也达到最高潮，甚至连准备投入进攻的英法士兵都爬出战壕，观看这战争史上的奇景。炮击已经把德军阵地上的铁丝网炸得七零八落，大部分掩体不复存在，战壕和第一阵地的交通壕被夷为平地。德国第二集团军的观察和通信系统被摧毁，许多炮兵失去了战斗力。法尔肯海因也承认，在德国第二集团军阵地内，地面的障碍物几乎全部消失，大部分掩体被夷为平地，只有极少数特别牢固的工事经受住了猛烈的炮击。

7月1日，经受了一周炮击的德军阵地死一般的寂静，这是大战开始前的平静。早上7点半，英军阵地上响起了刺耳的军号声，担任主攻的10万名英军士兵爬出战壕，平端步枪，开始向德军阵地前进。英军大部分都是新兵蛋子，刚刚从国内调到前线，作战毫无经验，而且训练和装备不足。但是英军士兵一个个天真乐观，认为打仗是很好玩的事儿，只要他们爬出战壕向前进攻，就可以一口气冲到柏林。

步兵发起进攻前，英法联军的炮兵又开始猛烈的炮火掩护，德军阵地被弹雨覆盖。英军士兵在开阔地上排成整齐的队列，迈着整齐的步伐，缓慢地向前推进，携带着死亡的气息向德军压过去。但是德军已经在地下战壕中用潜望镜发现了英法联军的动静，士兵们全部蹲在坑道口，准备冲进表面阵地。英法联军的炮火向后一延伸，德军立即从地下工事中倾巢而出，把机枪搬上了阵地。

在双方战壕里等待冲锋的，有很多二战时期名扬四海的大人物。英军战壕里有蒙哥马利少校，德军战壕里有希特勒下士。希特勒声称："在即将开始的地面战斗中，我毫不羞愧地承认，我被战斗热情所陶醉，并且承认，我跪了下来，衷心地感谢上苍，允许我荣幸地活在这样的时刻。"

恐怖的"死神收割机"

英军士兵离德军的阵地越来越近了，他们排成长长的横队，每个人背着200发子弹、2颗炸弹，很多士兵还要带着野战电话设备、铁锹等，每人负重30公斤，前进得十分缓慢。

在军官的率领下，英军士兵分成几个拨次实施攻击，每个拨次的士兵都是肩并肩排成整齐的队列，斜举着步枪向德军阵地前进。按照霞飞和黑格的推断，德军在大炮的猛烈轰炸下，应该是伤亡惨重，毫无还手之力，就像德国的威廉皇太子判断凡尔登守军的情况一样。

当英军逼进德军正面战壕的时候，德军的步枪和机枪开始齐射，猛烈而密集的子弹像一把锋利的镰刀，顷刻间就把英军像割草一样成群地放倒。紧接着，德军的炮弹又落在了英军头上。黑格坐在办公室里，看着不断传来的部队伤亡报告，大叫着说："这不可能！"在他看来，德军阵地已经被夷为平地，各个山头已经变成一片焦土，怎么可能有如此巨大的反击力量呢？他恼羞成怒，向主攻部队下达命令："继续进攻，一定要拿下对面的阵地！"

英军重新开始炮击，德军就溜进了坑道。英军炮火一延伸，德军又钻出来架起机枪猛烈扫射。

现代的机关枪是从19世纪下半叶发展起来的，由英裔美国人马克沁发明。到1914年，几乎所有的军队都配备了机关枪，而且机关机的装配数量随着战争的推进而增加。一挺重机枪每分钟可以发射400到600发子弹，由于可以固定在战壕中对进攻者开火，因此非常适合防御。在索姆河前线德军战壕里，配备的是马克沁08式重机枪，这种机枪让英军吃足了苦头。斯皮尔伯格执导的电影《战马》中，架在德军阵地上的就是这种重机枪。

英军发动进攻的第一天，就有6万人伤亡，其中90%是倒在马克沁08式重机枪的枪口下。英军历史上，从来没有在一天之内有如此惊人的损失，这是英军战争史上最糟糕的一天。

这场战役，让马克沁08式重机枪一战成名，它把两军战壕间的地带变为屠宰场。从此，它有了骇人听闻的"死神收割机"和"战场屠夫"的绰号。

德国人最怕消耗战

面对英军的疯狂进攻，德军阵地也几次发生动摇。

打到最激烈的时候，德军机枪的冷却水用光了，可英军还在进攻。德军士兵急中生智，迅速传递盒子，每个人都往里面撒尿，这样就又有"水"了，泼在机枪上能管点儿用。德军士兵一边闻着蒸发的尿味，一边继续射击，阵地居然守住了。

英军士兵负荷过重，行动不便，简直成了德军练习射击的标靶。经过不断厮杀，在索姆河以北的主要方向上，英国第四集团军的两个军占领了德军防御前沿第一阵地，但是其余三个军和第三集团军的一个军被击退了。

在索姆河以南的方向上，法军取得了一些进展。法军异常猛烈的炮火压倒了对方，步兵趁机发动突然进攻，在德军士兵还没从掩蔽部爬出来之前，法军士兵就到达了德军阵地前沿。仅仅两个小时，法军就占领了德军第一阵地及其支撑点。

恐怖的"死神收割机"——德国MG08式马克沁重机枪

英法联军在索姆河发起进攻的同时，俄国也在东线发起了大规模进攻。此时，德军统帅部意识到，英法军队在索姆河的攻击规模是空前的，绝不仅仅是牵制凡尔登方向的德军，如果掉以轻心，可能造成整个战线的崩溃。于是，德军不得不从凡尔登前线抽调兵力，一部分调到俄国前线，一部分调到索姆河，总计有2个步兵师、52个重炮连和9个轻炮连。这样一来，德军在凡尔登就不能发动任何攻势了。德军攻占凡尔登，并在此歼灭法军主力的战略企图彻底破产，西线战场陷入胶着状态。

英法军队的统帅霞飞和黑格，也认识到德军阵地难以突破，他们索性做出决定，就在凡尔登和索姆河打一场大规模的消耗战，看看德国人能拿出多少兵员、弹药和我们较量。

德国人是最怕消耗战的，时间是德国最大的敌人，战争拖得越久，对德国就越不利。1916年8月底，恼怒的威廉二世撤掉了法尔肯海因的职务，由兴登堡接任总参谋长，鲁登道夫出任军需总监，直接指挥凡尔登战役。

但是，这个任命来得太晚了，鲁登道夫除了让德国士兵用身躯去填无底洞，也拿不出别的办法。在毫无意义的消耗战中，唯一的亮点就是疲惫不堪的德国士兵，看到了一只只"钢铁怪物"出现在他们面前。

英军的秘密武器

这种"钢铁怪物"的诞生，源于1914年英国的斯文顿上校在一起意外中发现，如果在拖拉机上装上火炮或机枪，它不就无敌了吗！他提出制造一种能够在遍布铁丝网的战场上开辟道路、翻越壕沟并能摧毁和压制机枪火力的装甲车，来打破西线的僵局。

当时，英国陆军对此毫无兴趣，而海军大臣丘吉尔却如获至宝，下令组建"陆地战舰委员会"，亲自领导"陆地战舰"的研制工作。

1915年2月，英国政府采纳了斯文顿的建议，利用汽车、拖拉机、枪炮制造和冶金技术，于同年9月制成样车。它是一个奇形怪状的大盒子，装着过顶履带，后面两个很大的转向轮，如果被打坏了就没法转向，只能直着开。这个怪物重达18.3吨，装甲厚度为6毫米，配有1挺马克沁机枪和几挺刘易斯机枪，最大时速3.2公里，越壕1.2米，能通过0.3米高的障碍物。

丘吉尔为了不让德国人察觉这样新式武器，于是便以"水柜"（tank）这一海军术语给它命名，音译过来就是"坦克"。

当时，丘吉尔认为不宜过早使用坦克，因为它还不够完善，技术装备差，又非常笨重。坦克内需要8个乘员，其中半数负责驾驶，谁要进去谁就倒霉了，由于噪音极大，乘员之间根本无法交流，更要命的是，里面烟雾弥漫，温度高达70摄氏度。坦克与外界联系则依靠信鸽，原始之极。所以，丘吉尔的意见有道理，不宜过早暴露这件秘密武器。

但是，索姆河战役的重大伤亡，已经让黑格承受了巨大压力，他得知这一秘密武器后，就像抓住了一根救命稻草，急于把坦克运来，试试身手，打破僵局。

1916年9月15日，英军在战争史上第一次使用坦克。英国一共制造了49辆坦克，运到法国坏了17辆；开到阵地后，又有5辆陷入泥沼不能动弹；另有9辆机件损坏无法参战；到最后，配合步兵进攻、实际冲击德军阵地的仅有18辆坦克。

不过，初次参战的坦克，还是显示了惊人的威力。这一天，英军出动21个步兵师，在坦克支援下，5小时内向前推进了4到5公里，这个战果以往要耗费几千吨炮弹，牺牲几万人的性命才能取得。

那些忧伤的灵魂

第一次看到坦克时，德国人确实吓得够呛，这个不怕刺刀捅，不怕手榴弹炸，也不怕机枪扫射，还能喷火的玩意儿，是什么东西？

伴随着坦克嘎嘎的履带声，德军四散而逃。有一辆坦克未放一枪就攻占了一个村庄；另一辆坦克夺取了一条战壕，俘虏了300多名德国兵。一位参加过这次进攻的英军士兵说："我们就像在游猎，只不过手中端着的是用于杀人的步枪。坦克替我们扫平道路，我们要做的只是不时地端起枪来，瞄准那些惊慌失措的德国佬，把他们一个个地撂倒。"

但是，由于坦克的技术与装备尚未完善，加上战线宽广，英军仍然没有实现打开突破口的作战目标。战术层面的成功，并未能带来作战的胜利。虽然英军后来又使用了两次坦克，却收效不大，反而让德军开始学习如何对付这个庞然大物。

进入秋季后，气候开始恶化。由于阴雨连绵、道路泥泞，双方的士兵都泡在沼泽里，索姆河的战斗渐渐平息，到了11月完全停止。英法两国的作战计划宣告失败。

索姆河战役中，双方投入兵力超过200万人，伤亡人数约130万。不论是双方所投入的兵力、兵器，还是伤亡人数，索姆河战役都是一战中规模最大的战役，创造了战争史上的纪录。

在凡尔登方面，1916年10月24日，法军发起大规模反攻，于11月初，收复杜奥蒙要塞。12月15日到18日，法军再次发动反攻，基本收复了被德军攻占的阵地，凡尔登战役至此结束。在凡尔登10个月的交战中，双方共投入约200万兵力，发射了4000万发炮弹，伤亡人数近百万，使凡尔登成了骇人听闻的"绞肉机"和"人间地狱"。

凡尔登会战和索姆河战役是第一次世界大战中最具决定性的战役。这两场战役之后，大战的主动权逐渐转移到了协约国手中。

03. 小兄弟能有多大用

俄军也会使巧劲

凡尔登会战爆发后，面对德军的强大攻势，法军险些崩盘。

为减轻凡尔登的军事压力，法国紧急呼吁俄国在东线展开一场对德攻势，吸引德军调拨更多兵力应付东线。为此，俄国名将、西南方面军司令勃鲁希洛

1916年9月15日，英军在战争史上第一次使用坦克

夫将军向俄国最高司令部呈递计划，提议在西南部的加里西亚向奥匈军队实施一次大规模攻势，主要目的是减轻英法联军和意军的压力，并尽可能彻底击败奥匈帝国。

此前的东线，俄国西方面军指挥官埃弗特将军一直奉行保守防御战略，他作为皇室的坚定支持者，反对勃鲁希洛夫采取攻势。对此，尼古拉二世权衡再三，还是下达指令，批准了勃鲁希洛夫的计划。

随着凡尔登战况吃紧，俄军仓促展开了部署。勃鲁希洛夫动员了4个集团军，共40个步兵师和15个骑兵师，57.3万人，1770门大炮，其中重炮168门。他要面对的是奥匈帝国三道防线上的39个步兵师和10个骑兵师。

开战之前，俄军暗地里潜行至奥匈防线外90米以内，一些地方甚至前近到70米，人高马大的俄军做到这一点非常不容易，算是超水平发挥。勃鲁希洛夫准备沿着480公里长的战线发动一次奇袭。

1916年6月4日，俄军的大规模攻势正式开始，短小而精确的火炮弹雨砸向奥匈整条防线。这种简洁的轰炸，与惯用的全天候持久性炮击不同，那种炮击往往给对手留下充足的整备时间，使其能撤出前方堑壕，而精准轰炸可以将战场破坏得令对方寸步难移，就像滴灌和大水漫灌相比，效果截然不同。

俄军的炮击造成奥匈防线崩坏，勃鲁希洛夫的部队乘机大幅推进。接着，勃鲁希洛夫使用小分队专门攻击奥匈防线的薄弱环节，逐个击破，并炸开缺口，使后面的俄军主力轻而易举地实施突破。这种战术，克服了人海战术的缺点，为以后战争的渗透战术，奠定了基础。

6月8日，俄国西南方面军夺取了卢茨克。奥匈司令费迪南大公的部队，仅在俄军进城前夕仓皇撤出，足见俄军推进速度之快。至奥匈全面撤军的这一阶段，俄军抓了近20万俘虏。

此时勃鲁希洛夫的大军显得进展过快，他明确指出，这次战役能否扩大战果，取决于埃弗特将军何时率西方面军展开策应攻击。很可惜，埃弗特早就与勃鲁希洛夫不和，故意延误了战机，给了德军最高指挥部调派援兵、支援东线的宝贵时间。

胜利压垮俄罗斯

在卢茨克沦陷的那天，同盟国举行了军事会议，德军总参谋长法尔肯海因成功说服奥匈帝国把意大利战线的军队调往加里西亚对付俄军。在东线，德军总司令兴登堡则利用国内完善的铁路网将德军援兵运往前线。

直到7月18日，埃弗特将军才展开一次松散的攻势，但在7月24日就被德军策动的反击遏止。

7月28日，勃鲁希洛夫继续推进，在缺乏补给的条件下，他的大军仍于9月20日进抵喀尔巴阡山脉。此时，俄军也到了疲惫的极限，不得不停止攻势。此后，俄军向近东推进，协助罗马尼亚作战，这是奥匈帝国与德国始料未及的。

勃鲁希洛夫的这次攻势，达到了预期目标，使德国不得不把西线的军队调往东线，而且击败了奥匈军队，令奥匈军队损失近150万人。此后，奥匈大军再也不能在此处发动进攻，只能依靠德军来维持其军事存在。另外，这次战役的成功，令罗马尼亚信心大增，倒向协约国一方参加了战争。

不过，俄国虽然胜利，损失也是巨大的，俄军的伤亡总数竟达50万之多，另有5.8万人当了逃兵。

这场战役，代表了俄军战斗能力的最高水平。勃鲁希洛夫是一战中最出色的俄国将军，也是拿破仑战争之后到苏俄建立之前，最具影响力的俄军名将！他制订计划时极其严谨，发动进攻时极其迅猛，所以，这场战役以他的名字载入史册，被称为"勃鲁希洛夫攻势"。勃鲁希洛夫开创的"一点为主，多点同时突破"的新战法也对后世影响极大。

勃鲁希洛夫自己评价这场战役时说："西南方面军的进攻已超过1916年春季对它所寄予的一切希望，方面军完成了它所担负的任务：拯救意大利免于覆灭；改善了英法军队的态势；使罗马尼亚站到协约国一边；并打乱德奥这一年的全部计划和意图。"

1916年，俄军在东线打出了威风，给自己画了一个惊叹号，也画了一个句号。在此之后，由于国内日益恶化的经济和政治形势，军队伤亡惨重而未能采取任何安抚措施，俄军战斗力开始下降，这么优异的表现再也没有了。

或许，正是伴随这场胜利的惨重伤亡，彻底压垮了俄罗斯帝国。

罗马尼亚摊上事儿了

1916年8月27日，当罗马尼亚对德奥宣战的消息传来，正在打扑克的威廉二世惊慌失措，西线还在大战，德国又多了一个敌人！前几天，法尔肯海因还信誓旦旦地保证，罗马尼亚近期不会参战，这是怎么回事儿呢？

罗马尼亚本是同盟国的一员，1883年就与德奥意三国签订了同盟条约。但是，罗马尼亚与匈牙利有领土争端，而匈牙利是奥匈帝国的一部分，终于使这一盟约名存实亡。

一战爆发前，为了拉拢罗马尼亚，德国和奥地利施加压力，要求匈牙利向罗马尼亚让步，被匈牙利拒绝。于是，协约国抛出了诱饵，只要罗马尼亚站到自己这边，就把那块地送给罗马尼亚。不过，罗马尼亚没有马上上套。开战后，罗马尼亚表面保持中立，实则待机而动。

1915年俄国战败，向罗马尼亚求援，罗马尼亚不管。1916年，德军在凡尔登会战受挫，俄军又在东线进展顺利，罗马尼亚见胜负天平已露端倪，才改变立场。当年8月17日，罗马尼亚与协约国签署了条约，承担对奥匈帝国作战的任务。威廉二世知道这事儿，都是10天以后了。

不过，谁要以为罗马尼亚得了便宜，那就大错特错了。它摊上事儿了，摊上大事儿了！罗马尼亚的国王也出自德国霍亨索伦王室，威廉二世愤怒地宣布将罗马尼亚国王从家谱中除名，其严重性相当于开除党籍。此外，恼羞成怒的德奥军队很快就占领了罗马尼亚大片领土，包括首都布加勒斯特。这时候，协约国却根本无力救援罗马尼亚。

这告诉我们，小国要想在大国之间火中取栗，是很难做到的，切勿模仿。

像意大利一样去战斗

意大利加入协约国后，对它的参战，同盟国表示毫无压力。

因为意大利军队的战斗力早已人尽皆知。意大利宣战后，慢吞吞地开始备战，直到1915年6月下旬，才开始向奥匈帝国发动攻势。意奥两国的边界长350公里，其中300公里都是险恶的山地，奥匈守军可以居高临下，控制隘口。意军认为这些地区不适合人类作战，只有伊松佐河下游平原地区，有一个进攻通道，但也是山林密布，障碍重重。

在1915年内，意大利一共发动了四次伊松佐河攻势，同样的地点，同样的单调无效、损失惨重。

为了突破奥匈防线，并妄想挺进维也纳，意军总司令卡多纳将军调集了87.5万人，这些部队虽然人多，但是弹药、大炮和运输工具等现代化装备极为缺乏，更为缺乏的是意大利军人的斗志。

1915年6月23日，意大利第二、第三集团军，共20万人、200门大炮，发动了第一次伊松佐河攻势。

由于奥匈守军在两国宣布交战后已开始加固防线，伊松佐河沿岸的防御工事在意军进攻前几个月就升级了。所以，意军的第一次攻势没有取得什么效果。接着，第二次攻势由于意军弹药奇缺，搬上战场的大批野战炮没能发挥作用，再次虎头蛇尾地结束。两次伊松佐河攻势，奥地利军队损失4.5万人，但意大利赔上了6万人。

意大利是一个地地道道、实实在在、如假包换的伪列强。其实奥地利也是伪列强，但是比意大利强多了。到了第三次攻势开始的时候，意军的大炮数量达到1200门，可惜巧妇难为无米之炊，大炮虽多，却没有足够的炮弹，只能摆在前线当玩具。到第三次攻势结束，意军还是无法染指奥匈帝国的土地。第四次攻势，由于同样原因，意军损失18万人，却没有取得丝毫进展。

到了1915年12月，四次伊松佐河攻势全部结束，意军所能赢得的不过是少数几个据点，而在奥匈军队的地图上，战线完全没有变化。

意大利参战的半年中，对协约国唯一的贡献仅仅是牵制了奥匈帝国10个师的兵力，这对同盟国来说毫无影响。对意大利而言，无论是战略上，还是战术上，都一无所获，却白白损耗了25万意大利棒小伙子。

战争就是这么回事儿：
袁腾飞讲一战

第五讲

决战七海风波恶

（一战海战史）

这个世界上会冒险的人，都是那些心中有弱点的人。

——《海贼王》

01. 一艘战舰换回一个帝国

挑战海上霸主

一战是欧洲列强争夺世界霸权的战争，要想争夺世界霸权就得控制海洋，英德海军军备竞赛也是一战爆发的重要原因。德国挑战了英国的海上霸权，让英国人无法容忍。

德国凭借强大的工业实力，特别是钢和煤炭的产量都超过了英国，在一战爆发前，从一个只有陆军的"独臂大侠"，迅速变成了两手都硬的陆海军强国，它的海军迅速由一支海岸警卫队发展成了世界第二强的海上力量。

到1914年8月战争爆发的时候，英国拥有战列舰也就是无畏舰21艘，德国15艘；战列巡洋舰英国有9艘，德国5艘；另外英国有前无畏舰40艘，德国22艘。虽然德国海军的整体实力还比不上英国，但是德国的战列舰总数已经是美国、法国、奥地利三国之和了，当时拥有战列巡洋舰的国家也只有英国和德国。别的列强，比如美、法、意、奥、俄等国都没有战列巡洋舰。

所以，德国人觉得自己在海上可以跟英国人拼一拼了，挑战英国的海上霸权。但是对于德国海军来讲，最不利的因素就是国土的地理位置，德国领土位于欧洲内陆，港口多在波罗的海。而英国是岛国，凭借地理优势，英国舰队可以把德国舰队封锁在北海之内。德国海军要想从海军变成"洋军"，必须经过英国人控制的各个海峡。

但是，一战爆发后，德国最早的海上行动，不是在北海展开的，而是在地中海。这跟两艘先悬挂德意志帝国海军旗、后悬挂奥斯曼土耳其帝国海军旗的军舰有关。

传奇的"戈本"号

有这样一艘军舰，它经历了两次世界大战，服务于德意志和奥斯曼土耳其两个帝国，在这两个帝国都只能去博物馆和历史书上寻觅"芳踪"的时候，它依然在坚强地服役。这就是"戈本"号战列巡洋舰！

在"戈本"号战列巡洋舰呱呱坠地的年代，战列巡洋舰因兼具战列舰的强火力与巡洋舰的高速度，作为二者的混血儿成为各国海军军备竞赛的焦点。"戈本"号是德国海军的新锐战舰，满载排水量25 399吨，配有10门280毫米主炮，12门150毫米副炮，航速25.5节，舰员1150人，是一艘令人生畏的艨艟巨舰。它装备的100毫米以上的重炮多达34门，一分钟内可以向23公里半径的目标倾泻半吨以上的炮弹！

1912年，"戈本"号正式服役，成为德国海军的主力战舰之一。"戈本"号服役期间，欧洲正是"山雨欲来风满楼"，第一次世界大战一触即发。1914年夏，德皇威廉二世为了秀一秀自己的二头肌，鼓舞一下在地中海的不成器的小兄弟意大利，派遣"戈本"号和轻巡洋舰"布里斯劳"号驶过直布罗陀海峡，成为德国在地中海仅有的海上力量。

"布里斯劳"号船小炮弱，排水量只有4750吨，370名乘员，12门102毫米炮，这个编队当然以"戈本"号为核心，由祖雄海军中将担任编队司令。

1914年8月1日，"戈本"号收到绝密电令："德意志帝国已经对俄国宣战，并即将对法国宣战。"早在进入地中海之前，祖雄就接到命令，德国随时有可能和法国干起来，一旦出现这种情况，祖雄分舰队的任务就是立即攻击法属北非的军事设施，然后西撤穿过直布罗陀海峡，与德国公海舰队会合。按照这一作战方案，"戈本"号和"布里斯劳"号立即开往北非，炮击法属阿尔及利亚的法军基地。

就在"戈本"号和"布里斯劳"号在北非大打出手时，祖雄将军又接到命令，放弃西归，前往意大利加煤，随后向东，开往亲德的土耳其帝国，忽悠依然保持中立的土耳其加入德国阵营。

在地中海上躲猫猫

这时，形势对"戈本"号非常不利，它的主机和高压锅炉发生了故障，而德国的潜在对手英国，早就派出了一支舰队来追击祖雄，指挥官是英国皇家海军地中海舰队司令米尔内海军上将。他奉命咬住这两艘德国战舰，并在英国对德国宣战的第一时间送它们去见龙王爷。

米尔内的主力战舰是两艘战列巡洋舰——20 200吨的"不挠"号和22 400吨的"不屈"号，各装有8门305毫米主炮，另外还有若干巡洋舰和驱逐舰作为辅助，明显比祖雄分舰队强大很多。

于是，一场地中海上的躲猫猫开始了。虽然"戈本"号的锅炉出了问题，但英军更是关键时刻掉链子，结果"戈本"号抢先一步到达意大利的港口墨西拿。德国人抢修好了主机，并装填了足够开到土耳其的煤。

此时，英国依然是中立国，不能直接攻击德国军舰。米尔内决定把战舰摆在公海上，等待政府的开战命令并防备"戈本"号离开港口。

面对严峻局势，祖雄决定杀出一条血路，不惜一切代价尽快开往土耳其，逃出生天。当然，如果能够不与英国战舰硬碰硬最好。祖雄已经发现，虽然英国战舰理论上比"戈本"号速度更快，但英国人准备不足，战斗中一旦"飙车"，还是他的"戈本"号更快。"戈本"号的设计航速是25.5节，实际可以跑出28节！

1914年8月5日深夜，祖雄下令战舰出发，突破英军封锁直奔土耳其。就在祖雄舰队出动时，英国对德宣战。再晚一步，祖雄就跑不了了。

为了捉拿"戈本"号归案，英国至少出动了10艘战舰在墨西拿港外布下了口袋阵。幸运的是，英国人想当然地认为祖雄会向西突围返回德国，因此把主力摆在了西边，东边只安排了一艘巡洋舰。

突围当晚，在东边的英军巡洋舰很快发现了"戈本"号和"布里斯劳"号，舰长大吃一惊，狂喊"卖糕的"之余，发疯般的向米尔内报警："德国佬改航向东，改航向东！"

几乎在同时，德国人也发现了英国巡洋舰，但祖雄并不想跟它一般见识，没有下令开炮。大英帝国称霸海洋300年，还真不是盖的，皇家海军官兵真是有种，这艘英军巡洋舰一面报警，一面不顾实力悬殊，疯狂追赶。

到了第二天早上，"戈本"号终于进入了它的射程，双方一场炮战，德国人无心恋战，英舰又距离太远，双方都无一命中，搞了一场互鸣礼炮。

与此同时，另外四艘英国巡洋舰也拼命追赶了上来，但是这四艘巡洋舰加上原来那艘，总吨位也比不上一艘"戈本"号。更要命的是，"戈本"号的火炮射程更远，英国巡洋舰跟在后面只有挨打的份儿，根本无法还手。

舍不得孩子套不住狼

8月10日，祖雄舰队经过一路长跑终于驶入了奥斯曼土耳其帝国的海域。在土耳其人的热烈欢迎中，"戈本"号和"布里斯劳"号穿过博斯普鲁斯海峡，驶入伊斯坦布尔港口。这是土耳其人第一次见到如此宏伟、如此先进的大型战舰。

祖雄舰队前往土耳其并不是为了逃命，他还负有艰巨的政治任务——促使土耳其加入同盟国一方参战。这时的奥斯曼土耳其帝国早已是明日黄花，行将就木，被称为"西亚病夫"，它在中东、北非的领土纷纷丧失，强大的沙俄从北方不断蚕食土耳其的领土。

一战烽烟四起，土耳其面临着重大抉择：是参加英法俄为首的协约国呢，还是参加德奥为首的同盟国？土耳其人对英国那是相当崇拜，除了英国的强大，也因为在克里米亚战争中英国曾经为土耳其两肋插刀，所以土耳其也想参加协约国，但是俄国人不接受这个老冤家，让土耳其人觉得很受伤。

德国人可没俄国人那么短视，德国为了拉拢土耳其加入同盟国使出了浑身解数。舍不得孩子套不住狼，祖雄的两艘战舰，就是德国为拉拢土耳其下的血本。祖雄率领舰队驶进伊斯坦布尔后，便和德国驻土耳其公使一起觐见土耳其苏丹，慷慨地表示德国政府愿意将这两艘最新、最好的战舰送给土耳其。这一下挠着土耳其苏丹的痒痒肉了。

一战爆发前夕，土耳其曾经向英国订购了一艘22 000吨的战列舰。为了得到这艘战舰，土耳其饱受英国人的欺侮。英国人怕这艘战舰战斗力太强，故意把舱室设计得大而无当，不但防御力差，连航速也比英国的战列舰慢了不少。这已经让土耳其人十分不爽，更令人发指的是，好不容易熬到1914年战舰建成，土耳其人员上舰接收的那天，英国人却借口欧洲局势紧张，把军舰给"征用"了，摇身一变成了英国皇家海军的"爱尔兰"号战列舰，而这个时候土耳其已经付清了订购这艘军舰的全部款项！见过欺负人的，没见过这么欺负人的！英国人的骄狂无理令土耳其政府出离愤怒。而现在德国人却主动送来两艘如此牛气的战舰，这样的朋友上哪儿找去！

世间事经不起对比，英国和德国在这件事上的表现简直是云泥之别。面对祖雄送上门来的两艘军舰，土耳其苏丹终于把持不住，同意加入德国一方参加大战。

一战中，英国皇家海军的"爱尔兰"号毫无建树，而因为它抛掉的土耳其，却让协约国付出了惨重的代价。英国人是占小便宜吃大亏，早晚要为自己的颟顸和傲慢埋单。

德国人其实很精明

祖雄率领的两艘军舰归入土耳其海军战斗序列之后，"戈本"号被改名为"亚沃士·塞利姆苏丹"号，"布里斯劳"号被改名为"米蒂里"号。塞利姆苏丹是奥斯曼土耳其帝国的开国君主，而"亚沃士"在土耳其语中就是"伟大、光荣、正确"的意思。

实际上，这两艘军舰只是换了个标签而已，两舰的主要舰员，依然是原来的德国水兵，指挥官也仍然是祖雄将军。祖雄还被任命为土耳其海军总司令，土耳其海军的原有舰只也奉命听从他的调遣。

看德国人这买卖做的，简直精明到家了！赠舰就是一个套，诱惑土耳其钻了进来，德国啥也没赔，反而大赚。只是由于土耳其原有舰只多半年久失修，一战中最活跃的土耳其舰只，还是祖雄带来的这两艘德国战舰。

祖雄的顶头上司是土耳其海军大臣，由于钦佩祖雄的为人和能力，海军大臣授予祖雄全权来组织作战。土耳其的主要假想敌是俄国，祖雄据此为土耳其海军制定了作战方案，并彻底修好了"塞利姆苏丹"号（原"戈本"号）的锅炉，在土耳其正式宣布参战前完成了舰队在马尔马拉海、黑海的一系列试航和演习，这里将是"塞利姆苏丹"号在战争中最重要的舞台。

1914年10月29日，祖雄率领"塞利姆苏丹"号突然袭击了俄国在黑海的港口塞瓦斯托波尔，打响了土耳其在一战中的第一炮。俄军猝不及防，一艘布雷舰被击沉，一艘驱逐舰遭重创，露天堆放的弹药堆也被击中，引发了大爆炸，损失惨重。俄军炮台仓皇开炮还击，一发大口径炮弹击中了"塞利姆苏丹"号的烟囱，却无法穿透战列巡洋舰的装甲板，命中的炮弹等于是给"塞利姆苏丹"号挠了挠痒痒。

俄国渡轮"艾达"号此时恰好开向塞瓦斯托波尔，点儿背不能怪社会，成了"塞利姆苏丹"号的俘虏。当天夜里，"米蒂里"号（原"布里斯劳"号）在刻赤海峡的入口处布放水雷，这些水雷后来又击沉两艘俄国渡轮。

以德国军舰为主力的土耳其海军，初战告捷。

不把俄国舰队当盘菜

10月30日，遭到袭击的俄国宣布和土耳其进入战争状态，英法随即响应。

11月15日，俄国安德烈中将率领黑海舰队主力南下，攻击土耳其各港口。黑海舰队虽然有6艘万吨以上的战列舰，但全都是前无畏舰，装备陈旧，航速平均比"塞利姆苏丹"号低了10节，因此双方的综合实力难分伯仲。祖雄将军命令土耳其海军寻机与黑海舰队决战。

17日凌晨，黑海舰队炮击土耳其最重要的煤炭港口特拉布宗后返航。当天下午，祖雄中将下令"塞利姆苏丹"号和"米蒂里"号出发迎敌。

按照得到的情报，俄军舰队包括5艘战列舰、2艘巡洋舰和12艘驱逐舰。面对如此庞大的敌人，祖雄敢于主动出击，除了"塞利姆苏丹"号远比任何一艘俄国战舰先进以外，确实不把俄国舰队当盘菜。俄国黑海舰队普遍存在士气低落、训练不足、官僚无能等问题，因此尽管双方数量对比是一比五，但祖雄并不认为自己会落下风。

18日上午11点50分，在克里米亚半岛南端的索契角海面，俄军前队的巡洋舰"阿尔马兹"号率先发现了对手，并向舰队报警。

12点10分，土耳其海军的"米蒂里"号也看到了"阿尔马兹"号，急忙通知"塞利姆苏丹"号上的祖雄中将。双方的偏将都知趣地闪在一旁，让主帅一较高下。

祖雄对"塞利姆苏丹"号上的将士进行了非常风趣的临战动员："大家盼望已久的时刻终于来临，我们终于有机会检验这些家伙有多糟糕啦！"几分钟后，"塞利姆苏丹"号从雾中浮现，正在俄国战舰的右前方。安德烈下令各舰转舵，与"塞利姆苏丹"号成90度夹角，抢占海战当中最有利的T字阵形的那一横。

但人算不如天算，海面上的雾霭断断续续，从俄军旗舰"埃弗斯塔菲"号上可以看到"塞利姆苏丹"号，而从担任火力指挥舰的"扎拉图斯特"号上，却看不到对手！随着双方的距离缩短到了7700码，俄军用肉眼也可以看到"塞利姆苏丹"号在紧急转向，以便把侧舷转过来发挥最大火力。

谁也没占到便宜

12点20分，"埃弗斯塔菲"号首先开火。

俄国人的射击准确而凶悍，第一次齐射就有一发炮弹击中"塞利姆苏丹"号中部，当即撕开了"塞利姆苏丹"号的装甲带，在炮廊内部爆炸。

之前一心要教训一下俄国人的祖雄开始忧心忡忡，他没有料到俄国人的火力如此凶狠。祖雄一面指挥还击，一面开始琢磨单挑五艘俄国战列舰是不是太二了。祖雄不知道的是，俄国舰队从一开战就陷入了混乱，真正和"塞利姆苏丹"号交手的，只有旗舰"埃弗斯塔菲"号。

"塞利姆苏丹"号的各项技术指标远比对手先进，炮击也更为准确和有效。它的第一次齐射也击中了"埃弗斯塔菲"号，一发炮弹打穿了俄军旗舰的

2号烟囱，另一发打掉了军舰上的电台。

这时，两艘战舰已经逼近到了6800码，双方展开了一场近距离的"海上肉搏战"。"塞利姆苏丹"号在15分钟里挨了十多发炮弹，主装甲带被炸开了一个大缺口，舰上燃起了大火。而"埃弗斯塔菲"号的情况也好不到哪儿去，一连被4发280毫米大口径炮弹击中，转眼间已有近百人死伤，军舰开始在海上打转，眼看就招架不住了。

在这千钧一发之际，却见"塞利姆苏丹"号忽然掉头向浓雾中开走了。莫名其妙的俄国人先是发呆，然后整个舰队爆发出震耳欲聋的"乌拉"声，为这一次的死里逃生而欢呼。

祖雄撤退，主要是怕这条宝贵的战列巡洋舰有什么闪失。他本以为衰朽的俄国海军不堪一击，想凭借自己马快刀沉，拦住俄国舰队的去路，帮助俄国的老爷舰早点儿退役。不料俄国人居然士气高昂，敢打硬仗。祖雄只有这么一艘宝贝军舰，禁不起折腾，不能硬碰硬，于是只好放弃这场战斗。

索契角海战，从战术上来说算是打了个平手，谁也没占到便宜。俄军虽然伤亡较重，但他们把"塞利姆苏丹"号给赶走了。这场战斗让双方都对对手的战斗力产生了敬畏，不再寻思一口吃掉对方。

此后，黑海方面的战斗基本趋于平静，土耳其控制南岸，俄国控制北岸，形成了对峙局面。

熬过两次世界大战

战争中的平衡，是交战双方都难以忍受的。为了控制战略位置极其重要的达达尼尔海峡和博斯普鲁斯海峡，俄国的盟友英法联合出手了。

1915年2月，达达尼尔海峡战役开始。英法联军调动了大批重型战舰，试图用军舰上的巨炮炸平炮台，在土耳其的阵地上轰出一条路来。令傲慢的英国人想不到的是，土耳其人不但不肯屈服，相反视死如归，顽强抵抗，勇猛地开炮反击。战斗之惨烈令英法军队大为吃惊，最点儿背的一天，联军被击沉三艘战列舰，重伤两艘。

在达达尼尔海峡战役初期，"塞利姆苏丹"号一直在后方修复，没有出动。1915年5月10日清晨，俄军旗舰"埃弗斯塔菲"号像往常一样完成了炮击任务之后返航，忽然发现前方一道庞大的黑影从晨雾中像幽灵一样闪现出来，紧接着一颗颗重磅炮弹就在自己周围炸起了巨大水柱。

俄国水兵大惊失色，参加过索契角海战的水兵立马就认出了对手——正是老冤家"塞利姆苏丹"号！这厮不敢跟强大的英法海军硬碰硬，柿子拣软的捏，又来找俺们黑海舰队的晦气了。"埃弗斯塔菲"号上的官兵一面胡乱还击，一面转舵掉头就跑。

德国人的偷袭时机恰到好处，但是整整20分钟，竟然没有一发炮弹直接命中俄舰。落在后面的两艘俄舰匆忙赶来拔刀相助，准备群殴"塞利姆苏丹"号。好汉难敌四手，猛虎也怕群狼，眼见老毛子占了上风，本钱少的祖雄只能下令撤退。

不过祖雄的战略目的达到了，俄国人经过这一次，知道这个可怕的老冤家还健在，就再也不敢到土耳其海岸晃悠了。但是祖雄对于南线的英法舰队，一直敬而远之，他知道自己几斤几两，蚍蜉撼大树那是傻缺儿！英法海军的总吨位是自己的30倍，而且还有飞机、潜艇相助，在他们面前横刀立马，那就是找死！

在英法联军登陆的加里波利战役中，"塞利姆苏丹"号只和英国超无畏级战列舰"伊丽莎白女王"号隔着海峡对轰了一番。双方隔空过招，炮弹无一命中，就是表个态度，双方都紧张得手里能攥出血来。最后，英法联军无奈地从加里波利撤离，但是留下了一支强大的舰队监视达达尼尔海峡。

土耳其人实在太稀罕这艘宝贝疙瘩了，在整个1916年和1917年，"塞利姆苏丹"号基本上都在闭关修炼。到了1917年年底，祖雄将军离开土耳其回了德国。

1918年11月21日，祖雄作为德国海军参谋长，指挥德国舰队的74艘战舰开入斯卡帕湾基地向英军投降。到了第二年6月，随着一声"彩虹"的暗语，这些德国战舰上的官兵同时动手，凿沉了自己心爱的军舰。辉煌的德国公海舰队自此灰飞烟灭，幸存的唯一一条战列巡洋舰，就是在土耳其海军中的这条"塞利姆苏丹"号。

1966年，经历了两次世界大战的"塞利姆苏丹"号正式退役。土耳其方面接洽西德，提出将"塞利姆苏丹"号赠送给德国。对于这个慷慨举动，西德非常感激，然而苏联却坚决反对。北极熊不能忘记当年"塞利姆苏丹"号给黑海舰队带来的耻辱，也无法原谅这艘老掉牙的军舰依然在达达尼尔海峡横刀立马。西德只好宣布放弃，最后由一家造船公司购买了"塞利姆苏丹"号。1976年2月，"塞利姆苏丹"号被拆成废钢出售。世界上的最后一艘战列巡洋舰寿终正寝了。

02. 斯佩舰队的光荣与灭亡

太平洋上的德国舰队

"与英国海军在七海之上做英勇的斗争，发扬德意志精神，将光荣延续到底，为了国家的利益、日耳曼的尊严，我们要流尽最后一滴热血！"这是德国海军中将斯佩伯爵的豪言壮语。斯佩伯爵也是一战中德国海军的代表人物。

为与英国争霸海洋，1898年，德国人在中国青岛强占胶州湾作为海军基地。接着，又从西班牙人手里买下了加罗林群岛、马绍尔群岛和马里亚纳群岛大部。后来德国又把它的很多殖民地岛屿发展成了海军加煤站。

大战之初，德国海军将主力舰队龟缩在威廉港和基尔港基地，以威胁英国本土。而在世界各大洋，仅有八艘德国军舰在活动，其中就有斯佩中将率领的由四艘战舰组成的东亚分舰队。这四艘战舰是"沙恩霍斯特"号和"格奈森诺"号装甲巡洋舰，"埃姆登"号和"纽伦堡"号轻巡洋舰。

斯佩中将参加过八国联军的侵华战争，在德国海军中以勇敢多谋著称。他的舰队本来以中国青岛和大洋洲的加罗林群岛为基地，由于1914年8月23日日本对德宣战，意在抢夺德国在中国青岛及太平洋一些岛屿上的基地，斯佩舰队只好一路向南美西海岸进发。途中，斯佩派"埃姆登"号到印度洋打游击，而在复活节岛收编了"莱比锡"号和"德雷斯顿"号轻巡洋舰。此时，斯佩舰队的实力已可以与任何一支英国皇家海军分舰队交战。

为了保护本土并监视德国公海舰队，英国皇家海军将大部分战舰部署在北海—多佛尔—直布罗陀一线，在大洋上只有几支巡洋舰分舰队对付德国军舰。其中，海军少将克拉多克率领的舰队负责搜索德国巡洋舰"德雷斯顿"号和"卡尔斯鲁厄"号。

克拉多克从加勒比海一路追踪南下，当得知"德雷斯顿"号已窜入太平洋时，他意识到可能将与斯佩舰队一战。但英国海军部对此反应迟钝，只派来了一艘老爷舰——前无畏级战列舰"卡诺帕斯"号作为援兵。除了故障多、航速低之外，让克拉多克尤为失望的是，这艘老爷舰上的后备役官兵素质很低，炮手们居然都没开过炮。

克拉多克担心德舰骚扰智利沿海的英国海上运输线，所以他不顾实力不济的状况，于10月21日撇下老态龙钟的"卡诺帕斯"号，率领旗舰"好望角"号和"蒙默斯"号装甲巡洋舰、"格拉斯哥"号轻巡洋舰、"奥特朗托"号辅助巡洋舰，穿过麦哲伦海峡，沿智利沿海北上。

一场殊死的海上较量，即将拉开帷幕。

勇猛中将PK无畏少将

10月29日，英舰中速度较快的"格拉斯哥"号截获了一艘德国军舰与补给船之间的电报，克拉多克认为这艘军舰正是从大西洋逃出来的德舰"德雷斯顿"号，并断定它正在单独活动，他立即命令"格拉斯哥"号与舰队会合后一起向北开进。

11月1日下午4点20分，四艘英舰正以30公里的间隙呈扇形向北搜索前进，靠前的"格拉斯哥"号在右舷前方发现一缕烟迹。舰长判断这就是"德雷斯顿"号（实际是"莱比锡"号），并立即向旗舰报告。克拉多克大喜过望，群殴一艘轻巡洋舰他还是很有把握的！

但20分钟后，传来一个晴天霹雳：至少有两艘装甲巡洋舰与轻巡洋舰在一起。克拉多克在心中掂量了一番，发现自己的战舰在实力上不占优势，但克拉多克不愿担上临阵脱逃的罪名，更担心一旦错过这次机会想再找到斯佩就如大海捞针。因为英国皇家海军能在全球进行快速部署，所以只要能大大削弱敌舰的战斗力，即使牺牲自己，后续赶到的舰队也能轻易歼灭遭到削弱的敌人。这种战法在英国皇家海军中颇为流行，许多英国海军将士都是抱着这种信念向强大的敌人挑战。这一次，克拉多克将军决心一战！

英舰先靠近德舰，再收拢扇形编队，一齐向旗舰"好望角"号集中，结成纵队，由"好望角"号领军，然后转向与德舰航线平行前进。

在此之前，德舰"莱比锡"号也发现了"格拉斯哥"号。没想到会在此时此地遇上一支英国舰队，斯佩也吃惊不小，但他的位置较为有利，而且已列好战斗纵队，由前向后分别是"沙恩霍斯特"号、"格奈森诺"号、"莱比锡"号和"德雷斯顿"号，"纽伦堡"号则位于50多公里外的北方，正从补给站匆匆归队。

晚上6点18分，克拉多克将航速提至17节，并向远在天边的"卡诺帕斯"号发电："我将攻击敌舰。"晚上6点55分，太阳落入海面，余晖将英舰的身影清晰地映在地平线上，而德舰却隐没在渐浓的夜幕中。

克拉多克一不做二不休，率队向德舰方向疾驶，以期迅速缩短双方距离展开近战。

首战完胜皇家海军

双方相距11 300米时，斯佩下令向英舰开火，5分钟后英舰还击。

强劲的东南风从德舰编队方向吹来，使海浪扑向英舰的炮口，炮手被飞溅的浪花遮住了视线，英军从一开始就陷入了毫无还手之力的窘境。

整个战斗成了一边倒的局面。德舰的第一次齐射就击中了英舰，"沙恩霍斯特"号的第三次齐射就将"好望角"号的前炮塔打掉了。到晚上7点45分，四处中弹的"好望角"号燃起熊熊大火。晚上7点50分，"好望角"号发生大爆炸，火焰蹿至600米高。几分钟后，这艘不走运的旗舰带着克拉多克海军少将与900多名官兵沉入海底，无一幸免。

"格奈森诺"号的第三次齐射也将"蒙默斯"号的前炮塔顶部削去，并引发大火，舰只右舷倾斜，全部火炮均被打哑。晚上8点15分，"蒙默斯"号转向180度向偏北方向缓缓驶去，它被打晕了，完全搞错了方向，因为北面是三艘德国轻巡洋舰。晚上8点58分，最北面一直还未参战的"纽伦堡"号发现了垂死的"蒙默斯"号，立即冲上来一通狂轰。"蒙默斯"号很快沉没，全舰近700名官兵葬身海底。

海战开始时，"格拉斯哥"号与"莱比锡"号一对一决斗，而"德雷斯顿"号正在痛击"奥特朗托"号。班轮改装的辅助巡洋舰"奥特朗托"号明显顶不住，很快脱离编队向西南方向撤退。"格拉斯哥"号被迫与两艘德国轻巡洋舰激战，也逐渐不支，不久便被接连击中，识时务的舰长命令"格拉斯哥"号全速逃跑。

斯佩深知穷寇莫追的道理，率领自己的战舰喜气洋洋地返回中立国智利的港口加煤补给。这场战斗中，"沙恩霍斯特"号被击中2次，无人伤亡，"格奈森诺"号被击中4次，3人负伤，其余舰只毫发无损。

这意味着大洋上唯一的一支德国舰队，挑战英国皇家海军的海上霸主地位，首战取得了完胜！

报了一箭之仇

克拉多克舰队的失败，使英国这头海上雄狮顿时惊醒。

英国海军部立刻做出反应，向斯佩舰队可能藏身的各个水域派出强大的增援兵力。11月11日，英国皇家海军派出专克巡洋舰的战列巡洋舰"无敌"号和"不屈"号，在海军中将斯特迪的指挥下秘密出发，于12月7日到达马尔维纳斯群岛的斯坦利港，与原本就驻泊在这里的五艘军舰会合，组成了一个新舰队。

无巧不成书，就在斯特迪舰队到达马尔维纳斯群岛的第二天，斯佩舰队也一路奔波来到了这片海域。斯佩并不知道英国人已经调来了战列巡洋舰，他计划进攻斯坦利港，夺取港内的存煤并摧毁英国人在岛上的军用设施。虽然舰长们无一赞同这个计划，但斯佩主意已定，执意实施。这真是天堂有路你不走，地狱无门自来投！

斯佩舰队就这样稀里糊涂地闯进了斯坦利港的"陷阱"。

12月8日上午，斯佩舰队中担任侦察任务的"格奈森诺"号装甲巡洋舰和"纽伦堡"号轻巡洋舰，观测到斯坦利港内有很多桅杆，接着又发现了两根巨型三角桅塔——这是英国战列巡洋舰的典型标志。得知这一消息的斯佩方知斯坦利港内卧虎藏龙，连忙下令舰队火速撤退。

其实斯特迪一大早就收到了斯佩舰队正向斯坦利港接近的消息，他同斯佩一样感到意外。斯特迪将军复仇心切，下令立即升火出港迎战。11点，匆匆逃跑的斯佩收到了最令他担心的报告：他的舰队已被英国战列巡洋舰追上了。

12点45分，双方在相距14 400米的距离开始了战斗。船坚炮利的"无敌"号和"不屈"号，立即射出了令人恐怖的巨弹，暴风骤雨般砸向德舰。13时20分，遭受英舰第一次打击的德军舰队乱了阵脚。斯佩眼看要彻底完蛋，慌忙令他的巡洋舰化整为零，各自逃命。

为减少己方损失，斯特迪命令跟随战列巡洋舰作战的"卡那封"号装甲巡洋舰拉开距离，亲自率领"无敌"和"不屈"号战列巡洋舰，与斯佩的主力"沙恩霍斯特"号和"格奈森诺"号对垒，而"肯特"号、"康沃尔"号和"格拉斯哥"号已奉命前去追击"纽伦堡"号和"莱比锡"号。

斯特迪的这一调整使德国人在射程、火力和航速上完全处于劣势。很快，"沙恩霍斯特"号首尾中弹多发，被打得千疮百孔，水线以下遭到严重破坏，大火弥漫了整个舰体。下午3点30分，"沙恩霍斯特"号的第三个烟囱被炸飞，火炮也被打哑了，突然向左边倾侧，直到来个底朝天。下午4点17分，残破不堪的"沙恩霍斯特"号带着斯佩和他两个儿子在内的700多名舰员一同沉入海底。

斯佩舰队的另一艘装甲巡洋舰"格奈森诺"号，企图与"沙恩霍斯特"号携手顽抗，但是英国战列巡洋舰的重型炮弹还是穿透了它的甲板。很快，"格奈森诺"号的两个锅炉舱大量进水，到晚上6点沉入了海底。

与此同时，德军另外两艘巡洋舰"纽伦堡"号和"莱比锡"号，在英军的追杀下无路可逃，双双被击沉。斯佩舰队的五艘军舰中，唯有"德雷斯顿"号逃脱了追击，躲过了一劫。

1915年3月，幸免于难的"德雷斯顿"号在智利领海被英国巡洋舰撞见，短暂交火后重创自沉。此前的"埃姆登"号也于1914年11月9日被澳大利亚轻巡洋舰攻击而无奈弃舰。斯佩伯爵分舰队至此全军覆没。

马尔维纳斯群岛海战后，英德海军之间的远海战争告一段落，直到后来搞无限制潜艇战为止，德国人再也不能在大洋上跟英国人玩游击了，英国的海外殖民地和海上运输线的安全得到了保证。

这场海战中，战列巡洋舰将其火力和速度的优势发挥得淋漓尽致，这是战列巡洋舰第一次，也是唯一一次发挥它应有的作用。在之后的海战中，英德双方均将战列巡洋舰当尖兵使用。

03. 名将过招多格滩

布下陷阱欢迎你

一战爆发后，英德双方在北海的伏击和反伏击战一直在持续。

1914年12月，德国战列巡洋舰炮击了英国本土约克郡的海岸。第二年1

月，为了寻找报复的机会，英国皇家海军中将贝蒂①指挥的战列巡洋舰在多格滩等水域转了一圈。面对英军舰队的出击，德国公海舰队也派出了希佩尔②舰队起航迎敌。

希佩尔舰队的主力是三艘战列巡洋舰和一艘装甲巡洋舰，他的任务是对多格滩一带进行侦察，并截击在这一海域的英国军舰。

然而，德国人却不知道英国人已经取得了战场上的秘密优势。1914年8月，俄国在芬兰湾击沉了德国的一艘轻巡洋舰，俄国潜水员在德国军舰残骸里，意外发现了一份德国海军的密码本和旗语手册。俄国人把这个无价宝交给了英国人，使英国人轻而易举地破译了德国海军的密码。德国人却不知道这一点，没有对密码做大的改动，所以英国海军几乎总能预先知道德国舰队的行动。这一次，英国人也事先截获和破译了希佩尔舰队出航的命令。

于是，1月23日下午，也就是在希佩尔驶离军港后15分钟，贝蒂也率领着以五艘战列巡洋舰为主力的舰队前往目的地。24日上午，贝蒂舰队抢先进入了截击位置，布下了口袋阵，等着希佩尔钻进来。

英德海军的两位名将，将在多格滩进行一场生死较量。

到手的猎物飞走了

贝蒂布好口袋阵的几分钟后，希佩尔舰队按计划从东南方向驶来。

经验丰富的希佩尔，一眼就认出了英国战列巡洋舰标志性的三角桅塔，大为吃惊，当机立断，命令舰队迅速掉头返回基地。德国舰队最前面的是希佩尔

---

① 贝蒂（1871—1936），生于英国爱尔兰的一个小村落，13岁时作为海军军官候补生登上"大不列颠"号训练舰，进入了英国皇家海军。贝蒂在军中一直表现出色，不断获得晋升。1900年八国联军入侵中国时，他在天津的作战中表现突出，晋升为海军上校。一战爆发后，贝蒂表现活跃，是一战中英国皇家海军最耀眼的将星。

② 希佩尔（1863—1932），出生于德国巴伐利亚。1881年成为德国海军的一名候补军官，1912年晋升为海军少将，并领导着德国公海舰队的侦察分舰队。一战中，希佩尔表现出色，于1918年8月接替舍尔出任公海舰队司令。德国战败后退役。

的旗舰"赛德利茨"号，最后面的是速度较慢的装甲巡洋舰"布吕歇尔"号。

怎么能让到手的猎物飞走？英国人马上开始追击。英国战列巡洋舰利用速度优势，追得越来越近了。快9点时，贝蒂的旗舰"雄狮"号击中了德舰最后的"布吕歇尔"号。"布吕歇尔"号被击中后，很快开始起火侧倾并掉队了。

为了拉一把掉队的小兄弟，希佩尔命令正在撤退的德国战列巡洋舰集中向"雄狮"号开火。希佩尔这一招非常狠，打蛇打七寸，如果打沉了"雄狮"号，贝蒂舰队就会群龙无首，实力优势就发挥不出来了，很可能还会陷入混乱。

德国人的炮弹又准又狠，"雄狮"号连续中了好几炮，速度慢了下来，也开始侧倾，被迫撤出了战斗，由"新西兰"号接替指挥英国舰队。

狭路相逢勇者胜，面对希佩尔的猛烈反击，贝蒂也豁了出去，决心不惜代价，吃掉希佩尔舰队，向舰队发出信号："攻击敌后部。"贝蒂说的"后部"是现在排在德军舰队最后的一艘战列巡洋舰。

但是，在"新西兰"号上接替指挥的穆尔少将却以为贝蒂指的是原先在德军后部的"布吕歇尔"号。缺心眼儿的穆尔立即执行了命令，带领整个舰队用暴风雨般的炮弹轰击"布吕歇尔"号。

希佩尔看出"布吕歇尔"号已经没救了，趁着英国舰队集中攻击"布吕歇尔"号的时机，率领其他军舰成功逃走了。

眼睁睁看着到手的猎物飞走的贝蒂，彻底发狂了，他后来说："那天的失望使我不堪回首。每个人都以为那是一场胜利，而实际上却是一场惨败。我原是打定主意要打沉德军全部四艘战舰的！我们原是能够击沉四艘的！"

德国皇帝威廉二世的火气一点儿也不比贝蒂中将小。由于德国公海舰队没有在多格滩海战中支援希佩尔舰队，威廉二世立即解除了英格诺尔公海舰队司令官的职务，让海军上将波尔接替。

多格滩海战后，英国主力舰队继续像一条恶犬一样蹲在斯卡帕湾，死死盯住德国公海舰队，使其成了名副其实的"存在舰队"。

04. 英德激战日德兰

不成功，便成仁

1916年1月，舍尔海军上将代替波尔出任德国公海舰队司令。

面对实力强大的英国主力舰队，这位"粗暴好斗"的老水兵认为，摆在德国公海舰队面前的只有两条路：一是困在港内无所作为，二是不成功，便成仁，冒险血拼英国主力舰队。但如何用实力较弱的德国海军拼掉强敌呢？经过一番冥思苦想，舍尔脑海里浮现出来了一个大胆的计划：首先以少数战列舰和巡洋舰袭击英国海岸，诱使部分英国分舰队追击，然后集中德国公海舰队主力聚歼英国分舰队，继而在决战中击败英国主力舰队。

为实现这一计划，舍尔用了四个月时间，派出战列巡洋舰、潜艇和"齐柏林"飞艇，多次袭击英国东海岸，并实施布雷和侦察行动。

5月31日凌晨，德国海军希佩尔中将率领5艘战列巡洋舰、5艘轻巡洋舰和30艘驱逐舰组成的"诱饵舰队"，驶出了威廉港。根据舍尔的作战计划，这支"诱饵舰队"将沿丹麦西海岸北驶，直趋斯卡格拉克海峡。这样，海峡两边的英国间谍就会把希佩尔舰队的经过位置报告给英国海军。航行中，希佩尔还让各舰不停地向基地发电报，以诱使英国人上钩。

在希佩尔出发两小时后，舍尔亲自率领公海舰队主力也悄悄地离开了威廉港。主力舰队由21艘战列舰、6艘轻巡洋舰和31艘驱逐舰组成，隐蔽在"诱饵舰队"之后50海里处，随时准备聚歼上钩之敌。另外，一支由16艘大型潜艇、6艘小型潜艇以及10艘"齐柏林"飞艇组成的侦察部队，已预先在英国海域和北海海域展开行动，严密监视英国海军的动向。

与希佩尔率领的"诱饵舰队"的大张旗鼓相反，舍尔率领的主力舰队保持了严格的无线电静默。同时，威廉港的无线电台仍继续使用舍尔旗舰的呼号同外界联络，造成舍尔海军上将及公海舰队主力仍在港内的假象。

舍尔的计划看起来似乎无懈可击，他怎么也没有想到，英国人已经知道了他的计划。

谁是谁的诱饵

自从英国人破译了德国海军的密码之后，便掌握了德国海军的行动。

5月30日下午，一份来自伦敦的绝密情报，送到了英国皇家海军主力舰队司令杰利科上将的手上："德国公海舰队将于明日出航。"

知晓德国海军的计划之后，杰利科将计就计，连夜制订出了一个与德国人几乎一模一样的作战计划：贝蒂海军中将率领前卫舰队于31日下午到达挪威以东日德兰半岛附近海域，希望能碰到德国舰队；稍后，杰利科则亲率主力舰队到达贝蒂舰队西北方向60海里处。贝蒂与德国海军干上之后，只准败、不许胜，将德军引向英军主力舰队所在的伏击地，这样杰利科指挥的主力舰队就会出其不意地杀出，重创德国舰队。

德国公海舰队，看起来在劫难逃了。

5月30日晚，贝蒂率领由4艘战列舰、6艘战列巡洋舰、14艘轻巡洋舰和27艘驱逐舰组成的前卫舰队按时从罗赛思港出发。而在斯卡帕湾，杰利科亲率由24艘战列舰、4艘战列巡洋舰、20艘巡洋舰和50艘驱逐舰组成的庞大舰队也悄悄出动了。

几小时后，设伏在罗赛思港外的德国潜艇向公海舰队发回了"敌人舰队出航"的电报。而德国的"诱饵舰队"也早在英国人的监视之下。几乎倾巢而出的两支舰队都认为自己的"诱饵战术"获得了成功，上钩的是对方，兴冲冲地奔赴战场。

5月31日下午2点20分，希佩尔舰队和贝蒂舰队在日德兰海域遭遇了。一场有265艘各型战舰（英舰149艘，德舰116艘）和10多万海军官兵参加的日德兰大海战，正式拉开了战幕。

希佩尔在他的旗舰"吕佐夫"号上收到发现敌舰的报告后，当即下令所属各舰转向东南，尽量将贝蒂舰队引向德国公海舰队主力所在的方位。贝蒂见希佩尔要溜，便猛追了过去。

到下午3点45分，日德兰海面上英德海军的两支前卫舰队成平行的航行状态，由于贝蒂舰队的速度稍快一些，离希佩尔舰队越来越近。与此同时，双方的主帅也在率队杀奔战场，杰利科距此约20海里，舍尔距此约40海里。但在希佩尔的引诱下，贝蒂舰队不断向舍尔所在的海域接近。

希佩尔不知道在贝蒂舰队之外，还有一支由杰利科率领的规模更为庞大的英国主力舰队，正向这里杀来。下午3点48分，希佩尔下令向贝蒂舰队开火，随着德舰射出的第一批炮弹，双方的正印先锋兵对兵将对将，捉对儿厮杀在一处。

财大气粗就是牛

由于德国人采用了先进的全舰统一方位射击指挥系统，炮弹命中率远远高于英舰。另外，德军的穿甲弹技术指标也优于英军。因此，两军开战之后，德舰的第一次齐射就命中了贝蒂舰队。

贝蒂的旗舰"雄狮"号，真是点儿背到家了，在多格滩海战中就被打残，现在又接连被击中。很快，一枚穿甲弹洞穿了"雄狮"号的中部炮塔，并在塔内爆炸，引燃了火药袋。千钧一发之际，双腿已被炸断的炮塔指挥官哈维少校挣扎着下令向弹药舱注水，才使"雄狮"号免遭沉没的厄运。战后，以身殉国的哈维少校被追授英国最高奖章——维多利亚十字勋章。

继"雄狮"号中弹之后，英军战列巡洋舰"不屈"号被德军2枚穿甲弹击中，发生了惊人的大爆炸，不久就连同舰上的1017名官兵见海龙王去了。

接连得手后，希佩尔下令集中火力狂轰英军战列巡洋舰"玛丽皇后"号。很快，这艘2.6万吨的战舰连中数弹，爆炸后一折两段，迅速沉没，全舰1275人仅有数人生还。

短短几十分钟内，贝蒂舰队的战列巡洋舰2沉1伤，而德军只损失了2艘小型驱逐舰。双方的力量对比迅速发生逆转，贝蒂舰队的形势岌岌可危。就在这个关键时刻，贝蒂舰队掉队的4艘战列舰赶到，巨炮怒吼，弹如雨下，总算救了贝蒂一命。

在英军战列舰大口径火炮的轰击下，希佩尔舰队有些顶不住了，只好向东边打边撤。贝蒂损失了3艘战舰，正想找机会翻本呢，哪能就这么让希佩尔溜走，于是紧追不舍。直到发现迎面而来的德国主力舰队时，贝蒂才发觉上当，急忙下令后队改前队，仓皇北撤，同时向杰利科发电呼救。

舍尔眼看上钩的贝蒂要跑，下令舰队全线追击。希佩尔越战越勇，率领他的舰队冲在最前面。但德国人万万没有想到，自己钓上的"鱼"，也是他人布下的"诱饵"。

下午6点左右，杰利科率领的英国主力舰队杀入了战场。眼看恶战在即，他立即命令舰队变换战斗队形，争夺海战中"T"字一横的有利阵位。24艘英国战列舰很快排成一条15 000码长的队列，浩浩荡荡地向东南方向的德国舰队猛扑过去。贝蒂舰队也迅速掉转航向，继续跟希佩尔舰队死磕。

20分钟后，希佩尔的旗舰"吕佐夫"号被英舰密集的炮火击中；而英国的2艘老式装甲舰也被德舰击中，一炸一沉。晚上6点33分，英国第三战列巡洋舰中队的旗舰"无敌"号又被德舰击中，当即炸成两段沉入了海底。

但对于财大气粗的英国舰队来说，这些损失不过是九牛一毛，他们仍然在数量上占优。最关键的是，杰利科成功运用"T"字头战术，抢占了"T"字一横的海战有利阵位，充分发挥了战舰的火力。而德国战舰则成了"T"字的一竖，前面的战舰挡住了后面的，不利于发挥火力。

更加不利的是，提前转向的贝蒂舰队，已经开始插入德国舰队的后方，切断了德国舰队返回基地的航路。

英国人运气贼好

此时，舍尔才发现，他所面对的是整个英国主力舰队。舍尔没有犹豫，果断命令舰队转向，撤出战斗。

由于东南方向通往德国基地的航路被贝蒂舰队切断，舍尔舰队只得向西南方向行驶。舍尔见杰利科没有追击，判断杰利科一定是把他的主力舰队部署到自己返航的航路上去了，这比追击更可怕。舍尔决定趁英国舰队变换队形时杀回去，打破英军封锁，杀出一条血路，返回基地。一番琢磨之后，舍尔再次下达了全舰转向的命令，他要杀杰利科一个回马枪。

晚上7点，舍尔舰队出现在杰利科舰队的左侧。不幸的是，由于时间计算出现误差，舍尔舰队没有冲向杰利科舰队的尾部，而是直接撞入了杰利科舰队的中央！这样一来，战场上又一次形成了对英国舰队有利的"T"字形作战阵位。更糟糕的是，舍尔舰队处于背向日落的方向，其轮廓清晰可见，而杰利科舰队却隐没在烟雾之中。

想不到运气这么好，可把英国佬高兴坏了。英国战列舰在8000码的近距离开火，德舰看不到英舰，只能看到远方炮口处的闪光。舍尔舰队又一次陷入危机，舍尔立即下令施放烟幕和鱼雷，并命令希佩尔的战列巡洋舰做"敢死突击"，掩护主力舰队撤退。

在希佩尔舰队的掩护下，舍尔舰队又一次脱离险境。当最后一批德军战舰摆脱英国战舰时，屡建战功的希佩尔的旗舰"吕佐夫"号已经被打成漏勺了，无法继续航行，希佩尔只好弃舰，在另一艘战列巡洋舰"毛奇"号上升起了指挥旗。

晚上8点，天色黑了下来，杰利科担心受到德军鱼雷和水雷的攻击，没有实施追击，他打算先把舍尔舰队挡在"回家"的航线之外，待天明之后再一举歼灭。舍尔同样明白，如果他的舰队不能在夜间突破杰利科的封锁线，那么天亮之后就更没机会了。经过缜密的分析，舍尔决定转向东南，趁夜从杰利科舰队的尾部冲杀过去，然后返回基地。为此，舍尔几乎派出了所有驱逐舰去拦截杰利科舰队，以掩护主力突围。

在这危急关头，德国驱逐舰只得拼死一搏，如狼群一般从不同方向袭击杰利科舰队。德军的这种打法，给英军造成了混乱和判断失误，杰利科摸不清德国主力舰队究竟会从哪个方向突破。

日德兰大海战是战列舰时代规模最大也是最后一次舰队决战。在这次海战中，英军共损失3艘战列巡洋舰、3艘轻巡洋舰和8艘驱逐舰

晚上11点30分，德国主力舰队和英军担任后卫的驱逐舰遭遇，演出了日德兰大海战的最后一幕。双方借助照明弹、探照灯和舰艇中弹的火光，进行着一场乱战。

乱战中，英国战列巡洋舰"黑太子"号傻乎乎地以为迎面驶来的几个黑大个儿是自家兄弟，便发出联络信号，结果招来4艘德国战列舰的一顿暴揍，"黑太子"当即变成了"死太子"。德国老式战列舰"波梅恩"号、轻巡洋舰"弗劳恩洛布"号和"罗斯托克"号，也被英国驱逐舰发射的鱼雷击沉，还有1艘轻巡洋舰"埃利宾"号同己方的战列舰"波森"号意外相撞而沉没。

6月1日凌晨3点，德国主力舰队终于撕开了英军的封锁线，向合恩礁水域一路狂奔。

谁才是胜利者

合恩礁水域是出入德国公海舰队的基地威廉港的必经之路。一战爆发后，为了阻止英国舰队的海上袭击，德国海军在此布下了无数水雷。水雷阵非常复杂，犹如迷宫。开战以来，许多企图偷袭威廉港的英国军舰都是有来无回，葬身雷区。只有德国海军高级将领才知道通过雷区的唯一一条狭窄水道。

3点30分，舍尔校对了罗盘方位，找准了水道的入口，指挥他的舰队一艘紧跟一艘安然通过了雷区，向威廉港驶去。雷区外，尾随而来的英国舰队只能鸣炮为德国舰队"送行"，却不敢越雷池半步。凌晨4点15分，眼看着舍尔舰队已经安全通过了合恩礁水道，郁闷的杰利科只好带着他的舰队返回斯卡帕湾海军基地。

这场一战中规模最大的海战，正式落幕了。

日德兰海战结束后，英德双方都宣称自己是海战的胜利者，这让如何评价日德兰海战成了一战史上的一大公案。这场海战中，英军共损失3艘战列巡洋舰、3艘轻巡洋舰和8艘驱逐舰，总吨位11.5万吨，伤亡6945人；德军共损失了1艘老式战列舰、1艘战列巡洋舰、4艘轻巡洋舰和5艘驱逐舰，总吨位6.1万吨，伤亡3058人。英德双方损失比例差不多是2∶1。从战术上来说，可以说德国人是这场海战的胜利者，他们勇敢地向强大的英国皇家海军发起了挑战，希佩尔舰队重创了贝蒂舰队，舍尔以准确的判断和优秀的指挥成功摆脱了实力占优的杰利科的追击。但是从战略上来说，德国海军依然没能打破英军的海上封锁，没能冲出大洋，海上霸主依然是英国皇家海军。美国《纽约时报》的一句评论很经典："德国舰队攻击了它的牢狱看守，但是仍然被关在牢中。"

日德兰大海战是战列舰时代规模最大也是最后的一场舰队决战。在这场海战中，大炮巨舰没有发挥出应有的作用，这让海军强国们开始了认真的反思，并着手研发争夺制海权的新力量，探索海军的新战法。日后出现的潜艇破袭战和航母海空决战，就是这一探索的产物。

05. 第一艘航空母舰

勉强同意带它玩儿

相信很多人不知道，日德兰大海战爆发前夕，英国还有一艘航空母舰热切盼望参战，这就是"坎帕尼亚"号。

"坎帕尼亚"号是由一艘老式邮船改装成的水上飞机母舰，排水量2万吨，航速21节，可搭载12架水上飞机。按杰利科海军上将的要求，改装后的"坎帕尼亚"号，飞行甲板长度达到61米，飞机能直接在甲板上弹射起飞，使之成为了名副其实的第一艘航空母舰。

"坎帕尼亚"的成功改装，对英国海军乃至世界海战史来讲，都有着划时代的意义，它不仅使英国海军有了第一艘真正的航空母舰，而且开创了用民用商船改装航空母舰的先河，并成为英国海军的传统。

"坎帕尼亚"号改装完毕后，加入了英国海军的主力舰队。杰利科为日德兰海战集结了150艘战舰，"坎帕尼亚"号也是其中一员。

1916年5月30日，杰利科率领着这支强大的舰队出发寻歼德国公海舰队。

出发后，杰利科才想起他的编队中还有一艘航空母舰——"坎帕尼亚"号，其实他对这个新生兵种并不怎么感兴趣，这玩意儿到底能派上多大用场，他心里没底。他觉得，就凭舰上那几架破飞机去攻击皮糙肉厚的艨艟巨舰，等于是开玩笑！只是由于"坎帕尼亚"号官兵们的强烈要求，他也想用这个"新玩意儿"壮壮舰队的声势，才勉强同意带它玩儿的。

杰利科压根儿想不到，此时"坎帕尼亚"号还待在斯卡帕湾的锚地里！

错过了巅峰对决

"坎帕尼亚"号作为一艘刚刚服役的战舰，能参加旨在歼灭德国公海舰队的海上决战，舰长施万和那些年轻气盛的水兵都兴奋无比，他们早已做好了一切战斗准备。

5月30日黄昏，施万舰长精气神十足地站立在指挥台上，等待着出击的命令。然而，他等了好几个小时，出发的命令还是没来。原来杰利科把他给忘了！整个舰队已经在晚上9点出发。

施万知道情况后十分生气，但发火不能解决问题，为了能参加这场大战，他决定冒险一试，不顾单舰航行会遭到德国潜艇攻击的危险，命令"坎帕尼亚"号立即出发，火速追赶主力舰队。同时，施万命令无线电值班人员不停地向主力舰队呼叫。

到了5月31日凌晨2点，"坎帕尼亚"终于与杰利科取得了联系，这时，"坎帕尼亚"号距离主力舰队只有4个小时的航程了。直到这个时候，杰利科才想起来，出发之前自己忘记给"坎帕尼亚"号下达出航命令了。杰利科考虑到"坎帕尼亚"号处于单舰航行状态，并且附近德国潜艇出没频繁，为防不测，他不顾施万的反对，命令"坎帕尼亚"号立即返航。

接到这一命令之后，施万气得七窍生烟，愤怒地给杰利科拍去了一份电报，电文很是简短："你是个白痴！"

虽然可以讥讽上司，但作为军人，以服从命令为天职，施万舰长最后不得不执行了杰利科的命令。于是，在大决战前夕，"坎帕尼亚"号航空母舰载着

12架飞机离战场越来越远，错过了这一巅峰对决。

日德兰海战之后，不少军事专家分析："'坎帕尼亚'号要是按计划出发，它的飞机在海战中将起到决定性作用……'坎帕尼亚'号将会给舰队司令发出至关重要的关于敌舰队位置和航向的情报。但是，在战斗的紧要关头，杰利科没有得到这种情报，致使舍尔得以逃出英军重围。"

06. 可怕的水下杀手

德国海军的"撒手锏"

德国潜艇不只是在二战中大显神威，在一战中，它们就创造过一个又一个惊人神话。

英国皇家海军是当时世界上最强大的海上力量，正是依靠它，英国才铸就了"日不落"帝国的辉煌。德国公海舰队十分清楚，尽管德国通过努力，已经成为世界上为数不多的海军大国，但是要与海上霸主英国抗衡，自己还显得嫩了点儿。

怎样才能迅速改变自己的劣势呢？威廉二世和他的心腹爱将、海军元帅提尔皮茨[1]绞尽脑汁，终于想到了一种秘密武器，那就是在水下来无影去无踪的潜艇。

一战时期，由于探测潜艇和反潜的技术还不先进，因此，潜艇如同水中蛟

---

[1] 提尔皮茨（1849—1930），德国公海舰队之父，一战时唯一的德国海军元帅。生于勃兰登堡，16岁时加入普鲁士海军，后来进入基尔海军学校。他是威廉二世"世界政策"的主要执行者之一，主张把中国青岛建成德国海军的东方基地，主张建设一支强大的舰队来建立世界霸权。1897年被任命为德国海军大臣，着手扩建海军。1911年晋升为海军元帅。一战爆发后，主战无限制潜艇战。于1916年3月辞职。

龙，几乎到了可以为所欲为的程度。于是，威廉二世和提尔皮茨命令兵工厂秘密加快潜艇的生产速度。到战争爆发时，德国已经拥有了一支训练有素、装备精良的潜艇部队。这支可怕的水下杀手部队，成为德国海军的"撒手锏"。

与德国对潜艇部队的重视不同，潜艇在英国遭到了冷遇。19世纪后期，随着马汉"海权论"思想的兴起，"巨舰大炮"思想压倒了一切，海上巨无霸战列舰集万千宠爱于一身，潜艇和其他舰种一样只能作为战列舰的陪衬。虽然一战时英国也拥有不少潜艇，但大多只用于侦察和巡逻，甚至成了寻求刺激的贵妇人和小姐们到海底兜风猎奇的游艇。而一些英国海军将领也认为，用潜艇袭击军舰是可耻的，不够绅士。

一战爆发后，当德国水面舰艇部队被英国皇家海军封锁在基地的时候，提尔皮茨只好亮出了他的底牌，使出了水下杀手——潜艇部队。随着提尔皮茨一声令下，大批德国潜艇倾巢出动，杀向正在自鸣得意的英国海军。

1914年9月22日拂晓，三艘英国巡洋舰成一路纵队昂首西行，"阿布基尔"号一马当先，"霍格"号和"克雷西"号紧随其后，三舰彼此间隔两海里，航速10节，在广阔的海面上执行巡逻任务。英国海军部指示，遇到德国舰船，一律格杀勿论。

与此同时，德国的U-9号潜艇也正在海面上游弋，伺机歼敌。8点刚过，U-9发现西方的海面上，隐现出一个黑点，艇长韦迪根立即命令潜艇紧急下潜，用潜望镜死死盯着黑点。U-9号的潜望镜上，黑点越来越近，也越来越清晰，渐渐看清是一艘迎面而来的英国巡洋舰。

令韦迪根兴奋的是，在第一艘巡洋舰后面，还紧跟着两艘舰只。这三艘舰只正是英国的"阿布基尔"号、"霍格"号和"克雷西"号巡洋舰。一战时潜艇的航速远远低于水面舰艇，潜艇的攻击战术只能是埋伏在目标必经航线附近进行截杀，一旦被目标甩掉，想要赶上那是痴心妄想。

大海茫茫，航线有无数条，像这样守株待兔式的作战，一般是空手而归。今天却有"三条大鱼"送上门来，韦迪根兴奋到了极点，指挥U-9号潜艇悄悄向英国巡洋舰逼近。

U-9号上演"帽子戏法"

目标终于进入了潜艇的最佳攻击距离，韦迪根不慌不忙地发射了第一枚鱼雷。不一会儿，远处传来了鱼雷的爆炸声，"阿布基尔"号稀里糊涂地成了韦迪根刀下的第一个冤死鬼，舰船急剧下沉，舰长只好下令弃船，同时向后面的两艘巡洋舰发出求援信号。

海面上波光粼粼，平静如常，"霍格"号舰长没有发现什么异常，立即下令以最大航速前去救援。此时，U-9已经进入攻击阵位，等"霍格"号靠近后，同时发射了两枚鱼雷。只听到"轰""轰"两声巨响，"霍格"号救人不成，反误了卿卿性命。

此时，第三艘英国巡洋舰"克雷西"号也开足马力狂奔而来，亲眼目睹了"霍格"号重蹈覆辙。难道两艘军舰会在同一地点触雷？"克雷西"号舰长产生了疑问，下令全员戒备，搜索敌人潜艇。可是等了好一会儿，没有发现潜艇的蛛丝马迹。

这时，被击中的两艘巡洋舰已经等不了了，"阿布基尔"号已沉下海面，"霍格"号也已即将沉没，海面上到处都是拼命挣扎的英国水兵。面对这样的惨状，"克雷西"号舰长认为救人要紧，下令舰上人员一边密切观察水面情况，一边迅速赶往出事地点搭救幸存者。

在一旁紧紧盯着猎物的U-9号潜艇，敏锐地抓住了出击的机会，向"克雷西"号发射了两枚鱼雷。但就在鱼雷跃出发射管的同时，"克雷西"号上的英国水兵也发现了U-9号潜艇，立即向U-9号潜艇发射了数十发炮弹，但无一命中。

"克雷西"号却没这么幸运，被U-9号发射的两枚鱼雷先后击中。郁闷的"克雷西"号救人不成，又搭上了无数性命。在短短一个小时内，U-9号潜艇接连击沉英军三艘万吨级巡洋舰，大获全胜。

U-9号潜艇的战绩令人惊叹，一时间，德国几乎所有的报刊都在大肆宣扬

U-9号的丰功伟绩。没有最牛，只有更牛。就在这个时候，德国海军的另一艘潜艇U-21创造了令世人更加惊叹的奇迹！

孤胆英雄U-21

几乎就在U-9号击沉"阿布基尔"号等三艘巡洋舰的同时，U-21号在艇长赫森的指挥下也将英国的一艘轻巡洋舰"探路"号送入了海底。稍后，U-21号又将一艘由英国向法国运送武器的运输舰"孔雀"号击沉。没过多久，U-21号又击沉了一艘英国运煤船。

这些，仅仅是U-21号的开胃菜。到了1915年，赫森指挥U-21号闯进了被英军视为内湖的爱尔兰海。这里，海面上"岗哨"林立，戒备森严，水下密布英军的反潜水雷。U-21号到这里"觅食"，无异于虎口拔牙。然而，就在英国人的眼皮子底下，U-21号居然击沉了三艘英国舰船，甚至在一天夜里驶近英国海岸，炮击了附近的一个机场！

当时的许多人，包括德国人，都在怀疑赫森是不是神经有问题，竟然拿自己的脑袋去冒险。于是，U-21号和它的艇长赫森一起多了个绰号——"海上疯子"。其实，这次冒险对于赫森来说，也不过是小菜一碟，更牛的事儿还在后面呢。

当时协约国的军舰对土耳其实施了猛烈轰击，土耳其政府请求德国老大拉兄弟一把。作为同盟国的老大，为小弟出头，德国当然义不容辞，决定派潜艇前往地中海。没几天，U-21号就受命驶出了威廉港，只身穿过协约国的层层封锁，偷渡直布罗陀海峡，航行4000余海里，抵达了亚得里亚海域。

一天晚上，U-21号乘着夜色悄悄摸进了协约国在希腊的海军锚地。这时，协约国的军官们做梦都想不到德国潜艇已经来到了自己的眼皮子底下。第二天清晨，赫森将潜望镜悄悄伸出了水面。不看不知道，一看乐得跳！赫森发现锚地里密密麻麻排着几十艘各型舰船，真是老天有眼，扬名立万的时候到了！

一番精心谋划之后，赫森首先选中了英国战列舰"凯旋"号。随着赫森一声令下，一枚鱼雷跃出发射管，欢快地直奔"凯旋"号而去。只听得"轰隆"一声巨响，"凯旋"号巨大的身躯重重地摔向水面，激起了一股冲天浪柱，几分钟后，就沉入了海底。

"凯旋"号战列舰的爆炸沉没，引起了锚地的一阵骚动，大批巡逻艇和驱逐舰立即封锁了锚地的出口，准备关门捉贼。其实，锚地的指挥官是多虑了，U-21号根本就没打算跑，发射鱼雷之后，胸有成竹的赫森马上命令潜艇迅速下潜，向"凯旋"号方向驶去，他知道最危险的地方，就是最安全的地方。

到了晚上，锚地的戒备放松下来，U-21号又悄悄地浮了上来。锚地这么多"美味"，赫森是专挑大家伙下手，这次选择的是另一艘战列舰"尊严"号。U-21号发射鱼雷后，不一会儿，随着一声轰天巨响，"尊严"号战列舰又悲剧了。

赫森这次是见好就收，乘着锚地陷入混乱，指挥U-21号悄悄地溜出了锚地，得胜还朝。

一战时，海上巨无霸战列舰是当之无愧的海军主力。赫森和他的U-21号万里奔袭，单枪匹马闯进戒备森严的锚地，两天之内击沉两艘战列舰，创造了潜艇史上的新纪录。

在一战中，赫森和他的U-21号一共击沉了协约国近10万吨的船只，成为战果最丰的德国潜艇艇长之一。而在一战结束后，法国人则悬赏2万马克要赫森的脑袋，可见赫森在敌人心目中是何等重要。

德国潜艇在一战中显示出了强大的威力。整个战争期间，德国350余艘潜艇，共击沉协约国和中立国船只约6000艘，其中战斗舰艇197艘，运输船5800多艘，总吨位约1800万吨。为了对付德国潜艇，协约国动用了900多艘驱逐舰和大型护卫舰，这极大地牵制了协约国的海上力量。

在一战中，潜艇写下了人类海战史上的新篇章。从此，潜艇成为海军重要的主战兵种之一。

07."海鹰"号传奇

另类贵族的疯狂建议

卢克纳尔伯爵1881年出生在德国的德累斯顿，他是德国著名贵族卢克纳尔家族的长子，尼古拉斯·冯·卢克纳尔元帅的曾孙。他们家族世代盛产骁勇善战的骑兵将领，卢克纳尔却是一位传奇的海军将领。

卢克纳尔本人相貌堂堂，是德国贵族中的另类，他从小富于反叛精神，胆大心细，独出心裁。13岁时，他孤身一人离家出走，想去美国看看西部传奇人物——野牛比尔。他以一名不要报酬的船舱服务员身份，混入了在德国汉堡至澳大利亚间航行的俄国货船"尼俄伯"号。抵达澳大利亚后，卢克纳尔开始了七年尝试各种职业的生活。他用假名当过灯塔看守员，甚至还混到墨西哥军队里当过兵；他曾在智利被指控偷了几头猪而坐了几天牢，甚至因缺钱被牙买加的一家医院赶出；他还当过铁道工人甚至农民。这说明他天生就是个冒险家。他还是一位出色的魔术师，德国皇帝威廉二世曾着迷于他的魔术。

卢克纳尔20岁时，进入了一所德国海军训练学校。1908年，他加入了在汉堡至南美洲航线上的轮船"佩特罗波利斯"号。1912年2月，德国海军召回他，让他在"黑豹"号上服役。

在日德兰海战中，卢克纳尔是战列舰"威廉皇太子"号上的一名炮手。日德兰海战后，德国海军继续龟缩在基地不敢出来。忍受不了这种状态的卢克纳尔少校，当面向威廉二世提出："陛下，给我一条帆船让我出海一战吧，我会把英国佬打得灵魂出窍！"

假如这是在中世纪，这样敢于挑战强敌的军官固然有些鲁莽，但至少会获得勇敢的美名。现在，时光已经到了20世纪，连德国海军的巨舰大炮都在日德兰海战中被英国人打得在家装孙子，何况这位少校居然提出用帆船和英国人交战！那个年头，对于大多数水手来说，只有两个地方有帆船，一是博物馆，二是老水手讲的故事里。

因此，从这个建议来看，卢克纳尔少校应该是疯了。然而，威廉二世却认真听着这位少校的"疯话"，皇帝相信他没疯，他太了解这个人了。

卢克纳尔少校继续向皇帝解释："我的长官认为我是在发疯，既然我们自己人都认为这是天方夜谭，那英国人更想不到我们会这样干，我认为我可以用古老的帆船给英国佬一个教训。"

出人意料，皇帝居然同意了这个疯狂的建议。

找来一件老古董

有了皇帝的支持，卢克纳尔终于有机会实现自己的梦想了——用一条古老的风帆战舰充当水面袭击舰，在英国佬的后腰上狠狠捅上几刀。这个离奇而浪漫的计划让他干劲儿倍增。

首先，要完成这个计划得找一条合适的船。德国在第二次工业革命时期的工业化进程迅速，没有保留多少古老的风帆战舰，风帆游艇倒是不少，可惜吨位太小，不适合出海作战，勉强找到的几艘大型帆船又都带着鲜明的德国范儿。

这时，前几天还把他当疯子的德国海军部来帮忙了，他们忽然想起1915年德国潜艇曾经俘获过一艘英国三桅大帆船，反正闲着也是闲着，给卢克纳尔用正合适。这艘英国帆船名叫"巴哈马通行证"号，载重1571吨，在1888年下水，算是老古董了。卢克纳尔可把这件老古董当成了宝贝疙瘩，因为这是一艘血统纯正的英国帆船，是最理想的伪装！他立刻收下这条船，给它起了个响亮的名字——"海鹰"号。

"海鹰"号配备了两门107毫米炮和数挺机枪，精心隐藏了两台500马力的辅助蒸汽引擎，工艺极其精巧。一位被俘的意大利船长回忆："那艘帆船的船长很客气地请我到他的船上做客，我们走进他的船长室，在桌子前坐下。就在这时，整个桌子忽然落下，原来这桌子下面是一个电动的升降台！等我明白过来，周围已经有20把枪指着我的脑袋，而那位风度潇洒的船长则脱去制服，露出了德国海军的军装，宣布我和我的船成了他的俘虏……"把饭桌变成可以升降的笼子，既体现了卢克纳尔超群的想象力，又体现了德国人热衷机械的特点。

当时，德国的出海口已经被英国海军封锁，"海鹰"号要出港不能硬闯，只能智取。卢克纳尔把"海鹰"号装扮成了一条挪威船，但伪造航海日志太危险了。于是，卢克纳尔在德国特工的帮助下，到丹麦的哥本哈根溜上了一条很像"海鹰"号的挪威帆船，从船长室偷来了一套完整的航海日志。

1916年12月21日，"海鹰"号伪装成挪威商船"伊尔马"号，堂而皇之地出港了。为避免被英国人识破，船上的6名军官和57名船员，包括卢克纳尔本人，经过突击学习，都能熟练地说挪威话。

于是，"海鹰"号成功突破了英国的海上封锁，开始了传奇的航海历程。

大西洋上的骑士

1917年1月9日，"海鹰"号遇到了一艘英国运输船"皇家加蒂斯"号，它向"皇家加蒂斯"号发出了一个请求校准时间的信号，并在"皇家加蒂斯"号做出回应前升起了德国海军军旗，但"皇家加蒂斯"号的船长并未发现对方易帜。于是"海鹰"号向"皇家加蒂斯"号发炮警告。

令卢克纳尔不爽的是，面对炮击，"皇家加蒂斯"号却摆出一副爱谁谁的姿态，既没有停船，也没有加速逃跑，依然大大咧咧开了过来，船上的水手各忙各的，接着发信号通知"海鹰"号现在是格林尼治时间几点几分。

郁闷的卢克纳尔只得第二次发炮警告，这次的炮弹直接打在了"皇家加蒂斯"号的船头前方。英国人终于有了反应，但不是停船投降，而是船只左右摇摆，像跳舞一样走起"之"字形的反潜航线来。莫名其妙的卢克纳尔只得再次连发两炮，一发打在"皇家加蒂斯"号船尾后方，一发超越桅顶。按照国际公法，拦截敌国商船，四发警告射击之后如果对方还要逃逸，就可以击沉了！

英国人这次醒悟过来了，乖乖地挂起了白旗，停船投降。"皇家加蒂斯"

号成了"海鹰"号的第一个战利品。卢克纳尔很有骑士精神,请所有英国船员转到"海鹰"号上来,然后派一个小分队登上"皇家加蒂斯"号,把它炸沉。

这时,卢克纳尔请来"皇家加蒂斯"号的船长问:我开炮你怎么不停船啊?真打着你算谁的?原来,"海鹰"号的伪装太逼真了,以至于它虽然亮出德国海军水面袭击舰的身份,但英国船长根本就没注意到。"海鹰"号第一次开炮,他的理解是对方在放礼炮;"海鹰"号第二次开炮,因为炮弹在他前面爆炸,英国船长总算明白过来这不是礼节性问候,但是他还没意识到"海鹰"号是敌人,以为是挪威人发现了德国潜艇,提醒他注意呢;直到"海鹰"号又连放两炮,英国船长这才如梦方醒,发现对方的桅杆上升起了德国海军旗,大炮正对着自己的驾驶室呢!

卢克纳尔继续向南航行,1月21日抵达了中大西洋,在这里发现了一艘法国三桅帆船"查尔斯伯爵"号。"查尔斯伯爵"号一眼瞧见"海鹰"号,高兴得不得了,没想到啊,海上还有像我老人家一样高寿的帆船啊!就主动靠上了"海鹰"号——结果被轻易捕获。卢克纳尔从这艘帆船的航海日志上获得了大量有价值的信息,比如这艘船遇上的大量航船及其目的地。

1月24日,"海鹰"号与加拿大籍帆船"佩西"号遭遇。"佩西"号船长的新婚妻子是挪威人,小两口正是新婚燕尔、如胶似漆,所以船长夫人陪老公一块儿出海。与"海鹰"号相逢的时候,船长夫人看到丈夫三次升降挪威国旗致敬而对方没有一点儿反应,不禁勃然大怒,准备乘小艇过去教训不懂礼貌的同胞,结果成了"海鹰"号上第一个女俘虏。卢克纳尔命令将"佩西"号上的所有船员带上"海鹰"号,还给"佩西"号船长和夫人开了一个单间,然后下令击沉"佩西"号。

接下来的一个多月,"海鹰"号袭击的战术越来越娴熟,连续成功地袭击了近10艘船只。

被使假枪的警察俘虏

这时候,卢克纳尔遇到了麻烦——抓了将近300名俘虏,"海鹰"号上的食物和安全压力很大。

因此，3月20日，"海鹰"号在捕获法国四桅帆船"康布伦"号后，卢克纳尔让他的俘虏登上"康布伦"号，将他们全部释放，并指派他俘虏的"船长俱乐部"里资格最老的穆兰船长指挥"康布伦"号，还给"康布伦"号提供了充足的淡水及食物。卢克纳尔的骑士精神，感动了他的所有俘虏，这些俘虏最后和卢克纳尔依依惜别。

直到这些俘虏到岸后，英国皇家海军才发现了"海鹰"号，于是派出辅助巡洋舰"奥特朗托"号和装甲巡洋舰"兰开斯特"号、"奥贝塔"号抓捕"海鹰"号。

但在这个时候，"海鹰"号已经被一场剧烈的暴风吹到了大西洋的南端。4月18日，"海鹰"号进入太平洋，沿智利海岸线北上。6月14日，"海鹰"号在圣诞岛东部海域从美国船"约翰逊"号得知了美国参战的消息，于是，"约翰逊"号成为了德国的第一个美国战利品。

此后，"海鹰"号开始重点袭击美国商船。第二天，它就击沉了"斯拉德"号，7月8日又击沉了"马尼拉"号。

此时，"海鹰"号需要靠岸进行一番整修，并补充淡水。于是，卢克纳尔将"海鹰"号开进了莫皮拉环礁。由于船体过大，"海鹰"号无法直接驶进莫皮拉环礁，只能停泊在环礁的外面。

8月24日，危险向"海鹰"号悄悄袭来。一场海啸把"海鹰"号抛到了珊瑚礁上，帆船搁浅了，"海鹰"号上的船员和46名俘虏被困在莫皮拉环礁。

面临这样的困境，一向富有想象力的卢克纳尔毫不畏惧，决定与5名船员乘坐一艘只有10米长的小船出海。他乐观地认为依靠这艘小船可以捕获一艘大船，然后回来接他的船员和俘虏，之后继续袭击敌船。

离开莫皮拉环礁三天后，他们抵达了库克群岛的艾涂岛，假扮成了一群为打赌而横跨太平洋的美籍荷兰船员。岛上的新西兰官员给他们提供了充足的补给，他们最后抵达了斐济的瓦凯雅岛。在这里，一名疑心的居民叫来了一队警察，警察们用假枪逼卢克纳尔上岸。

卢克纳尔不希望流血，也不知道这些警察其实只有手铐，便向警察投降了，然后被关押到了一座战俘营。

真是一物降一物，卢克纳尔的"海鹰"号一直在伪装，没想到碰上了比他还能装的。

空前绝后的战绩

这时候，一艘法国小型贸易船"鹿特斯"号在莫皮拉环礁附近的暗礁抛锚。"海鹰"号的克宁上尉从收音机中听到了船长被捕的消息，于是率领一队人占领了"鹿特斯"号。

法国的船员与其他俘虏都被留在了岛上，所有剩下的德国人都上了这艘改名为"福耳图那"号的船，并向南美航行。不幸的是，他们没走多远，"福耳图那"号后来又在复活节岛触礁，船员们只好弃船奔向陆地，被智利人拘捕了。

到了这个时候，卢克纳尔仍然不相信他的战斗已经结束。1917年12月13日，卢克纳尔与一群战俘抢走了战俘营指挥官的私人摩托快艇"珍珠"号，驶向科罗曼德半岛。靠着快艇上的一挺机关枪，他们又抢夺了一艘平底驳船"莫阿"号，然后驶向有更大船只停靠的岛屿克马德克群岛。但在这时，追捕船"艾里斯"号算中了他们的意图，在12月21日将他们捕获。

从"海鹰"号离开德国的那一天算起，到卢克纳尔再次被捕，刚好是一年时间。剩下的日子，卢克纳尔在新西兰的战俘营中度过。直到1919年，他被遣送回德国。

一战后的卢克纳尔，成了一名周游世界的旅行家。后来希特勒掌权，德国走向二战，希特勒想利用卢克纳尔的传奇经历宣传战争，却被这位老船长拒绝。卢克纳尔高尚的人格，让他无法接受纳粹的理念。当盟军的轰炸机开始轰炸德国本土的时候，卢克纳尔利用在盟军中的"老朋友"——他当年的俘虏有的已身居高位——使盟军承诺不轰炸他的故乡哈勒尔。卢克纳尔的这种行为，被纳粹认定是"里通外国"，最后卢克纳尔只好选择了流亡。

二战结束后，卢克纳尔返回故乡。这时，他发现盟军以逐渐被人忘却的骑士精神恪守了对他的诺言：他看到的是一座完好无损的哈勒尔城。哈勒尔的居民在街道两旁排成队伍，热烈欢迎他们的英雄和恩人回家。1966年，耄耋之年的卢克纳尔在故乡安然辞世。

这位对"海上幽灵"的外号自鸣得意的老船长，晚年最为欣慰的就是在战功赫赫的征途中，他最大限度地减少了船员的伤亡。"海鹰"号在8个月的征战中，先后击沉了14艘敌船，俘虏了462人，却只有1人在作战中死亡，而他的部下则无一伤亡。

在战争日益残酷、伤亡日益重大的时代，这样的战绩可谓空前绝后！

战争就是这么回事儿：袁腾飞讲一战

第六讲

鹰击长空竞风流

（一战空战史）

你不可以说文明没有前进，在每场战争中都是如此，他们总以新的方法杀人。

——威尔·罗杰士

01. 最早的空中武器

热气球升天

由于科技的进步，人类自相残杀的本领越来越高。

可以说，一战是人类历史上第一场立体战争。此前的战争是平面的，战场基本在陆地和海上，人们想象中的"天兵天将""海底蛟龙"还未曾出现。一战爆发后，战争开始向天空和海洋发展。海下的战争已经介绍过了，主要是德国的U艇，这里来讲一战中的空战。

提起空战，大家首先想到的武器就是飞机。但是，一战时最早出现在空中战场上的武器还真不是飞机，而是传统航空器——热气球。

18世纪末，法国的造纸商蒙戈菲尔兄弟，受碎纸屑在炉火中不断升腾的启发，造出了热气球。1783年9月19日，这哥俩在巴黎凡尔赛宫前，为路易十六国王、王后、大臣及13万巴黎市民进行热气球升空表演。这是一个圆周为30多米的气球，用糊纸的布制成，布的接缝用扣子扣住。兄弟俩用稻草和木材在气球下面点火，气球慢慢升了起来，飞行了1.5英里。据说，坐这个气球的第一批乘客是一只公鸡、一只山羊还有一只鸭子。

光是"鸡犬升天"就不行了，得有人上去才够刺激！同年11月21日，这哥俩又在巴黎进行了世界上第一次载人空中飞行，时长25分钟。热气球飞越半个巴黎之后，安全着陆。

热气球能干啥呢？只能坐在上边看风景当然不行，它的军事价值马上被人发现。据说在拿破仑战争时代，热气球就投入到了作战当中。美国南北战争和普法战争期间，热气球更是广泛应用。特别是在普法战争中，巴黎被普鲁士军队围得水泄不通，法国政府只能靠热气球跟法国南部的军队保持联系。

打热气球是一门技术活儿

热气球是最早投入战争的航空器。一战初期，热气球仍扮演着重要角色，比如保护脆弱的据点免遭敌方飞机攻击。在战争中，伦敦东北部一排排系在地面上的热气球，在空中拉起一道绳索栅栏，如果德国飞机不长眼，冲了进来，那就会像冲进绞索一样。

热气球的另一个重要作用是侦察敌情。在侦察机出现之前，热气球起着侦察兵的作用。在无线电诞生以前，热气球下面吊着柳条篮子，篮子里面有侦察兵用旗语和地面部队联系，或者把写有信息的纸条绑在铁块上扔下来。

热气球还可以用于帮炮兵校正弹着点，因为炮弹不长眼睛，怎么知道弹着点是否准确？就靠热气球升空后，侦察兵用望远镜观测炮弹的弹着点。

热气球升空后在天上飘着，是不是很容易被干掉啊？还真不那么容易。为什么呢？因为热气球升空后，位置在己方阵地一侧，不像侦察机需要深入敌方阵地。一战时的高射炮很原始，根本打不着。如果派飞机去打，一个是风险太大，人家地面炮火猛烈，很可能就把飞机给打下来了；再一个，热气球不是金属的，子弹打中后很容易滑开，没有杀伤力。除非飞机靠得很近，但如果飞得太近，气球被打着，由于惯性，飞机来不及避让，一不留神就会冲进气球的钢索，导致机毁人亡。所以，一战时的飞行员都很怵打热气球，这真是一门技术活儿，各国军队都把打中热气球和击落敌机作为同等战功对待，就说明这事儿很有难度。

直到1917年，一战进入第四个年头，这种空中侦察方式仍很流行。甚至二战期间日军还在用热气球侦察。

但是，随着侦察机和航拍技术的出现，热气球逐渐退出了历史舞台。

02. 空中惊现巨无霸

飞艇是个什么玩意儿

在热气球之后闪亮登场的是大名鼎鼎的"齐柏林"飞艇，它以设计者的名字命名。20世纪60年代，英国有一支非常有名的重金属乐队也以此命名，这支乐队是硬摇滚的鼻祖。"齐柏林"飞艇则是硬式飞艇的代名词。

这款飞艇的设计者是德国人斐迪南·冯·齐柏林伯爵。此人热爱飞行，美国南北战争期间，他在北方联邦军队服役时，就曾乘坐热气球升入空中。1891年，他开始研制飞艇。1900年7月20日，首架"齐柏林"飞艇在康斯坦湖上漂浮的一个飞机棚里制造完成，并进行首飞。这款飞艇通过内部骨架来维持其外形和刚性。飞艇上有一个用金属丝缠着的铝壳，铝壳外面裹着装有16个氢气囊的棉布，两台16马力的发动机使飞艇的速度可以达到每小时22公里。

当时，巨型飞艇的用途涵盖了民用和军事两个领域。一战爆发前，"齐柏林"飞艇在民用方面相当活跃，承担大西洋两岸重要的商业飞行。德国齐柏林公司建造的飞艇，称得上是科学和工程技术的奇迹之作。飞艇线条优美，尺寸巨大，大马力航空发动机特有的"嗡嗡"声，推动着一艘艘德国飞艇划破天空。人们第一眼看到"齐柏林"飞艇，就像中了魔咒一样，倾倒于它的雄伟奇妙。当时的热气球，只能搭载一两个人，"齐柏林"飞艇则可轻而易举地搭载数吨货物。

这样好的飞行器，自然又被各国将领们看重，改进后投入战场，担任空中侦察和轰炸任务。

一战爆发时，德国陆军和海军都建立起了自己的航空部队，其规模世界第一。这支空中力量分别执行陆上侦察及海上搜索、救援任务。德国航空部队的重点就放在"齐柏林"飞艇上。他们指望用庞大的飞艇进行战术、战略侦察。

然而，德国人忽视了一个非常重要的事实，即"齐柏林"飞艇极易遭受损失，为了获得有价值的情报，飞艇必须下降到可能被炮火击中的高度，而且飞艇中储存的是易燃气体，一旦被炮火击中，后果不堪设想。

"齐柏林"到英国串门

德国指挥官们不管那么多，一战刚刚爆发，飞艇就君临战场。

1914年8月5日夜，"齐柏林"飞艇轰炸了比利时列日要塞；8月26日，"齐柏林"飞艇对安特卫普实施一周的轰炸；8月30日，空袭巴黎。

1915年1月19日，"齐柏林"飞艇第一次从1500米高空空袭英国本土。德国人企图从空中摧毁英国的工业基地，打击英国士气。这种对己方军事手段过于自负的思想，在德军参谋部官僚的脑海中盛行。就像同时代的"无敌大炮"和"不沉战舰"，德国军方天真地以为，"齐柏林"飞艇是一门终极必杀器，飞艇一出，谁与争锋！无坚不摧，诸国降伏！

当然，以一战爆发时还幼稚得可怜的飞机，确实没有力量去阻止飞艇的光临。能够在夜间作战的飞机几乎没有，而一般的飞机就算发现了飞艇，唯一能做的也不过是在它粗厚的外皮上戳两个小洞。当时唯一能够阻止这些庞然大物去英国串门的，只有北海上空变幻无常的天气。

德军飞艇通常在傍晚从本土的库克斯港、科隆和杜塞尔多夫等基地出动，华灯初上的时候到达英国上空。英国城市的路灯和房屋里透出的光亮是它们最好的路标。飞艇扔下炸弹之后，掉头东飞，于黎明前返回德国。

1915年5月31日，德军LZ-38号飞艇在林纳茨上尉的指挥下首次空袭伦敦，炸死7人，炸伤31人。6月7日凌晨，LZ-37号飞艇在法国加莱附近被英国皇家空军飞行员用6公斤的小型炸弹击落。10月20日，德国陆海军又有11艘飞艇去轰炸伦敦，其中3艘毁于风暴。

虽然"齐柏林"飞艇只能搭载微型炸弹，但给英国带来了沉重打击，使英国在人员、财产和装备上损失惨重。更关键的是，对英国人心理、士气的打击。英国过去的敌人，从路易十四到拿破仑，都没有在伦敦上空出现过。"齐柏林"飞艇空袭伦敦，使英国人意识到英吉利海峡不再是隔开外界的天堑，英

德国"齐柏林"飞艇轰炸伦敦

国不再是世外桃源，无敌的皇家海军也有对付不了的东西。

所以，德国人在战斗机已经广泛使用的情况下，仍然大力发展使英国恐惧的"齐柏林"飞艇。

飞行棺材很郁闷

1916年1月31日，德国海军9艘"齐柏林"飞艇，受司令斯特拉泽之命去袭击英国。

可惜的是，斯特拉泽地理学得不好，他下的命令是袭击英国中部和南部，而且指明目标是利物浦，可利物浦在西北边。这哥们儿不知道怎么当的司令，打仗之前也不看一眼地图。德国人天性服从，什么都没问，飞艇群就带着自相矛盾的命令开始了倒霉的航行。

飞艇出发之后就遇到了浓雾，他们穿过的英国海岸根本不是要去的地方。但是，9艘飞艇还是有8艘安全返回了，这帮艇员宣称：袭击了很多英国大城市。其实，他们把炸弹全扔到农村、牧场里去了，没炸到一个指定的城市。但不管怎样，就算没炸到英国人，好歹赔本赚吆喝，让英国人也听够了响儿。

但是，一艘倒霉的L-19号飞艇完全不知去向。L-19号的指挥官叫勒维，他的飞艇沿着英国海岸线航行，由于航行时高度过低，以至于大部分时间都能被地面的人看到。勒维给基地发电报说，我正在轰炸英国的重要城市利物浦，然后是谢菲尔德。实际上，勒维早已经晕了，已经走丢了，到后来燃料用尽，不得不寻求迫降。

此前，勒维给基地发的电报是，我现在位于德国水域内一个岛屿的上空。实际上，这位艇长跟他们的司令官一样是个地理盲，他实际上不是在德国水域内，而是在荷兰水域内。荷兰是中立国，一看领空出现了一艘飞艇，立即向飞艇开火，飞艇被打得跟筛子似的，很快就坠毁了。德国派了一艘驱逐舰去寻找L-19号，但等德国驱逐舰来到飞艇指出的地方一看，海面上只漂着L-19号的燃料箱，没看到载人舱和气囊。

L-19号最后的结局让人哭笑不得。当时，一艘在荷兰海域非法捕鱼的英国拖网渔船，看到失事的L-19号飞艇在远处漂着，也看到这些艇上的人员在飞艇顶端避难。飞艇不是一打就炸，而是漏气，然后掉下来的。

当时，艇长勒维还活着，他请求拖网渔船的船长带他到岸上去，但遭到了船长的拒绝。船长不傻，我就一个人带着几个伙计，你们15个人，还带着枪，我去救你们，到时候你们会把我俘虏了，带到德国去，你当我傻啊？但是渔船船长告诉勒维，如果我发现英国的巡逻船，会告诉英国船，让它通知德国人来救你。但是船长没能见到英国船，所以倒霉的L-19号最终走向了毁灭。

在这之后，德国飞艇袭击伦敦就越来越得不偿失了。到1916年4月，德国又派出12艘"齐柏林"飞艇空袭伦敦，结果只有一艘到达伦敦郊区，仅击伤了一个人。随着英国防御力量的不断加强，特别是地面炮火和战斗机的配合，使"齐柏林"飞艇变成了飞行棺材。9月2日，英国飞行员罗宾森中尉击落了第一艘"齐柏林"飞艇，他因此获得英国最高荣誉勋章——维多利亚十字勋章。

在英国人的打击下，德军飞艇开始走向衰落。但是德军飞艇司令官斯特拉泽拒绝相信飞艇的悲惨命运，仍然顽固地派飞艇去袭击英国。于是，更多的飞艇被英军战斗机打成了一团燃烧的火把。当"齐柏林"飞艇在英国上空化为灰烬的时候，英国人在地面上欢呼跳跃，民众斗志昂扬，就像他们亲眼目睹英国打败了德国一样。

到了1916年，"齐柏林"飞艇在军事上终于大势已去，逐渐退出了空中战场。一战的空战舞台，归根到底还是属于新生的航空力量——飞机。

03. 早期空战很搞笑

飞机能干什么事儿

1903年12月17日，美国自行车技工莱特兄弟完成了世界上的首次飞行，之后很快人们就把这个新玩意儿运用到了战争中。

1911年，墨西哥内战时，两架飞机在空中相遇，其中一名飞行员发现对方是敌人，随即拔出手枪，向敌机连开几枪，对方也举枪还击。这两个飞行员可能未曾想到，他们在空中的手枪对射，居然被人们称为"唤醒太空的第一声枪响"。

同年11月11日，意大利的一架飞机在土耳其军队头顶上甩下一颗比橘子大一点儿的炸弹，这便是人类历史上最早的一次空袭。从此，广阔无垠的天空便成为人类互相残杀的重要战场。

第一次世界大战爆发时，飞机问世只有11年。飞机的性能虽然有了很大改进，但还是存在许多缺点。飞机的载重量、飞行速度、航程都还很小，飞机的操作、安全性能也较差，天气往往对飞行有着决定性影响。尤其重要的是，飞机的作用也仅仅局限于侦察和搜索，许多军队指挥官还看不出飞机在未来战争中能派上什么大用场。

比如世界上最早创立空军的英国。1914年，大多数英军高级指挥官都有骑兵思维，认为飞机不如战马重要，他们觉得飞机能干的事儿，战马都能干；飞机不能干的事儿，战马也能干。

1911年，英军少将塞科斯说："帝国总参谋长尼科尔森将军的观点是，飞机是几个怪人狂热鼓吹的玩意儿，无用而昂贵。"

当时有人建议进行侦察飞行，后来担任英国远征军总司令的黑格将军不干，他跟年轻军官们讲："我希望你们这些绅士，没有一个人傻到认为飞机能完成空中侦察，侦察用骑兵就好了。"

当时的高级将领们甚至认为，一个人坐在飞机上，如果时速超过40英里，人就会看不清地面上的任何东西，所以，飞机根本无法用于侦察。

由于飞机是一种新生武器，高级军官大多对此持怀疑态度，中低级军官又没有决定权，因此，当时唯一可行的办法是，将担任航空勤务的低级军官提升至相当高的指挥岗位。可是这样做，又引出了许多新矛盾。

尽管这些低级军官了解飞机是怎么回事儿，他们也有一定实践经验，但他们既没有接受过相应的指挥训练，也缺乏理直气壮地同其他兵种指挥官打交道的权威。航空部队的一些高级军官本身也对自己的作用缺乏理解和远见。另外，航空兵本身还是一个级别较低的兵种，新上任的指挥官也不愿意用手枪和手榴弹等威力不大的东西去承担风险。于是，那些富于想象力、充满激情与积极性的飞行军官的工作热情便受到了严重打击。

有一句话对这时的飞机来说很恰当——前途是光明的，但道路是曲折的。将飞机用于实战的努力，仍在缓慢地进行。德国和法国已经开始尝试在飞机上安装机枪，英国和美国也有人私下进行类似的试验。

空中战斗靠创意

到一战爆发的时候，尽管飞机还十分幼稚，但是已经在实战中显示出了非凡的作用和广阔的发展前景，飞机在战争中起到了越来越关键的作用。

一战爆发后的第二个星期，就意外发生了一场空中战斗。当时，谁也没把飞机当回事儿，甚至都没觉得这就是空战。

1914年8月25日，英国皇家飞行队的凯利中尉率领三架侦察机，准备侦察敌方阵地的时候，发现德国一架"鸽"式侦察机正在对法国的航线进行侦察，于是就率领自己手下的三架飞机包抄了过去。虽然双方的飞机上都没有任何武器，但是德国飞行员还是感到惊慌失措，最后匆匆降落弃机而逃。三架英国飞机也紧跟着降落，经过搜索之后，没找到德国佬，就一把火把德国飞机点燃了，然后得意扬扬地飞走了。这就是一战中的第一个空军战绩。

第一个从空中夺走敌人性命的飞行员是俄国的尼斯杰洛夫，当然，他自己也付出了生命的代价。这哥们儿很有创意，他在飞机的尾部装了一把锋利的刀子和一条带重锤的铁链，如果遇见敌人的飞艇，他就用刀子剖开飞艇脆弱的表皮，让它泄气坠毁。如果遇到的是飞机，他就用带重锤的铁链缠住敌机的螺旋桨，让敌机坠毁。

1914年9月8日，尼斯杰洛夫跟一架奥匈帝国的飞机在空中相遇。非常不巧的是，当他用钢索缠住敌机，想把敌机搞下来的时候，自己的飞机也跟敌机紧紧缠在了一起，双双同归于尽。1947年，在他战死的地方，苏联人给他立了一个碑，上面写着"著名俄国飞行员、特技飞行创始人尼斯杰洛夫上尉在此英勇献身，他是世界上第一个完成空中筋斗和在空战中采用撞机技术的人"。

当时的飞机上没有武器，只能用这种原始的方法。据说，还有飞行员用渔网兜住敌机的螺旋桨。

把机枪搬上了飞机

1914年9月3日，法国的一架侦察机发现，德军没有立即向巴黎前进，而是向东旋转，从而将他们的右翼暴露于外。这一情报使法军发现了德军的破绽，法军抓住战机，发动了规模巨大的马恩河战役，阻止了德军的进攻，扭转了整个战局。

一战的首场空战是在法德之间进行的。开战之初，法国飞行员安德烈驾驶一架双翼飞机飞往比利时列日一带执行侦察任务。与此同时，德国飞行员汉斯也正驾驶飞机前往马恩河沿岸执行侦察任务。两机在空中迎面相遇，汉斯按照飞行员的规矩绅士般地向对方挥手致意，但安德烈不吃这一套，反而嘲笑地向他伸出小指头，这一侮辱性的动作令汉斯怒火中烧。

汉斯立刻掉转机头向安德烈扑去，安德烈也不甘示弱，驾驶战机往回盘旋，并再次向汉斯晃动一个小指头。这真是岂有此理！汉斯拔枪射击，安德烈也举枪还击，两人在空中斗在了一起。然而，两人的子弹全都打空了，谁也没法子将对方置于死地，很快便兴味索然。于是，两人干脆挥手告别，各干各的活儿去了。一战的第一场空战便这样草草收场。

但是，这两个人在空中的这番斗气，却让军事家们茅塞顿开。汉斯回营后一通诉苦，令德国人大为激动，人类战争史上第一架武装战斗机由此诞生了。

其实，法国人也想出了应对之策。1914年10月5日，法军飞行员弗朗茨和观察员凯诺中士驾驶一架飞机在己方阵地上空巡逻。这种飞机结构紧凑，有两个座位，采用推进式发动机。观察员位于靴形短舱的前部，操纵一挺7.62毫米口径、能活动的刘易斯式轻机枪。这是当时最先进的航空机枪之一，是美国人刘易斯上校于20世纪初设计的一种轻型气冷式机枪。

凯诺中士把这挺机枪架在机头上摆弄着，怀疑它是否真的有效，很想找个机会试一试。正当他手痒难耐之际，一架倒霉的德国阿维亚蒂克双座侦察机闯入了他的视野。弗朗茨驾机冲了过去，德机并未急着逃跑，飞行员没看到那挺可怕的机枪。当两机距离接近时，机枪突然吐出火舌，惊慌失措的德机一会儿工夫就被击中坠毁。

这是战争史上第一次把机枪用于空战，空中追逐与歼击的时代到了。

生命比面子重要

一战开始的前两年，法国的战斗机上，装的都是本国制造的哈乞开斯机枪。这种机枪的性能不错，但供弹方法有问题。哈乞开斯机枪用的是弹夹供弹，也就是20多发子弹的一个大弹夹。要想让机枪持续射击，就要在上一个弹夹打光之前，把下一个弹夹从枪身右侧的装填口插进去。

这个方法在陆军使用时不成问题，有供弹手在旁边专门伺候着，可飞行员不干了。飞行员要一边操纵飞机格斗，一边还得自助式装填子弹，而且一个弹夹只有20多发子弹，一场空战下来，光装填子弹就足够忙死飞行员了。这是打仗啊，还是拿我们开涮啊？

于是飞行员向上级抗议，上级发下话来：坚持！坚持就是胜利！法国人是很爱面子的，哈乞开斯机枪再怎么说也是国货，不用它的话，就只能在英国的维克斯机枪和刘易斯机枪之间做选择。官僚们尝试用爱国主义热情打动飞行员，让飞行员们支持国货。可飞行员一点儿也不傻，压根儿不吃这一套，打仗是要命的事儿，什么面子里子通通靠边站。再让我们用哈乞开斯，爷们儿就不飞了！

官司打到巴黎，一看飞行员们要闹罢工，上级只好妥协，最终还是飞行员取得了胜利。此后的法国战斗机上，都改装英国的维克斯机枪和刘易斯机枪。

刘易斯机枪虽然是为步兵设计的，但命中注定要在空中大展宏图。因为世界上第一种装到飞机上的机枪就是刘易斯机枪，而世界上有记载的第一次机枪对地扫射试验，也是用刘易斯机枪完成的。英国加以改进的刘易斯机枪，射速提高到了700发/分，而且使用装弹量高达97发的大型弹盘，这就在空战中大大解放了飞行员。

刘易斯机枪一般作为飞机的自卫武器，装备在侦察机、轰炸机、战斗机的后座。在这些位置上，体积小、重量轻、火力猛的刘易斯机枪是非常理想的武器。

性能出色的刘易斯机枪很快风靡了各参战国，二战初期，很多国家的轰炸机和侦察机还在使用刘易斯机枪。

飞行编队诞生了

随着空军规模的不断扩大，各国飞机开始编队飞行了。

德国航空兵的基本作战单位是飞行小队，每小队由6架飞机组成，整个航空兵编成41个小队。其中34个小队被分配给集团军和军一级的指挥官使用，其余7个编成独立中队，由陆军航空督察处单独指挥。

规模仅次于德国航空兵的是法国航空兵。法国航空兵的基本作战单位是飞行中队，编制因飞机种类而异，不同的飞机有不同的编法。双座机飞行中队由6架飞机组成，单座机飞行中队由10架飞机组成。

而英国航空兵的基本作战单位是中队，每个中队由3个小队组成，每小队有4架飞机。在中队之上是联队和旅。到了一战爆发的时候，英国航空兵共有飞机56架。然而，英国飞机的种类极为复杂，这56架飞机，居然有近10种型号。而且，英国人从来就没想过把相同型号的飞机编在一起，而是经常把快速单座飞机与五花八门的低速飞机混合编组，这极大影响了飞机性能的有效发挥。更严重的是，英国飞机的生产规模过小，必须进口法国生产的飞机来满足其需要。这意味着，英国皇家飞行队在战时将不得不受制于法国飞机的生产能力。而法国只会在满足了自身需求后，才会补充和加强英国的空中力量。直到1916年，英国的飞机制造业才开始基本满足皇家飞行队不断增长的需求。

像飞机制造这样的尖端工业，还是要控制在自己手里才行。

玩命的事业

一战时，飞行是一件非常危险的事儿，以今天的眼光看，那时的飞机都是没人敢碰的危险品，还要开着它去战斗，简直不可思议。

比如，协约国早期使用的战斗机，机关枪安放在上机翼的顶部，这就非常危险。1915年5月10日，英国斯特兰奇上校驾驶着他的战斗机同一架德国战斗机交战。斯特兰奇用的刘易斯机枪打完了一匣子弹，他不得不从座位上站起来把手向上伸到机翼，然后试图装弹药，但因为螺旋桨交叉，弹匣打不开。他努力处理机枪的时候，把操纵杆保持在两个膝盖之间，突然间飞机被风吹举起来，斯特兰奇因为没有抓牢操纵杆，居然被抛出了飞机！当时可是在1000多米的高空，眼瞅着就要命丧黄泉，幸亏这哥们儿臂力超好，用他的指尖紧紧抓住刘易斯机枪。飞机很快来了个底朝天，斯特兰奇就悬挂在飞机下面。令人难以置信的是，他紧紧抓住机枪，努力引体向上，竟然回到了驾驶舱，并操纵飞机翻转了过来。

当飞机翻转、斯特兰奇被抛出座舱的瞬间，德国飞行员认为他必死无疑，于是就飞走了。结果斯特兰奇居然没死，驾驶着飞机回到了基地，真是一个奇迹。

但是，大多数飞行员就没有斯特兰奇那么幸运了。一战期间飞行员的训练水平总体较低，而且被军官们看作无关紧要的消耗品。英国皇家飞行队的飞行员没有降落伞，损失一架飞机就意味着要死一名飞行员。

当时飞行员的死亡，很少是因为敌人的攻击，不少人是在坠落的飞机中烧死，或者由于飞机座位离燃料箱太近，飞行员为躲避不可避免的燃烧，从高空跳下，活活摔死。

德国空军使用了降落伞，有意思的是，德国空军的降落伞是英国人设计的，而英国自己的飞行员却没有使用降落伞的机会。一战时德国二号王牌飞行员乌迪特（二战时成为德国空军上将），曾经使用降落伞逃生，还专门向英国人表示了感谢。

04. 科技就是战斗力

飞机中的战斗机

一战开始时，飞往敌方阵地上空进行空中侦察是当时飞机的主要任务。为了阻止对方飞机的侦察，一种可以将敌机驱逐出己方阵地上空的作战飞机应运而生，当时称为驱逐机，后来发展成为战斗机。

驱逐机的飞行性能和作战能力都有显著提高，可执行近距支援、空中格斗等更为复杂的空中作战任务。

早期可执行驱逐任务的是一种推进式螺旋桨飞机，在机身前部装有机枪，螺旋桨在后面不影响机枪射击。这种安装了武器的飞机，不仅可以执行空中侦察任务，而且可以驱逐敌机。由于它一举两得，一经问世便开始生产，陆续投入前线。这种飞机采用推进式设计，前后有两个座位，驾驶员在后座，观察员兼射击手在前座，配备一两挺机枪。不过采用推进式设计的飞机，虽然便于安装武器和进行射击，但机动性差，往往对付不了较为灵活的侦察机。

此时，法国的飞机设计师索尔尼埃和一名叫加洛斯的飞行员经过共同研究，提出在桨叶后面安装钢制楔形偏导板，以挡开子弹。1915年4月1日，加洛斯驾驶着一架装有这种偏导板的飞机，与4架德国"信天翁"侦察机相遇，加洛斯开枪击落了一架德机。到4月18日，加洛斯共击落了4架敌机，成为历史上的第一位王牌飞行员。

事实证明，在桨叶后安装偏导板有一定保护作用。加洛斯驾驶的索尔尼埃L型飞机被认为是航空史上第一种可有效进行空战的飞机，从此一个新的机种——驱逐机诞生了。

德国人一向很擅长学习。德国飞机设计师福克及其同伴对索尔尼埃L型飞机上的偏导板进行了仔细的分析研究，受到启发，发明了射击同步协调器，在作战中发挥了很大作用。这些福克飞机，有多种型号，都采用正常布局的中单翼，机动性较好，机枪装在机头上部，易于瞄准射击，是第一次世界大战中有名的战斗机。

一时间，德国人完全控制了天空，被协约国称为"福克灾难"。

不进步就要挨打

在战争年代，各参战国都承受着空前的压力，打赢了好说，要是打输了，什么都没了。所以，人类斗智斗勇的水平往往在战争中登峰造极，科学技术的进步也非常迅速。你不进步就要挨打，就要流血，就要战败，不进步不行啊。

为了对抗福克飞机，英法两国想了许多办法。到1917年，英国和法国先后推出了几种性能良好的战斗机，陆续投入实战，使协约国的空中力量得到加强，逐渐恢复了空中主动权，直到一战结束。

"骆驼"F.1型飞机是英国研制的著名战斗机。机头采用了金属整流罩，不仅可以起保护作用，而且有利于减小阻力。机头上方并列装有两挺机枪，火力较强。"骆驼"式战斗机机动灵活，近距离格斗性能尤其突出。德国著名的王牌飞行员里希特霍芬，就是被这种飞机击落毙命的。据统计，从1917年7月到1918年一战结束，"骆驼"式战斗机共击落敌机1294架。

为与"骆驼"式战斗机争锋，德国又研制出了福克Dr.1三翼机。这种飞机在1917年春试飞成功，同年末投入战场。这种三翼机使用了上中下三层机翼，之间由两根支柱连接，三个机翼的翼展从上到下依次递减。机头装一台110马力的活塞发动机，最大速度可达165公里/小时，机载武器为两挺机枪。这种三翼机看起来似乎比较笨重，实际上非常灵活，转弯和爬升性能都很出色，与"骆驼"战斗机堪称棋逢对手。德国王牌飞行员里希特霍芬后来驾驶的就是这种飞机，福克Dr.1也因此而闻名于世。

在一战期间，战斗机从诞生到发展，成为战争中的一支重要力量。飞机的问世，使过去以海、陆为主的平面战争发展成包括天空的立体战争。飞机也从只能"登高望远"的侦察机，发展成可以进行格斗攻击的战斗机。

到1918年，飞机上的武器也由石头、手枪、手榴弹、渔网、铁锤发展成机枪和炸弹。个别机种甚至开始试装威力更大的航空机炮，全金属的单翼飞机也开始试飞。格斗、护航和支援地面部队的空战理论和战术已初步形成，制空权的争夺对于获取战争胜利举足轻重。

到这个时候，已经没有什么人再质疑飞机，问飞机能干点儿什么事儿了。

弱国造出重型轰炸机

在一战中，飞机的种类除了侦察机和战斗机之外，也发展出了轰炸机和对地攻击机。

为了执行远程轰炸任务，首先出现了轻型轰炸机。轻型轰炸机一般来讲都是单引擎的双座双翼机。虽然轻型轰炸机在轰炸敌方目标方面很有优势，但还算不上功能全面的军用飞机，没法承担侦察任务，而且由于飞行速度慢，武装程度低，执行任务的时候还需要战斗机护航。

比如英国1912年研制的DE2型飞机，飞行员的防身武器只有步枪或者手枪，而且只能采用手抛投掷炸弹，攻击能力十分有限。飞机要飞得很低，飞行员才能把炸弹扔下去，要不然炸弹在半空中就爆炸了，炸不着敌人，反而炸到了自己。就是这么落后的一款飞机，还一直使用到了1915年，那时英国人才使用能够承载155公斤炸弹、配备了机关枪的飞机取代它。

法国轻型轰炸机发展的道路跟英国很相似，他们制造的轻型轰炸机也只能带100公斤炸弹。相反，德国更喜欢用战斗机执行轻型轰炸机的任务，或者干脆把精力用来发展对地攻击机和多功能飞机，所以德国的轻型轰炸机产量并不高。

除了轻型轰炸机之外，重型轰炸机也在一战前诞生。令人惊讶的是，重型轰炸机居然是被一战中的"飞机弱国"俄国和意大利研制出来的。1913年，俄国人西科尔斯基——此公大名鼎鼎，后来的直升飞机也是他发明的——设计出了世界上最早的4引擎飞机。这种飞机被俄国军方订购后，改良成了一款军用双翼飞机，有6名机组成员，配备2挺机关枪，还可携带535公斤炸弹。这是一战爆发时，世界上最厉害的重型轰炸机。

1915年2月，俄军开始用这种轰炸机在波兰东部执行轰炸任务，然后把打击范围扩大到奥匈帝国和德国境内。俄军73架轰炸机在一战期间出动400架次，其中只有1架在击落3架敌机后被袭坠毁，2架因机械故障退役，损失很低，战绩卓越。俄国也因此成了世界上最早采用战略轰炸的国家。

意大利的军事力量很弱，航空兵更弱。但是这么弱的意大利航空兵却拥有远程轰炸机。意大利之所以选择远程轰炸机，是因为意大利的主要作战区，以山区为主（就是阿尔卑斯山区），普通轰炸机很难在山区顺利执行战略轰炸任务，而远程轰炸机却可以飞到奥匈帝国和巴尔干地区参加战斗。所以，意大利研发了4款3引擎的双翼战略轰炸机，总产量达到750架。

后来，德国和英国也发展了重型轰炸机，德国的重型轰炸机也是4引擎的，配7名机组成员，3挺机关枪，可携带18枚炸弹。

从天上来打你

一战当中，空中和地面部队的近距离协作，成为进攻时最重要的组成部分，也就是陆空一体战。轻型轰炸机和战斗机在战场上经常被用来执行跟地面密切配合的支援行动，也就是对地攻击任务。

1917年11月20日进行的康布雷战役中，英军派出1000余架飞机参战。这些飞机以低空盘旋的噪音来掩盖坦克开进的隆隆声，以对地轰炸和机枪扫射来支援地面部队的行动，还轰炸了德军的炮兵和指挥部。经过10个小时的激战，英军突破了德军防线，俘敌8000余人，缴获火炮100余门。11月30日，德军也在1000余架飞机的支援下实施反击，收复了失地，俘敌9000余人，缴获坦克100辆、火炮148门。

这次战役是战争史上首次坦克、飞机、步兵、炮兵的协同作战，为协同作战理论的产生奠定了基础。航空兵的低空强击战术也在这次战役中得到了发展。

这时候的轻型轰炸机和战斗机承担了大部分对地攻击任务，但是轻型轰炸机在降到中等高度的时候，向下投掷炸弹，准确性不高。而战斗机在投弹的同时，用机关枪对地扫射难度也很大，加上俯冲的飞机完全暴露在敌军地面火力之下，所以飞行员非常讨厌干这种玩命的差事，不如在天上打仗浪漫。这时候，就需要有专门的对地攻击机出现。

在这一时期，德国人在飞机配合陆军作战方面处于领先地位。德国专门生产了有装甲的J级飞机和轻型CL级飞机用于攻击地面目标。德国的J级"容克"

式飞机是现代强击机的雏形，它的机身全部用铝合金制造，飞机腹部装有下射机枪，座舱周围装有5毫米厚的钢板。飞机携带集束手榴弹和手抛轻型炸弹，可有效地执行对地攻击任务。

德国还在《阵地战中的进攻》细则中明确了航空兵在诸兵种协同作战中的具体战术。1918年3月21日，德国航空兵在皮卡迪进攻战斗中实施了这一细则，侦察机首先起飞，进行战场监视和情报收集，使指挥部随时掌握突击进程；由战斗机掌握制空权；强击机随即投入战斗，对敌步兵和炮兵实施猛烈扫射。第二天，德军步兵在30架强击机的支援下，粉碎了英军的抵抗。第三天，德国强击机有效阻止了英军援军的开进，并袭击了撤退的英军部队和辎重队。

德国的G型飞机，是专门研发的对地攻击机。这种飞机也是两名飞行员，可带3到5挺机关枪，主要靠机关枪对地扫射。德国人把这东西弄出来之后，协约国也针锋相对地生产出了对地攻击机，比如法国人造的对地攻击机，也是2名飞行员、3挺机枪。

强击机可以用机枪对地扫射来杀伤敌方战壕中的士兵。到了这时候，你就是躲在深深的战壕里也不安全了，敌人可以从天上来打你。

从飞机诞生到一战爆发，只有短短十几年，但很快各个航空兵种就齐全了，是陆海空三军中进步最快的。

05. 长天烽火逞英豪

天空中的王牌

虽然空战战术由单打独斗发展到了编队作战，但是一战中飞行员个人的勇敢和智慧，仍然在一定程度上决定着一场空战的胜负，而且也间接影响到制空权的争夺。

那时候，空战作为一种新鲜事物刚刚登上历史舞台，就好比冷兵器时代，骑士的个人技术对战斗的胜利影响非常大一样。一战时的空战主要是以单机格斗的方式进行的，战斗情况受飞行员尤其是王牌飞行员的影响很大。

一战时，法国在空战中共击落敌机2049架，在1918年法国飞行员的总人数是1500人，但这2049架中的45%，即908架是被52名王牌飞行员击落的。协约国当时参战的飞行员一共有几千人，在空战中击落了3138架德国飞机，而这当中的65%，也就是2023架是被105名王牌飞行员击落的。可见王牌飞行员在空战中的作用。一战中涌现出的王牌飞行员，以德、英、法三国最为著名。

在一战期间，法国最早使用"王牌"一词。当罗兰·加洛斯在16天内先后击落了5架敌机后，法国报纸称他为"王牌"，他成为世界上第一名王牌飞行员。在一战之前的法国，"王牌"就是一个流行词，通常用来形容运动明星，比如足球明星或自行车明星。后来，人们也用"王牌"来形容战绩傲人的杰出军人。

德国在一战中，击落5架敌机的飞行员被称为王牌，10架就是双料王牌，德国一共有160名飞行员成为双料或超级王牌。超级王牌就是击落敌机在30架以上，当时德国有29名超级王牌飞行员。

1914年至1916年间，英国并没有集中记录空战战绩。事实上，一直到战争结束，英国飞行员的战绩也只是在中队级别进行记录。尽管有一些飞行员因为媒体报道而出名，但一战中的英国空军个人数据是没有公开官方记录的。不过，当飞行员取得击落5架敌机的战绩时，他将自动获得一枚军功十字勋章。

到一战结束的时候，战果在7架或7架以上的王牌飞行员，法国有111人；英国有194人；美国参战比较晚，但也涌现出一批王牌飞行员，击落6架敌机以上者72人。

在一战中，个人战果在30架或30架以上的超级王牌飞行员，德国有33名，英国有26名，法国有3名（法国的王牌飞行员虽然多，但战果基本都在10架左右），比利时1名，意大利1名，奥匈帝国3名。

可以说，英德两国是一战中实力最强的空军大国。

命大的第一，命苦的第二

法国是世界上最早诞生王牌飞行员的地方。法国空军在一战中表现不俗，它的头号王牌飞行员保罗·丰克上尉，战果高达75架，成为协约国第一王牌。

丰克在战前就已经学会了飞行，开战之后被招到空军，1915年被分配到部队中参与侦察和轰炸活动，1917年3月才击落了第一架德机，4月份才改飞战斗机。头号王牌这么迟改飞战斗机很少见，他是一个大器晚成的人。在这之后，他的战果以惊人的速度提升。

1918年5月9日和9月26日这两天，丰克都创造了每天击落6架敌机的纪录。丰克具有高超的空战技术，能够使用最少的弹药击落敌机，而且自己一次也没被敌人击落，座机只受到仅有的几次枪击。丰克不像一战时德国头号王牌飞行员里希特霍芬（外号"红男爵"），最后把自己也搭进去了。丰克在战后成为闻名遐迩的特技飞行员，后来还当选法国下议院议员，1937年担任法军战斗机部队总监，直到二战前夕才引退。

法国第二号王牌飞行员是居内梅上尉。虽然他的战果比丰克少，但在法国民众当中威望很高。一战爆发时，他刚刚加入空军，体检时反复4次才勉强通过，他的身体非常羸弱。1915年7月，他击落第一架敌机。从1916年开始，战果飞速上升。

居内梅生性孤僻，身体羸弱，击落了53架敌机，在空战中也被7次击落，却7次重返天空。法国最高军事当局认识到，这样一位民族英雄，是老百姓心中的偶像，作为一面鼓舞士气的旗帜，不能让他牺牲，三番五次想让居内梅离开前线，要求他不要再飞了，但都被居内梅拒绝了，他仍然一如既往地跳进座舱奔赴战场。

孔老夫子有句话说：求仁而得仁，又何怨。1917年9月，居内梅阵亡，年仅23岁。

给巴黎扔沙子

德国飞行员殷麦曼，在一战中击落敌机15架。因为他作战的地点多在法国北部的里尔上空，所以有了一个外号——"里尔之鹰"。

击落敌机15架的纪录，在德国空军中根本排不上号。真正让殷麦曼闻名于世的原因，是他发明了著名的"半筋斗翻转"机动动作，史称"殷麦曼翻转"，使空战真正成为一种全方位机动作战。直到现在，这个动作还在飞机训练和特技表演中使用。

殷麦曼年轻时就喜欢冒险，羡慕军人的生活。后来，他进入萨克森士官学校，并在一战前毕业，分到铁道兵团中当见习军官。为了学习技术，他放弃了当军官的机会。后来他又迷上了飞行，通过考试，成了一名飞行员。

一战初期，殷麦曼多次驾机外出侦察，每次都出色地完成了任务，但他很快就厌倦了平淡无趣的日子。

这天，殷麦曼想玩点儿新鲜的。他驾驶着一架单翼飞机穿过战线抵达巴黎上空，然后压低机头，降低高度，看准一处人群密集的地方，操起机舱里放着的一堆鼓囊囊的布袋，一个接一个扔下去。很快，一个个黑点嗖嗖地飞向地面，吓得地面上的人群惊慌失措，四散奔逃。布袋啪啪地掉在地上，却没有爆炸。过了好一会儿，胆大的人捡来布袋打开一看，原来里面装的都是沙子！

看着巴黎人惊慌失措的样子，殷麦曼咧开嘴露出了一脸坏笑。接着，他又把一捆传单扔了下去，这些传单都是德国勒令法国政府投降的。传单像雪片一样向地面飘去，殷麦曼这才得意地扬长而去。

殷麦曼的这次行动，是巴黎这座世界名城最早遭到的飞机"空袭"之一。

"空中骑士"殷麦曼

随着交战双方的空中活动日渐增多，空中的小打小闹也开始演变成大规模的残酷厮杀。

殷麦曼头脑冷静，特别注意总结战斗经验，总结出了一些行之有效的战术，创造了"俯冲攻击"的偷袭战术，并借此击落了一架敌机。可是，敌人也不傻，每次在他俯冲攻击时，常被别的敌机咬住，处境非常被动。

在当时的空战中，飞行员通常是左右盘旋做水平机动，再过渡到向上跃升，抢占高度优势。殷麦曼发现这种方法非常呆板，他认为飞机必须做到，也有潜力做到更灵活、更机敏。

1915年秋，一个云淡风轻的日子，在法国北部德占区上空，殷麦曼驾驶一架单翼战斗机在做飞行练习，地面的机场上有一大群德国官兵引颈眺望。殷麦曼平飞一阵后改为向下俯冲，速度加快，好似在做攻击动作。飞机越来越快，高度也越来越低。突然，飞机抬起机头，大角度爬升，几乎达到垂直状态。地面上的人正看得目瞪口呆时，殷麦曼又做了一个横滚，恢复到了平飞状态，但位置已高出了一大截。

于是，一个全新的空战动作产生了，与以往机动动作不同的是，它是垂直机动，不但可以摆脱尾追的敌机，还可以重新获得高度，抄到敌人尾后，反守为攻。德国人将这个动作命名为"殷麦曼翻转"，下令在全军推广。

几乎与此同时，德国根据法国王牌加洛斯的座机，推出了新式的"福克"战斗机。驾驶新式战斗机，殷麦曼如虎添翼，在1915年底，他很快打下了7架敌机，成为德国首批王牌飞行员。

殷麦曼还同他的战友、另一位优秀飞行员波尔克搭档，组成了飞行史上的第一对双机。他们默契配合，共同努力，在空战中逐渐形成了一架主攻、一架主防的新战术。战史专家评价说："空战史上的真正作战，是从波尔克和殷麦曼开始的。"

1916年6月15日，殷麦曼击落的敌机数量已达15架。两天后，他再次出征，在空战中，正当他追击一架英国战斗机时，另一架藏在云中的英国战斗机尾随而下，一个点射就将他击落了。

虽然击落了殷麦曼，但英国航空队并不高兴，他们本想活捉他，并利用其才能为自己服务。殷麦曼坠机身亡后，英国皇家飞行队专门做了花圈，写了挽联，由王牌飞行员葛利楚驾机飞到德军战线上空用降落伞投下，以表示对这位杰出的"空中骑士"的敬意和哀悼。

殷麦曼阵亡后，德国第162轰炸机联队决定以殷麦曼的名字命名，以示纪

"福克"战斗机与"纽波尔特"战斗机在空中战斗

念。二战中，德国第二俯冲轰炸机联队也以殷麦曼的名字命名。

世界第一王牌

德国飞行员里希特霍芬，在第一次世界大战期间共击落敌机80架，位居德国飞行员之首，也是一战中世界王牌飞行员的第一位。

1892年5月2日，里希特霍芬出生于普鲁士的一个贵族家庭，排行老大，后来继承了男爵爵位。在德语中，"里希特霍芬"是"公正廉明"的意思，这个姓氏是由神圣罗马帝国的皇帝利奥波德一世赐给他的家族的。

在崇尚斯巴达主义的德意志帝国教育制度下，里希特霍芬11岁就进入少年军校接受军事训练，后被推荐到皇家陆军学院深造。里希特霍芬头脑清晰、文化成绩优秀，靠成绩获得了奖学金。他在军校里显示出卓越的马术天赋，因而毕业后被分配到一支精锐部队——第一枪骑兵团，并在第二年晋升为少尉。

里希特霍芬不走运的是，到了20世纪初，骑兵部队已经明显落伍。马克沁重机枪的发明使骑兵失去了以往叱咤风云的优势，堑壕战、阵地战逐渐成为地面战斗的主流。

一战爆发后，里希特霍芬希望在新兴的航空领域做出一番事业。于是，他进入航空战斗群。与当时很多飞行新手一样，里希特霍芬将波尔克视为英雄和偶像。在波尔克影响下，他终于成为一名真正的飞行员。

1916年4月24日，里希特霍芬作为战斗机飞行员首次击落敌机。悲摧的是，这架飞机掉在协约国控制区，战果不被承认。9月1日，里希特霍芬应波尔克的邀请来到西部最前线。他服役于第二狩猎中队，主要飞"信天翁"双翼战斗机。虽然里希特霍芬因后来那架福克Dr.1三翼机而闻名于世，但实际上，他的大部分飞行时间和作战成绩都是在双翼机上取得的。

终于，里希特霍芬在9月17日再次击落敌机，这是他第一个得到官方承认的战果。里希特霍芬还没来得及高兴几天，人生的悲剧就随之而来，他的导师兼伯乐波尔克在一次近距离缠斗中与友机相撞导致身亡。

里希特霍芬化悲痛为力量，将波尔克教给他的战术充分运用到了战斗中。

11月23日，里希特霍芬击落了英国王牌飞行员郝克少校，这已经是他个人第11个战果。

恐怖的"红男爵"

1917年是协约国空军非常不幸的一年。

1月4日，里希特霍芬的战绩上升至16架，这在当时还活着的德军王牌飞行员中已经是No.1了。1月12日，里奇特霍芬获得威廉二世亲自授予的"功勋勋章"（就是通常所说的"蓝色马克斯"），这是当时德国的最高勋章。

在成为第11狩猎中队的指挥官后，里希特霍芬将自己战机的一部分涂成了血红色，他认为这样可使地面上的友军便于识别，防止误伤。此外，他选择血红色，也是为了纪念以同一颜色为标志的第一枪骑兵团。从此，里希特霍芬被德国公众称为红色飞行员，而在英国的宣传中，他有一个响当当的绰号——"红男爵"。

里希特霍芬的做法引领了一股潮流，他的队员们也争相将自己的飞机部分涂成血红色，以显示团结一致的精神。在后来的战斗中，第十一狩猎中队的战绩异常出色。这导致在战争后期，许多英军飞行员都以打下"红男爵"作为奋斗的目标。

1月24日，里希特霍芬的"信天翁"双翼机的下部机翼在日常飞行中自行折断，这种飞机经常出这样的故障。里希特霍芬大为恼火，写了一封措辞激烈的抗议信投寄到了柏林。

著名飞机设计师福克拿到这封信后，一字一句地认真阅读了全文，老爷子立即赶到前线查看损坏的飞机，还顺便察看了英军的索普维茨三翼机。回国后，福克针对信中提出的问题和双翼机的情况，改进设计出了著名的福克Dr.1三翼机。可以说，这里也有里希特霍芬一半功劳。

整个4月，天空都是属于德军飞机的。里希特霍芬在29日一天之内击落了4架敌机，这是他个人单日的最佳战绩。英国人称1917年4月为"血腥四月"，他们在这个月损失了912名飞行员和侦察员，其间有21架飞机是被里希特霍芬击落的，从此"红男爵"名震天下。

里希特霍芬的战绩仍在激增。在取得第41个战果后，里希特霍芬奉命调离前线，他的胞弟，同样是一名王牌飞行员的小里希特霍芬接过了狩猎中队的指挥权。

6月24日，里希特霍芬任新成立的第一联队指挥官。

战争是残酷的，运气不会总是向着里希特霍芬。7月，里希特霍芬被对手击落，虽然他成功迫降，但是头部中弹，留下了头痛的后遗症。伤病在身的里希特霍芬，还是取得了一次又一次空战的胜利。这种非凡的意志和无畏的精神，极大地鼓舞了德国人的士气。

空战神话的终结

这个时候，德军上层考虑到"红男爵"的宣传价值而有意对里希特霍芬进行保护，起初是劝他退出前线，可这根本行不通。于是上层硬性规定除非情况危急，否则联队长不准升空作战。但是他们很快发现，里希特霍芬总是寻找各种借口驾机作战。

即便如此，里希特霍芬还是将越来越多的时间花在了管理和应酬上，不过没多久他就烦了，最后"红男爵"还是恢复了全天战斗的习惯。而上层也意识到无法阻止他，就放手让他去作战，毕竟在这一行他是老大。这跟在二战中我们讲过的德军王牌鲁德尔几乎一模一样。

1918年4月21日，里希特霍芬追逐着英国飞行员威尔弗莱德·梅驾驶的"骆驼"战斗机深入英军控制区。这时距离战争结束只有寥寥几个月，德军不得不面对越来越多的协约国飞机，"红男爵"也感觉到原先那种猎杀敌机的兴奋荡然无存，剩下的更多是不安和焦躁。里希特霍芬亲笔写道："协约国飞机越来越难对付，除非跟踪追击到敌军阵地，否则很难打下它们。"这一次他又追赶着敌机进入了危险区域。其实，英国飞行员梅是个地道的菜鸟，就差在飞机上贴个"新手上路，请多关照"的标签了，他飞不高而且晃晃悠悠，但这反而使得里希特霍芬难以捕捉到他。梅在战后也承认："这救了我的命。"

一战空战王牌"红男爵"里希特霍芬与他的座驾

在英军阵地上空，里希特霍芬紧紧盯住这架飞行路线奇怪的敌机，就在这时，一颗子弹从他的后方打来，斜穿他的身体从胸部飞出。这颗子弹究竟是谁射出的，战后争议颇多，一直没有定论，很多人认为是地面上的澳大利亚枪手干的，也有人认为是赶来援救梅的加拿大飞行员打中了里希特霍芬。

不管怎样，"红男爵"再也无法操控他的爱机，他坠落在公路旁边的田野上。事后有很多协约国士兵赶来争夺他飞机的红色残片留作纪念。而双方飞行员听到这一消息时，不约而同地表示不敢相信"红男爵"已经阵亡，因为他已经成了一个神话。

英国人为"红男爵"举行了登峰造极的隆重葬礼。为对应里希特霍芬的军衔，6名协约国上尉抬着这位伟大对手的灵柩在一位神职人员的引导下缓缓前进。当灵柩进入墓穴后，两旁士兵朝天鸣枪表示最高的敬意！然后，一位协约国飞行员驾机升空，将布满鲜花的墓地的照片和讣告一起空投到德军阵地上。

战后，里希特霍芬的遗体从战区运回了国内。"红男爵"，这位空战神话的缔造者，一战第一空中王牌永远地安息了。他在索姆河上空阵亡时，年仅25岁。

拿命换来的军衔

一战中，美国排名第一的王牌飞行员是里肯巴克。

里肯巴克从小就对引擎很感兴趣，16岁时，他获得了一份改变人生的工作：为赛车手弗拉耶打工。弗拉耶很喜欢这个瘦瘦的倔小子，他参加大赛的时候，总是带上里肯巴克当机修工。在赛车行业干了6年后，里肯巴克也成了一名赛车手，比赛中以作风勇猛著称，并在1914年创下了时速134公里的世界纪录。

两年后，里肯巴克第一次坐飞机前往加利福尼亚州参赛。他从小患有恐高症，但奇怪的是，坐在老式飞机的副驾驶席上，他竟然一点儿也不害怕。

1917年，美国参加一战时，27岁的里肯巴克放弃每年4万美元的高薪（这在当时绝对是一个天文数字）自愿入伍，他渴望成为一名飞行员。问题在于他既没有大学文凭，也错过了学习飞行的最佳年龄。

鉴于里肯巴克是一位有名的赛车手，美国航空部队破格接纳了他，让他以飞行员的身份来到欧洲。在这里，里肯巴克一边为米切尔上校当司机，一边缠着上校帮他把年龄改小两岁以便参加飞行训练。里肯巴克确实很有天赋，经过短短17天的突击训练，就顺利结业，被分配到驻法国的第九十四空军中队，成为一名正式飞行员。

当时的美军飞行员大都是常春藤名校的毕业生，一开始，他们并不认可里肯巴克这个文化程度不高的乡巴佬。被战友们孤立的里肯巴克也不苦恼，他把时间花在摆弄飞机引擎和苦练飞行技术上。很快，里肯巴克就掌握了一套独创的空战技术，并于1918年4月29日取得第一个空战战果。

里肯巴克的常用战术是尽量接近目标，近到有撞机危险的距离再开火，这种不要命的战术使他经历过机枪卡壳和子弹擦耳飞过的危险。还有一次，他控制失去整个上翼的飞机紧急迫降。不过里肯巴克的勇敢，也赢得了战友的尊敬，他在取得6个空战战果后，成了第九十四中队的王牌飞行员，不到半年后升任中队长。

就在升职的当天，里肯巴克自愿承担一次单机巡逻任务，他在途中发现了7架德国战斗机。面对敌众我寡的情况，里肯巴克并没有选择退缩，而是勇敢地闯入对方编队，击落其中2架后方才全身而退。这场遭遇战使里肯巴克获得了法国的英勇十字勋章和美国的荣誉勋章，媒体开始把他称作"王牌中的王牌"。里肯巴克并不喜欢这个荣誉称号，在他之前，已有3名美国飞行员被称为"王牌中的王牌"，但他们的归宿只有一个——阵亡。

整个一战期间，里肯巴克共执行过134次任务，赢得26次空战胜利，这个乡下小子成了美国的英雄。

里肯巴克退役时已经获得少校军衔，但他常说："请叫我里肯巴克上尉，因为这个军衔是我在战场上拿命换来的。"

中国空战第一人

许多军事爱好者都知道，第一个击落日军飞机的是"中国空军军魂"高志航。而军事航空史学者马航福先生的文章表明，朱斌侯才是中国空战第一人。

他在一战欧洲战场作为法国外籍兵团的一员参加了空战，并击落了敌机。

朱斌侯13岁中学毕业后，去法国留学。后来，他非常向往能在天空驾驶飞机，就在法国学习飞行。

一战爆发后，刚从航空学校毕业的朱斌侯参加了法国志愿军，被编入外籍兵团，成为该团的一名飞行员，他当时登记的名字是艾蒂尼。

1916年2月，朱斌侯被调到N37中队接受空战训练，训练结束时晋升为中士。7月10日，朱斌侯驾驶"纽波尔特"战斗机与德军飞机进行空战，在空战中他击落一架德军"福克"战斗机。朱斌侯成为中国第一位参加空战并取得战果的飞行员。为此，他由中士晋升为上士。不久，在一次空战中，他又击伤了一架敌机。

8月24日，他的一位战友在空中被三架德军飞机围攻，朱斌侯冲入敌机群，打乱了敌机编队，经过一番缠斗，不仅解救了战友，还迫使一架德军飞机迫降。9月12日的空战中，朱斌侯勇敢机智地将德军第三航空队指挥官梅冷蒂击落。不久的空战中，他又迫使一架德机迫降。他还击落过一个德军侦察气球。由于朱斌侯屡建战功，被法军司令部通报表扬，晋升为少尉军官。

1917年2月间，朱斌侯执行对德军阵地的侦察任务，返航时遭6架德军飞机围攻。他以高超的飞行技术与德机周旋，最后突出重围，在飞机两翼被击伤、操纵几乎失灵的情况下，迫降成功。

朱斌侯在法国志愿军中做飞行员共有一年零一个月，在空战中击落敌机2架，迫降敌机2架，击伤敌机1架，击落气球1个。法军指挥部对他的评价是"在军事飞行队中屡建战功"。一战结束后，朱斌侯从欧洲回国。

后来朱斌侯在杭州笕桥组建的航空教练所任所长。后来浙江航空队解散，朱斌侯只好回到上海老家。从此，航空界再无朱斌侯的消息。

一战中各国王牌飞行员名单

德国

第一名，阿尔布雷希特·冯·里希特霍芬上尉，战果80架

第二名，恩斯特·伍迪特中尉，战果62架

第三名，埃里希·雷本哈特中尉，战果53架

英国

第一名，威廉·A.毕晓普少校，战果72架

第二名，爱德华·C.曼诺克少校，战果61架

第三名，莱蒙·柯利晓少校，战果60架

法国

第一名，鲁内·保罗·丰克上尉，战果75架

第二名，乔治·居内梅上尉，战果53~54架

第三名，夏尔·南杰塞中尉，战果45架

俄国

第一名，亚历山大·A.卡萨科夫上尉，战果18架

第二名，帕尔·佛·达尔盖夫上尉，战果15架

第三名，A.P.谢韦斯基海军少校，战果13架

美国

第一名，爱德华·V.里肯巴克上尉，战果26架

第二名，威廉·C.兰巴特上尉，战果21架

第三名，佛莱迪里克·W.齐莱特上尉，战果20架

战争就是这么回事儿：
袁腾飞讲一战

第七讲

互有攻守破僵局

（1917—1918 年最后的决战）

只要活下去，一定会有很多令你高兴的事情发生。

——《火影忍者》

01. 与和平擦肩而过

打不赢，就坐下来谈谈

一战打到1916年底，已经两年多了。交战双方虽然都取得了一些胜利，但谁都没有获得决定性优势。

如果从表面上看，同盟国集团的收成还好一点儿，比利时、法国北部、波兰、波罗的海沿岸以及白俄罗斯部分地区，都被德奥占领了。塞尔维亚、罗马尼亚也被德奥集团打败了。协约国方面取得的胜利不多，掰着手指头一算，也就是马恩河战役和凡尔登战役的胜利，再有就是俄国对奥匈帝国和土耳其的胜利。

虽然表面上看是同盟国占优，但是协约国的胜利是战略性的。协约国粉碎了德国速战速决的"施里芬计划"（其实也有小毛奇的功劳），迫使德国人打他们最不愿意打的持久战，协约国可以利用自身雄厚的战争潜力把对手拖垮。但是，到什么时候对手才能垮？那就只有天知道了。双方相持了这么久，基本还是一个不死不活的局面，平分秋色。

另一方面，交战双方面临的问题都很严重。打了两年多，两千万人伤亡，无数城市、村庄毁于战火，经济萧条，补给困难，加剧了欧洲各国的政治危机和经济危机，激化了各国内部的种种矛盾，老百姓的反战情绪不断高涨。面对这种局面，各国上层也发生了分化，一部分开明人士认为，旷日持久的战争令人绝望，谁都赢不了，而战争拖下去，给统治者带来的危害非常大。

于是，原来斗得你死我活的两大集团，这时开始了和平试探，想用和谈来达到武力没能达到的目的，在谈判桌上取得战场上得不到的东西。

最早开始谋求单独或全面媾和的是德国。

早在1915年，德国就想跟俄国单独和谈，减轻压力，摆脱两线作战的不利局面。德国首相先是通过丹麦国王，派人向俄国试探。后来，又通过俄国皇后的一名侍女向沙皇尼古拉二世转交了三封信，表示愿意与俄国签订和约。

尼古拉二世接到德国来信，真是喜出望外。为什么呢？一来，在协约国内部，沙俄跟英国一直就不对付，旧怨新仇结了不少；二来，俄法两国相距遥远，运输不便，俄国为了报法国的恩，投入到了战争中，损失非常巨大，却得不到及时补充。俄国打到后期，连妇女和孩子都送上了战场。

对于战胜德国，尼古拉二世已经没有一点儿信心，他早就想与德国结盟。所以，威廉二世频繁向尼古拉二世送秋波，正中尼古拉二世的下怀。但俄国毕竟是协约国成员，白纸黑字签了约的，不能公开破坏协约，只好用秘密谈判的方式接触。

是战是和很纠结

从1916年2月起，沙皇开始任命亲德的大臣担任首相，使宫廷中亲德派占了上风。1916年下半年，沙皇政府已经嗅到了一些革命的气息，想尽快结束战争。另一方面，英俄两国在伊斯坦布尔和波斯问题上的矛盾没法调和，沙俄想联合德国掠夺亚洲。

同时，德国在日德兰海战中没能打破英国的海上封锁，也越来越感到形势对自己不利。所以，德国政府竭力玩弄外交手腕，希望赶紧跟俄国单独媾和，摆脱困境。

不过，德俄两国君主虽然有进行和谈的意愿，但是统治集团内部向来很少是一个人说了算。德国有一个势力很大的主战派，就是以兴登堡、鲁登道夫为代表的军人集团，他们代表着容克贵族地主的利益。他们坚决主张动员一切尚存的力量，采取极端措施，把战争打下去，直到彻底打败敌人为止，反对同俄国媾和。

1916年11月5日，德国和奥匈帝国发表了关于建立"独立"波兰国家的宣言。这个波兰的版图，包括德国从俄国手中夺来的几个省份，其目的是把这块

俄国打到后期，连妇女和孩子都送上了战场

土地用合法的形式固定在德奥控制之下。沙皇尼古拉二世对此坚决反对，宣布德奥的宣言无效。这件事促使俄国国内政局发生了变化，主战派的力量得到加强，亲德主和派失势，俄国的亲德力量受到打击，德俄谈判顿时中断。

这时候，英国上层统治集团内部，也有人主张对德媾和，希望美国总统威尔逊出面调解。保守党领袖甚至提出一个秘密报告，想竭力说服政府尽快跟德国议和，但被国会否决了。在这之后，英国的主战派首领劳合·乔治[1]上台，加强了英国的主战派力量。

在法国，不仅有人主张同奥匈帝国进行和谈，分化同盟国，还发生了被称为"破坏运动"的亲德事件，要求跟德国单独媾和，避免过分加强英国的地位。但是居于统治地位的法国金融财团，主张继续对德作战，直到战胜德国。"老虎总理"克里孟梭上台后，把主和派压下去，主战派仍然占据上风。

虽然同盟国和协约国的和平攻势让人眼花缭乱，喧闹一时，但是和平之神终于没能垂青欧洲大地。归根结底，两大集团都缺乏和谈诚意，都有掠夺和分赃的心思，和平的条件最终无法谈妥，双方的和平攻势在热闹一阵之后便偃旗息鼓。

各国主战派纷纷得势，主和派被一脚踢开，战争只得继续打下去。

02. 南线的一对活宝

穷光蛋帝国主义

一战当中，同盟国和协约国成员都被称为列强，但实际上，列强当中有两

---

[1] 劳合·乔治（1863—1945），英国自由党领袖，1890年当选为英国下议院议员。一战期间任军需大臣、陆军大臣等职。1916年12月7日出任首相，对内增强政府对经济的控制，对外力主打败德国。1919年，出席并操纵巴黎和会，是巴黎和会"三巨头"之一。

个伪列强，就是意大利和奥匈帝国。

这俩可算是难兄难弟，它们的情况在交战国中是最差劲的。意大利不用说了，大家都熟悉，外号是"穷光蛋帝国主义"。奥匈帝国也是半斤八两，开战之前，德国武官视察奥匈军队的战备情况，给皇帝拍电报说："陛下，我们是在跟僵尸结盟。"

开战后，奥匈帝国举国上下弥漫着阿Q精神，连酒瓶子和巧克力的标签上都写着"愿上帝惩罚英国"，牙刷上则印有"依靠（德奥）共同的力量"的字样。说白了，既想靠上帝，又想靠德国，就是不想靠自己。奥地利所有的部队中都有一批奸细，他们专靠告发平时与自己同睡草垫、行军中和自己分吃面包的伙伴为生！

所以，没人愿意为这个国家打仗，逃避兵役不但不可耻，反而成了人人向往的事儿，为此不惜自残。有的人花5个克朗（奥匈帝国货币）找人给自己的腿上或者手上注射煤油，造成血管中毒。这么一来至少能躺上俩月，要是经常往伤口上吐唾沫，还可以躺半年。但是出现水肿后的煤油臭味很容易露出马脚，奥匈的军医个个都心狠手辣，后来就发展成注射乙醚掺汽油，但也还是不保险，医生直接给你灌肠！道高一尺，魔高一丈。可以想见，这是什么情况。

一个是穷光蛋，一个是僵尸，谁也别说谁了。两国在南线打得不亦乐乎，热热闹闹，但是它们的军队由于不断进攻，流血过度，虚弱无力，就像陷在泥沼之中，越陷越深不能自拔。

病猫发威了

到1917年4月，意军总司令卡多纳向法国求援。

为此，法军拟定了一个英法两国援助意大利的计划，要求意大利继续进攻，分散敌人的兵力和注意力。意大利虽然同意发动进攻，响应法军的西线攻势，但实际上，等到它发起攻势的时候，法军的西线攻势早已结束。意大利人的进攻对于协约国的战事已经毫无意义。这次进攻就是所谓的第十次伊松佐河会战，经过17天苦战，意大利人基本没有任何收获。

于是，意军总司令卡多纳决定调集52个师的兵力和5000门大炮，来做一次超级努力，对奥匈军队发起致命一击，就是第十一次伊松佐河会战。战役初期，意大利军队取得了一定战果，但是由于炮兵和补给跟不上，攻势被迫中止。意大利这只病猫一发威，另一只病猫奥匈帝国就认为它是猛虎了，奥匈感到压力山大，向德国求援。

从1915年6月到1917年9月，意大利人共打了11次伊松佐河会战，死伤100多万人，但是除了给奥匈军队造成差不多同样的损失外，毫无收获可言。

这样的战争根本不叫战争，只不过是互相屠杀而已。尤其是意大利人精神脆弱，对战争的苦难没有充分认识，他们以为打仗就像演一场歌剧、吃一碗冰激凌那么简单，没想到打仗那么残酷。两年多的苦战，百万人的牺牲，使意大利人深感惊惧，再加上国内反战分子的反抗，意军的士气低落到了极点。其实，在双方势均力敌的消耗战中，精神重于物质，士气有时候比物质更重要，因为双方水平大抵相当。我是伪列强，你也是伪列强，这时候就看谁坚信自己是真列强了。

不幸的是，开战以来，意大利政府既不能采取有效措施凝聚民心，也没有对新闻进行管制，一直放任自流。社会党的报纸天天发表反战言论，这些报纸还被送往前线，让前线的士兵看。奥匈的军队都省得印传单了，直接把意大利报纸投掷到意军战壕当中，作为攻心战的武器。此外，意大利国内生活费用高涨，粮食缺乏也使民众严重不满。

这样一来，意大利军队的士气可想而知。

请老大来帮忙

意大利政府做得更二的事儿是什么呢？

有一个地方的工人，1917年发生了暴动，怎么惩罚呢？政府把暴动组织者送到前线当兵。这些人到了军队里，部队的士气还能好吗？反战分子到了前线之后就煽动其他士兵反战，于是在意大利军队中，充斥着各种各样的反战分子。意军跟奥军拉锯战的地方是阿尔卑斯山区，部队都是分散成单独的小股，没有一个集团军堆在一块儿打的，而是以营甚至以连为单位，因此士兵们很容易受到反战分子的鼓动，意大利军队的士气一落万丈。

好在奥匈帝国的情形，比意大利也强不了多少。奥匈的野战军号称350万，另有国内军50万，加一块儿就是400万，但其中能打仗的也就是七八十万，剩下的全是老弱残兵，只能在后方擦车烧饭，或者给长官擦皮鞋叠被子。另外，在意大利战场上，奥匈军队的数量处于1∶2的劣势，跟意军对峙的奥军，明显力不从心，要求德国提供12个师的兵力，发动一场大规模反攻。但是鲁登道夫回答，顶多给奥地利人提供7个师。

1917年10月24日凌晨，德奥联军向意大利发动了猛攻，意军望风而逃，象征性地比画了一下就撒开腿开溜了。当时，意大利国王正在意军设在前线的总部中，在德奥联军冲到总部前几个小时才逃走，差点儿做了俘虏。这场战役，意军阵亡1万，负伤3万，被俘却将近30万，另外还有40万部队成了散兵游勇，军装一扔就成了土匪，开始持械抢劫，老百姓好几个星期饱受荼毒。

意大利军队是典型的御敌无方，扰民有术。这场会战称为卡普里托会战，假如不是英法两国立即派来11个师的援兵，意大利战线可能就永远不能再稳定下来了。

当然，德奥联军发动这样猛烈的攻势，取得重大战果后，也已是强弩之末，虽然兵锋距离威尼斯不足10公里，但是攻势只得停顿下来。

03. 徒劳的春季攻势

"迟钝将军"回家了

1916年12月3日，法国开战以来久掌军权的"迟钝将军"霞飞去职，为索姆河战役的惨重伤亡承担责任，由尼维尔继任法军总司令。

尼维尔曾在法国驻越南、阿尔及利亚和中国的殖民军中服役，1913年还是上校，一战中通过马恩河战役晋升为上将，升迁速度可以说是火箭一般。

为了打破西线僵局，尼维尔计划展开春季攻势，向兰斯和苏瓦松之间的德军阵地发起进攻；与此同时，英军出动3个军，在1个法国军的配合下，在索姆河老战场的北面发起进攻。英军只要突破德军防线，向东移动，就能跟尼维尔的法军会合，一旦两军会合，他们就能合力把德国威廉皇太子的集团军连根拔起，一举摆平。

1917年4月，攻势展开，尼维尔一共投入3个集团军，共53个师、120万人，其中27个师用于大规模机动作战，一旦打开突破口，这些部队就冲上去扩大战果。

德军为了应付尼维尔的进攻，在法军主要突破方向上部署了21个师，另有27个师做反击力量。德军的指挥官威廉皇太子和他的参谋们都非常熟悉尼维尔在凡尔登的进攻路数，他们有一个冬天的时间来适应尼维尔的战术。另外，德军还控制着制高点。

法军派出了120辆坦克参战，结果毫无战果。德军运用了新的战术，第一天就有52辆法军坦克被炸成碎片，另有28辆被炸坏，剩下的坦克不是掉进德国人的壕沟，就是陷在沼泽里。而且这次进攻时的天气对德国人非常有利，法军发动进攻的前夜，就开始下雨，然后变成雨夹雪，在当时的季节，天气应该转暖了，这几乎是一种不可能出现的天气。

法国士兵拒绝上前线

法军以英雄般的气概付出了巨大牺牲，但在很多地方，法军的进攻毫无成效。

一名法军坦克指挥官描述了自己看到的进攻："一场暴风雪横扫我们的阵地，第一批伤员从前线下来了……他们说敌人的阵地很坚固，敌军拼命抵抗。有一个营，确实抵达了山顶，这也许是我们见过的最勇敢的行动，但这个营的士兵大批阵亡，也没能够挡住德军的反攻。一个胳膊吊着、额头缠着带血绷带的伤员坐车驶过我们旁边的时候，大声喊道，德国兵仍然把守着森林，我们用手榴弹袭击他们。一个没了钢盔的中尉，穿着破烂的军装，胸部受伤，缓缓向我们走来说，你们坦克应该跟着我们，我们看到完好无损的铁丝网，如果情况不是那样，我们就能向前走远了，不必在铁丝网前面厮杀。我们走不动了，一名拿步枪当拐杖的下士叫道，有太多吼叫的机关枪，我们没办法对付。德国兵知道我们要在此地发动攻击，他们的战壕布满了兵。"

法军能在前线推进多远，是由德军的防御体系决定的。到了中午时分，德军的后备部队和轻型火炮向前移动。遭受猛烈打击的法军处于疲惫之中，又一次遭受打击，不得不后撤到出发点。第一天战斗结束的时候，法军平均向前推进了500米。

而按照尼维尔的预计，第一天法军应该能前进10公里。索姆河战役的悲惨局面，又一次出现了。第二天，尼维尔继续发动进攻，继续被德军粉碎。尼维尔发现他的前线部队处于崩溃的边缘，士气和弹药都处于危险的低点。士兵们高喊：和平，结束战争，让那些应该对战争负责的人去死吧！军官们感到震惊、无奈、窘迫。很多士兵成天酗酒，拒绝上前线。

但尼维尔仍要求继续进攻。5月3日，在凡尔登战役中幸存的法军第二殖民师，拒绝了进攻的命令。士兵们不仅喝醉了，还将武器丢弃，军官既没有要惩罚整个师的意思，也没有迅速采取严厉措施来规范士兵的行为，结果造成了哗变。哗变在法军中迅速蔓延。

总司令打败了自己

当时的巴黎，出现了大量谣言。于是，总统普恩加莱命令停止进攻，这样的做法等于羞辱了法军总司令。

尼维尔谴责第六集团军司令进攻失败，撤了他的职，因为他的部队最早开始哗变。尼维尔还谴责手下另一个集团军司令米歇勒，米歇勒一开始就认为尼维尔的进攻毫无希望，拒不服从命令，总是公开表达自己的观点。面对尼维尔的指责，米歇勒愤怒地以蔑视的口吻回击："我从来没有停止警告你，竟敢让我对失败担责任，你知道这种行为叫什么吗？这叫懦弱！"

法军的进攻被迫停止了。在这次进攻中，法军伤亡27万人，德军伤亡16.3万人。最终，法军呼吁士兵们发扬爱国主义精神，回到壕沟进行防守。而士兵们则表示，回去可以，但不愿再参加进攻行动。

这次进攻，没有打败德国威廉皇太子，却打败了法国总司令尼维尔。5月15日，尼维尔被撤职，建议中止大规模进攻的贝当将军继任法军总司令。

这一攻势的失败，成为法军战略的转折点，法军从此不再发动大规模攻势，以避免伤亡。贝当一面惩治带头哗变的士兵，一面安抚广大官兵，保证不再发动新的进攻，只专注于防守，并给他们改善伙食，提供更多给养。法国的军心才逐渐恢复。

在这场得不偿失的春季攻势中，唯一值得骄傲的是英军没有哗变。英军发起进攻的前三天，战果令人兴奋，俘虏了14 000德国兵，缴获了180门大炮，平均每天前进了好几公里，这在当时深陷堑壕战的西线，算是重大进展了。黑格一直坚持进攻到5月中旬，这时英军的伤亡已达每天4000人，黑格甚至还想把骑兵送上战场。如果英国骑兵真的上了战场，德军的大炮、机关枪就可以大肆屠杀英国骑兵和战马，幸亏黑格最终没有这么做。

当英军进攻结束时，累计伤亡15万，德军伤亡18万，基本上属于杀人一万、自损九千的自杀式进攻。

04. "老虎总理"克里孟梭

从来都是反政府

在协约国中，法国遭受的损失最为惨重。而且，法国又是个民主国家，言论自由。在长期残酷的战争中，要想使全体国民凝聚成一股力量并不容易，政治家们互不买账，政坛几次动摇。

这个时候，有一个人站了出来，撑住危局，把法国带向最后的胜利，他就是克里孟梭。

克里孟梭是法国政治圈和新闻圈的杰出人物，一个很有吸引力的人，喜欢制造麻烦，具有破坏性，人们恨他、怕他，但又崇拜他。从一战爆发以来，法国政府已经换了四届，这四届政府都把他排除在外，但他代表一股社会力量。

克里孟梭年轻时就是一个非凡的人。他的父亲是乡下医生，因为批评拿破仑三世的帝国被投入了监狱。克里孟梭以父亲为榜样，成为一个激进的共和党人、反君主主义者，一个怀疑、蔑视整个法国政治制度的人。他修完医学课程后，去了美国，正好赶上美国内战。他在美国待了四年，靠教书为生，为一家法语报纸当记者，并与一个19岁的美国姑娘结婚，新娘就是他的学生。克里孟梭一生就结过这么一次婚，有三个孩子。但是结婚七年后，两人感情破裂，就离婚了。

回国后，克里孟梭留在了巴黎。1870年普法战争爆发，法国惨败，拿破仑三世被俘，克里孟梭作为左翼政治家的一号人物，被任命为蒙马特尔市长，后来当了议员，创建了一份激进刊物，为这份刊物写作，为工人争取权利，提倡政教分离等。

克里孟梭很早就提出，要做好战争准备，他把法国丢失阿尔萨斯和洛林看作不能容忍的耻辱。他认为，法德重新开战不但不可避免，而且是恢复世界正常秩序的必经之路。他说："一个人只有故意假装瞎子，才看不出德国的野心。欧洲每天都在德国的欲望中战栗，德国已经把摧毁法国当作它的既定国策。"所以他坚决主张对德国采取强硬态度。

到1917年，克里孟梭已经76岁，但是仍然像火山一样充满了能量。他每天早晨5点起床，进行两个半小时的阅读和写作，锻炼半小时，然后去办公室，一战期间他一直是法国参议员。由于他知道法国对待战争的方式和各种幕后交易，他就在自己办的报纸上，大肆批评法国政府，结果报纸被勒令停业。

后来，克里孟梭推出一份替代报纸，改了个名，穿了个马甲继续出版，但很快又被禁止发行。在这之后，他再办的报纸老实了一些，但依旧充满批评精神。他认为自己的使命就是提出尖锐的质疑，他说："讲真话是危险，不讲真话也是危险，我的内心痛苦地平衡这两者。"

克里孟梭的文章嘲笑历任法国政府，也嘲笑将军们，他只欣赏两位将军——福煦和贝当。但法国大兵喜欢他的报纸，他的报纸在军队中每期能卖10万份。

最坚定的主战派

克里孟梭攻击政敌时，言语刻薄，手腕强硬，所以被送了一个绰号"老虎"，让法国政界认为他是一个难以忍受的人。

总统普恩加莱在大战开始时就说过："只要战争还有胜利的希望，他就会在所有的事情上乱搅和。总有一天，我会说，现在所有的事情都失败了，你一个人去挽回所有的事情吧。"

普恩加莱这句话，很可能是一战中最有预言性的话。事实上，尽管克里孟梭跟这么多人结仇，尽管这么多人恨他，但是谁都无法质疑他的爱国之心，没法否认他的能力，没法抹杀他对德国的恨，也没法不敬佩他打算不惜任何代价赢得战争的决心。既然你永远是反对派，干脆你上台执政吧。

1917年11月，克里孟梭当上了总理，来从头收拾旧山河。他的政府维持了三年多，这在当时是一个相当大的成就，在他之前的政府有的只维持了几个月。他的内阁成员都是一些有能力但没名气的人，这些人没有足够的权力基础来挑战他的权威。他亲自担任战争部长，以直白的方式告诉那些将军，军事上只有他才有最后发言权。

比较有意思的是，克里孟梭上台后，查禁了那些反政府的出版物。这对他是一种讽刺，也证明了屁股决定脑袋这句话，适用于任何人。他把持不同政见者送进监狱，他拥抱银行家、制造商、资本家——那些他一生都在辱骂的人。他做的决定非常简单，无论什么事儿，如果有助于战争胜利就做；无论什么事儿，如果使战争胜利变得困难，那就不干；跟战争无关的事儿，肯定不是一件重要的事儿。当有人质疑他的计划时，克里孟梭就说："国内政策？我得打仗！外交政策？我得打仗！"

克里孟梭上台之后，把反复动荡的法国政局稳住了。克里孟梭代表主战派，组成的内阁比较坚强，他以不屈不挠的勇气把法国人团结在一起。如果不是克里孟梭，法国可能就崩溃了，这也意味着，一战究竟谁胜谁负就很难说了。

05. 西线最后的决战

生活成了一场悲剧

到1917年底，大战的第四个冬天到了。

沙皇俄国战前被称为欧洲最有前途的国家，此时已陷入崩溃之中。沙皇尼古拉二世和他的老婆、孩子都被关进监狱，克伦斯基的民主政府也消失了，列宁领导的布尔什维克接管了这个庞大的国家。俄国的老百姓陷入贫困中，既缺乏食物，又缺乏安全，大多数人厌恶战争，不愿意再打仗了。

英国和法国虽然能够从美国获得各种有用的资源而不会陷入物质匮乏的痛苦，但是这两个国家的人民也开始厌倦战争。人民感到疲惫，政府为打胜仗不计代价地压榨人民。

德国深受经济封锁的折磨，打破经济封锁的希望也不大，似乎要步俄国革命的后尘。

奥匈帝国的情况比德国还严重，百姓生活极度困难，营养不良症四处蔓延，即将来临的冬天很可能没有取暖，没有照明，也没有足够的食物，人们绝望地看着自己的孩子饿死，然后自己饿死。

生活成了一场悲剧，人们开始反对战争，反对那些还想打仗的人。可是，将军们仍然在制订进攻计划。

进入1918年，德国当局认为，各条战线上的形势对同盟国有利，协约国军

1917年在西线发动的进攻战役，没有收到任何效果。同盟国仍然占着法国、俄国、罗马尼亚和阿尔巴尼亚的大片领土，以及几乎整个比利时、塞尔维亚和黑山。

德国已跟苏俄签订了《布列斯特和约》，结束了东线战争。德国面临的主要战线，已从两条减少到了一条。奥匈帝国和土耳其在摆脱了俄国这个主要敌人后，情况也大为改观。

德军大本营企图利用这个有利时机，孤注一掷，赶在美军主力到达欧洲战场之前，彻底击溃英法军队。

美国青年上战场

1918年1月，德国陆军元帅兴登堡上奏威廉二世："为了使我国在世界上拥有必需的政治与经济地位，我们应当打垮西欧强国。"

2月，军需总监鲁登道夫向威廉二世汇报了他的战略计划："在西线实施决定性突击……这里将有一场可怕的斗争，从一个地方开始，扩展到其他地段，需要很多时间，十分艰苦，然而将以胜利告终。"鲁登道夫认为，只有在决定性时刻将我们所拥有的一切乃至一兵一卒全部送到西线，才能赢得胜利。

在这一战略的支配下，从1918年3月至7月，德军倾其全力发动了五次攻势。第一次攻势从3月21日至4月4日，主要目标是亚眠，这次战役又称第二次索姆河战役。德军的作战意图是想在亚眠地区截断英法联军，把英军赶往海边，把法军赶往巴黎。但是德军攻至距离亚眠还有20公里的时候，就因军需供应不足，无力进攻。经过半个月的战斗，德军突破了英军防线，前进了60多公里，但没能实现作战意图。

第二次攻势，德军从伊普尔附近向英军发动进攻。4月底，法国援军赶到，在英法联军的猛烈反击下，德军只得停止前进。这次战役中，德军虽然前进了15到20公里，抓获了许多俘虏，但损失了14万人，还是没能实现战略目的。

第三次攻势，德军集中进攻提埃里堡和巴黎方向的法军。当时的优势仍然在德军一边，德军在西线有204个师，英法只有180个师，德军首先打败了法军，俘虏6万，并趁势冲破缺口，重渡马恩河。但这个时候，法军得到了新生力量——数万美国棒小伙子的支援，挡住了德军前进的步伐。德军损失了13万人，虽然到达了离巴黎仅60公里的地方，可是没能给法军以歼灭性打击。

第四和第五两次攻势，同样没有取得预期的战果。五次连续的攻势，德军虽然几次突破了英法联军的防线，给敌人以重创，但这些局部胜利并没有什么战略意义。相反，德军损失惨重，死伤、被俘、失踪100万人，也是得不偿失。

协约国虽然力量受到很大削弱，士气不振，但美国的参战使协约国得到了源源不断的军事装备和弹药，特别是有了100多万生龙活虎的棒小伙子，协约国的实力迅速得到补充，力量大大加强。

大家一起来投毒

在德军的五次攻势中，并没有像英法联军那样大量使用坦克，但是德国人大规模使用了另一样大杀器——毒气。

德国人从1915年就开始使用毒气，但那个时候的毒气技术比较落后，取得的战果也不是很明显。德国人最初使用的毒气是氯气，可以用面具或其他简易的手段来防护。最初使用的攻击技术也有很多缺陷，就是靠毒气罐来放毒气。毒气形成的气团会受到风向和风速的影响，毒气罐很笨重，运输和装置都很困难，也只能装在表面阵地，装好之后，可能要等几个星期才能用，随时都可能发生意外的危险，对友军的杀伤可能与对敌人的杀伤是一样的。

德国人后来发明了毒气炮弹，有效克服了上述缺点，基本上不受风力影响，发射也不需要特殊训练。美中不足的是，用炮弹作为容器，载气量太小，必须要发明威力更大的新玩意儿才行。

于是，德国人又发明了光气和芥子气。特别厉害的是芥子气，它是一种持久性气体，会在皮肤上产生严重的水泡，而且恢复得异常缓慢。芥子气的持久性强，只要极少的分量就会给人体造成极大的伤害。芥子气的危害遍及全身，沾到皮肤，则皮开肉绽；沾到眼睛，则双目失明。电影《战马》里边的艾尔伯特就是被德军的毒气伤了眼睛。后来侵华日军也曾在东北大量制造和储存芥子气，杀伤我大量军民。战败之前，日军将大量芥子气仓促埋在地下。前些年，在东北地区的建筑工地，还挖出过日军埋藏的芥子气，造成不少人双目失明或视力受损。有一名工人，出于好奇，喝了一口，当场死亡。

1917年7月，德国人首次在西线使用芥子气，六个星期内就使英军负伤者达2万人以上。在1918年的五次攻势中，德军大规模使用毒气突破了英军阵地，美军也因德军的毒气而损失惨重。

此后，英法两国也开始大规模生产毒气，你有我有全都有，大家一起来投毒。

德军最黑暗的日子

1918年3月26日，协约国成立了联军统一指挥部，由法国陆军元帅福煦出任联军总司令。

在顶住了德军的五次攻势后，从7月18日起，联军展开反攻，攻击方向是德军阵线上的三个突出地带。以法军为主力的四个集团军，率先对马恩河发起进攻。8月8日，以英军为主力的联军发起了对亚眠突出地带的进攻，英军以坦克为先导发起突然袭击，驻守该地的德军七个师全军覆没，这对德军的打击很大。鲁登道夫后来回忆这一天的惨败时，沮丧地说："8月8日是这次大战史上，德军最黑暗的日子。"

到9月3日，德军被迫撤至兴登堡防线，亚眠突出带回到了协约国手中。圣米耶尔突出带虽然对德军有重要战略意义，但由于马恩河和亚眠突出带的失守，德军兵力严重不足，在联军发动进攻之前，德军主动从这里撤出。

9月26日，协约国军向德军发起总攻，战斗首先由美法联军在南翼马斯河——阿登森林地区打响，接着英军在西部开火，比利时国王阿尔贝统率的比军在北边配合英法联军发动攻势，在战线中段的法军也发起了牵制性进攻。

协约国军在不同日期从各段战线分别发起全面进攻，目的就是要分散德军兵力，从而使德军陷入被动挨打的不利局面中。

到1918年9月28日，在联军的攻击下，兴登堡防线全面崩溃，比利时开始收复国土。至此，德军败局已定。

战争就是这么回事儿：

袁腾飞讲一战

第八讲

战火燃遍三大洲

（欧洲之外的战场）

所有的战争都是内战，因为所有的人类都是同胞。

——弗朗索瓦·费奈隆

01. 阿拉伯的劳伦斯

战火燃遍全世界

一战既然是人类历史上的第一次世界大战，战场当然不仅仅在欧洲，否则，拿破仑战争就可以说是世界大战了。在亚洲和非洲，同盟国和协约国照样进行了激烈的交锋，特别是在中东、远东及东非。这些地区的战斗，完全暴露了列强重新瓜分世界的意图。

为了夺取德国在太平洋上的殖民岛屿，1914年8月底，新西兰远征军攻占了西萨摩亚；9月，澳大利亚军队占领了新几内亚岛；同时，澳大利亚海军清除了太平洋岛屿上的几处重要的德国无线电站；11月，日军攻占了德军占领的中国青岛。这样一来，德国在远东地区的殖民地丧失殆尽。当时，澳大利亚、新西兰还是大英帝国的自治领，英国凭借强大的海上优势，派它们去执行任务，在远东地区很快占据了上风。

到了1915年，为了彻底击垮奥斯曼土耳其帝国，协约国把目光投向亚洲，除了远征达达尼尔海峡，最重要的亚洲战场就是美索不达米亚平原。

当然，协约国在这里发动进攻，不像远征达达尼尔，意欲直捣黄龙，给土耳其致命一击。占领美索不达米亚，在外界看来，只是为了提高英国的士气，给土耳其一点儿颜色看看。由于目的不够纯粹，这场战役往往被人忽视。

波斯湾附近盛产石油，当时，军舰、飞机、汽车已经广泛用于战争，人们已经意识到了石油的重要性。海湾地区的油田是英国的石油命脉，当英国与土耳其帝国拔刀相向的时候，为了有效保卫这些油田，英军认为有必要占领波斯湾附近的巴士拉地区，掌控进出通道。

不如一起玩儿阴的

1914年11月，巴士拉被英军攻占。到1915年春，土耳其军队赶来增援，发动反击，被英军击退了。

当时，为了扩大战果，英军派了汤森德指挥的一个师，沿底格里斯河向北推进，还有其他部队沿幼发拉底河推进。美索不达米亚是一片两河冲击形成的平原，两条孕育了西亚文明的大河是这个地方唯一的交通要道。当时，这里既没有公路也没有铁路，交通状况十分落后。占领两河流域，就控制了整个美索不达米亚平原。

英军一直向北推进，连败土耳其军队，逼近了巴格达。此时，正是英国军队四处失利的时候，得知自家儿郎即将占领一个敌国控制下的大城市，全国跟打了鸡血一般，非常激动，迫切希望汤森德取得更大胜利，于是命令汤森德继续向巴格达推进。但好景不长，土耳其的援军到了，汤森德将军的部队被土耳其军队赶回了出发地。

更没想到的是，1915年12月8日，汤森德的部队居然在库特地区被土耳其军队围困。在内无粮草、外无救兵的情况下，到1916年4月，汤森德被迫开城投降。大英帝国的军人向他们非常看不起的土耳其人投降了。当然，汤森德的这次投降，在英军的败仗史上其实不值一提。英军打的败仗，前后多了去了。汤森德的一个师，在装备缺乏、运输不便的情况下，深入敌人心脏地带，面对敌人的优势兵力，还是打出了英国军人的威风。

在汤森德的部队向土耳其人投降后，英国人对美索不达米亚的局势就有点儿绝望了。英国政府图谋此地的一腔热血，被冷冰冰的事实浇了个透心凉。

英国总参谋部认为，增兵美索不达米亚会削弱西线战场的兵力。连英国政府都放任不管美索不达米亚了。没想到，新任英军司令摩德将军足智多谋，竟然在不知不觉中，渐渐地把守势转为攻势，整编了美索不达米亚的英军，恢复了交通线。于是，英国政府重拾占领美索不达米亚的信心，准备再次向巴格达进军。

在两河流域的西面，1915年初，土耳其军队曾进军埃及，但被英国人打跑了。从此以后，英国就在埃及留下了一支大军。即便英军在加里波利半岛登陆，前线急需增援的危急时刻，都没调动驻埃及的英军。整个1916年，驻埃及的英军几乎无所事事。这支部队有25万人，与之对峙的土耳其人只有几千。土耳其人就煽动沙漠中的阿拉伯人制造骚乱，让埃及出乱子。英国人一看，你土耳其人可以煽动阿拉伯人制造骚乱，给我玩儿阴的，我也可以这么搞你。一个人玩儿多没劲啊，不如一起玩儿阴的。

于是，英国人开始想方设法拉拢阿拉伯盟友，重点拉拢对象是被称为"麦加的守护者"的哈希姆家族的族长侯赛因·伊本·阿里。他的两个儿子——费萨尔和阿卜杜拉后来分别成为现代伊拉克和约旦的国王。

英国人是怎样拉拢"麦加守护者"的呢？这离不开一战史上的传奇人物、被称为"阿拉伯的劳伦斯"的劳伦斯上尉。

探险差点儿被打死

这位以"阿拉伯的劳伦斯"闻名的英国人，据说身高只有5英尺5英寸，满打满算折合1.65米，在白种人里几乎就是一个侏儒。但是，见过他照片的人都说，蓝色的眼睛和坚毅的下巴为他增添了几分刚毅的男子汉气概。再加上他面部表情镇定自若，给人一种不怒自威的感觉。他沉默寡言，更令人觉得高深莫测。

1888年，劳伦斯出生在英国的威尔士，年轻时酷爱阅读历史书和中世纪伟大骑士的传记，对骑士精神和英雄事迹产生了强烈的共鸣，这成为他日后人生的终极目标。19岁时，劳伦斯获得了牛津大学的奖学金，学习现代史。劳伦斯特别喜欢探察欧洲的古堡，几乎走遍了英法两国的所有古堡。

1909年6月，劳伦斯带着一台照相机和一支毛瑟枪，来到了中东，徒步考察巴勒斯坦和叙利亚境内的众多十字军古堡遗迹。为了这次考察，他自学了阿拉伯语，沿着骑士传记中提到的地名，兴致勃勃地转了一个大圈。

在叙利亚的时候，他的照相机被偷走了，他还遭到当地人的抢劫，甚至被暴揍了一顿，差点儿被人打死，打他的人以为他死了，才把他撇下。万幸的是，他受的都是皮肉伤。但身上的财物被洗劫一空，他的这次考古之行被迫中断了。后来，他回忆这段经历时说，为了筹措回国的路费，他在贝鲁特码头上当了几天装煤工人，直到收到家里的汇款，才得以回国。

有意思的是，虽然劳伦斯遭到了阿拉伯人的洗劫，但一直称赞阿拉伯人的热情好客。这次旅行，显示出劳伦斯在观察和吸收阿拉伯文化方面的过人之处。他接受阿拉伯人的生活习惯，吃他们的面包和奶酪，日出时和他们一起欣赏太阳从沙漠中升起，用他们的大水罐洗手洗脚，在他们的村落间漫步，观察他们的风俗，接受他们的盛情款待。

劳伦斯在写给母亲的信中说："我现在的生活习惯，方方面面已经像一个阿拉伯人了，讲话常常不自觉地从英语变成了法语或者阿拉伯语。我再恢复成英国人的话，在生活上一定会碰到很大困难。"

考察归来的劳伦斯，把在中东的考察记录、草图和照片都写进了毕业论文，以一等优异成绩从牛津大学毕业。

1911年，他又以考古工作者的身份重返中东，参加由大英博物馆发起的在土耳其境内的考古活动。有一次，一名德国工程师下班后用马鞭抽打了一名阿拉伯工人。劳伦斯非常愤怒，跑过去威胁说，要当着全村人的面，鞭打那个德国人，迫使他公开道歉。从劳伦斯跟德国工程师的冲突可以看出，劳伦斯一直对阿拉伯人有好感。

一战爆发后，因为劳伦斯会讲阿拉伯语，又了解当地的风土人情，而且还了解土耳其帝国，所以被英国招入军队，派到在开罗的陆军情报部阿拉伯局工作。

在开罗期间，劳伦斯表现得十分孤傲，看不起那帮外行同事。作为一个中下级军官，这种行为在等级森严的英国军队里是很放肆的，但是他得到了上司的赏识。特别是常驻开罗的英国中东事务大臣，觉得劳伦斯虽然缺乏军事经验，但他对土耳其帝国和阿拉伯民族及其首领的精辟分析，对英国在中近东的战略很有意义。

20年没看过报纸

这时候，昔日地跨亚、欧、非三大洲的奥斯曼土耳其帝国已经日薄西山，除了编织地毯之外，几乎没有任何工业，被称为"西亚病夫"。

1908年，土耳其帝国内部发生了一场革命，青年土耳其党军官发动政变，建立了新政府，政治上主张西式的君主立宪，扶植穆罕默德五世成为新苏丹。新苏丹是个半痴呆，他最骄傲的事情就是20年内从没看过报纸。

为了重振土耳其帝国的雄风，青年土耳其党提倡泛突厥主义，解散了一切非土耳其人的政治组织，取消了阿拉伯代表在帝国议会中的大多数席位。他们妄图由奥斯曼土耳其来统一所有操突厥语的民族，建立一个从博斯普鲁斯海峡到阿尔泰山，从地中海延伸至太平洋的大突厥帝国。

青年土耳其党的政策使在其统治下的阿拉伯民族跟它迅速分道扬镳。叙利亚知识分子组成了青年阿拉伯协会。土耳其帝国其他阿拉伯省份的酋长和显贵则纷纷成立反抗土耳其的军事组织，准备用暴力推翻土耳其统治，建立完全独立的阿拉伯国家。

这种反抗，在土耳其帝国南部的汉志地区（今属沙特阿拉伯）最为活跃，汉志地区的实际统治者就是"麦加的守护者"——侯赛因·伊本·阿里。他所在的哈希姆家族是伊斯兰教先知穆罕默德的直系后裔，在麦加和汉志地区享有极高的地位和声望。侯赛因和土耳其人貌合神离，暗地里秘密活动，试图使汉志独立，并统一阿拉伯地区，恢复大阿拉伯帝国。

1916年6月5日，以哈希姆家族所在部落为核心的1500名阿拉伯战士，在麦地那起义，宣布阿拉伯国家独立，并很快收复圣城麦加，赶走了土耳其驻汉志的总督。在那里，侯赛因向全世界穆斯林发布宣言，谴责土耳其迫害、屠杀阿拉伯人，背叛伊斯兰教精神，宣布阿拉伯脱离奥斯曼土耳其帝国，自己成为"阿拉伯之王"。

收复麦加之后，阿拉伯军队攻占了许多城市，俘虏了很多土耳其人，起义部队也发展到七万之众。但是，由于阿拉伯军队缺乏给养、金钱和人力，起义指挥者也得不到任何情报，再加上他们没有受过良好的军事训练，如同一帮乌合之众。以麦地那为基地的土耳其军队开始发动反击，阿拉伯起义面临夭折。

这种情况下，英国向汉志地区的阿拉伯人派遣了军事顾问团。劳伦斯就是顾问团的一名重要成员。从此，他以"阿拉伯的劳伦斯"之名，改变了整个阿拉伯世界的历史进程。

历史性的会面

劳伦斯到达阿拉伯地区后，见到了哈希姆家族的核心成员。

劳伦斯暗地里观察这几个人。侯赛因年老而野心勃勃，其长子阿里诚信公正但容易犹豫不决，次子阿卜杜拉聪敏过人但缺乏雄才大略，幼子赛义德缺乏热情，对阿拉伯起义过于冷漠。

劳伦斯愿意接近阿拉伯人，理解他们争取独立的动机，也很了解他们的精神世界，更了解阿拉伯地区的现状。当时，阿拉伯还是个地理概念。劳伦斯知道，单凭西方世界独立和民族解放的理想，并不能驱使那些来自各个游牧部落的骑手英勇奋战。阿拉伯人对部落的效忠，远远高过对虚幻的"民族独立"或"阿拉伯国家"的追求。阿拉伯起义需要很现实的东西：一位具有超强能力和无穷魅力的领袖。在劳伦斯看来，侯赛因的四个儿子中，只有三子费萨尔具备这种素质。

第一次和费萨尔会面时，劳伦斯一眼就看出，这正是他来到阿拉伯要找的人。这两个人不知道，这是一次历史性的会面，阿拉伯的历史将从此改变。

费萨尔看上去很高，像根杆子似的，他的眼睑有些下垂，黑胡子和大白脸活像一副面具。两人互相打量了一下对方。费萨尔问道："你喜欢我的这个地方吗？"劳伦斯回答："很不错，不过距离大马士革远了些。"这句话在当时有讥讽的嫌疑，费萨尔的部队刚刚吃了败仗，随从们对劳伦斯的眼神变得严厉

这是一次历史性的会面，阿拉伯的历史将从此改变

起来。但费萨尔觉得这个人很有意思，他抬头笑着说："赞美真主，土耳其人离我们更近了。"这两人的对话特别像佛教的机锋，交谈者心领神会，旁人听了却十分好奇。

就这样，劳伦斯成了费萨尔的挚友和军事顾问，还兼任中东英军总司令驻阿拉伯部队的联络官，负责对阿拉伯起义部队的军事援助工作。这时候，英国人每个月向阿拉伯部队提供六万英镑的现金和武器。

刚刚到达汉志的劳伦斯，身穿黄色卡其布军装，到达汉志后不久，就戴上了阿拉伯头巾。后来在费萨尔的建议下，劳伦斯又换上更适合沙漠气候的阿拉伯长袍，从外表看，像是一个地道的阿拉伯人。

阿拉伯人打游击

到1916年11月，英国人从埃及运来了4架飞机和22门大炮。

对此，劳伦斯并不满意，说这些炮大多是古董，型号竟多达14种。但是阿拉伯起义者很高兴，过去他们非常害怕土耳其的大炮，因为大炮是骑兵的天敌，所以一直要求英军提供大炮。而英国人害怕阿拉伯人拥有大炮，日后强大起来难以控制，对此要求一直置之不理，这次拗不过阿拉伯人的请求和劳伦斯敲边鼓，就送来了这些可以进军事博物馆的古董。但这些文物还是让牧民出身的阿拉伯战士个个眉飞色舞，士气大增。

另外，为了鼓舞起义部队的士气，英国人还从埃及运来大量钞票。不过，阿拉伯人只接受金币，第一次运来的英镑，竟然被阿拉伯人用来点火和擦屁股了。当然，英国人也给阿拉伯战士运来了大量来复枪及弹药。劳伦斯说，这些老爷枪是布尔战争用过的遗物，跟那22门古董炮倒是绝配。不管怎样，这些枪还是比马刀和长矛管用多了。

劳伦斯率领阿拉伯战士向土耳其人发动了进攻，在进攻中，劳伦斯看到了阿拉伯骑兵的弱点。他们在攻击战中很勇敢，但不擅长阵地战，阿拉伯起义要坚持下去，必须制订出新的作战计划。劳伦斯向费萨尔提议，阿拉伯部队不适合攻城战，暂时不要和麦地那地区强大的土耳其军队决战。而且，阿拉伯部队不适合在阵地上固守，即便攻下了一处阵地也要尽快放弃。阿拉伯军队的长处在于机动性、吃苦耐劳、熟悉地形、勇往直前，他们只有在分散作战中，才能显示出自己的力量。所以，阿拉伯人应该利用高度机动性，不断袭击敌人的纵深地带，绕开敌军主力，把战线扩大到最大范围，用主要兵力瞄准敌人侧翼的汉志铁路，发展一支小规模、高机动、装备精良的部队，在汉志铁路的各个地段分散出击。一句话，就是开展游击战。

费萨尔接受了劳伦斯的建议。英国人派来了一艘运兵船，把费萨尔的部队转移到汉志北方重镇瓦季。在英国海军炮舰的支持下，费萨尔的部队轻易占领了全城。经过这次战略大转移，刚刚成长起来的阿拉伯部队度过了危险期，在西阿拉伯地区再无对手。

一个人玩转战争

这时候，美索不达米亚的英军发动了猛烈攻势，突破了土耳其人在库特的阵地，消灭了底格里斯河流域的土耳其军队，迅速向北推进。

1917年3月，英军攻占了巴格达。当阿拉伯军队攻陷瓦季之后，派驻土耳其帝国的德国军事顾问看出阿拉伯半岛驻军有被歼灭的危险，于是下令麦地那守军立刻放弃该地，把全部枪炮给养装上火车，沿汉志铁路向北撤退到巴勒斯坦境内，在那里建立兵站，准备抵御西线英军从埃及发动的进攻。

如果让麦地那和汉志地区的2.5万土耳其军队转移，在阿拉伯人看来，这是名誉上的重大损失；对英军来讲，如果放任土耳其军队战略转移，即将展开的巴勒斯坦战役会遭受更大损失。劳伦斯建议立即破坏汉志铁路，使汉志地区的土耳其军队失去机动性，取消北撤的计划，龟缩在麦地那城中被动防御，直到一战结束。这大大减轻了日后英国人发动巴勒斯坦战役的压力。

阿拉伯起义的声势越来越大，汉志地区其他持观望态度的阿拉伯酋长也带领部下不断投奔费萨尔。费萨尔的实力越来越强，决定攻占土耳其帝国在红海沿岸控制的仅存港口亚喀巴。1917年5月，劳伦斯一马当先，带领一小队战士开始了挺进沙漠的漫长征程。

劳伦斯在回忆录中详细记述了600公里的沙漠旅程："我们走过了单调的、闪闪发光的平坦地带，盐碱和沙子结成硬壳，平滑如镜，把阳光反射在脸上。我们在灼热的日光直射下行军，地面的反光刺痛了我们的视网膜，使人感觉到一阵阵眩晕。经过热风、沙尘暴和流沙的折磨，我们的脸红肿发炎……"

劳伦斯这伙人每人携带45磅面粉，还带着两万英镑金币和一些炸药，作为送给沿途酋长们的礼物。途中，他们只以粗面包和死骆驼为食，偶尔可以打到一两只沙漠羚羊。劳伦斯还用炸药烹饪过稀有的阿拉伯鸵鸟蛋，权当美餐。

在旅途中，劳伦斯穿着一身阿拉伯长袍，操着一口半生不熟的阿拉伯语，用"阿拉伯独立"或者"亚喀巴的金库"来劝说沿途的阿拉伯人反抗土耳其统治。劳伦斯对症下药，遇到想闹独立的就鼓吹独立，遇到想要钱的就拿金库诱惑。

虽然劳伦斯的阿拉伯语是半吊子水平，但是他的演说收到了显著效果。他出发的时候只带了40多人，到了亚喀巴城下时，已有500多名战士了。这时，土耳其人已成惊弓之鸟。劳伦斯率领的阿拉伯人没费一兵一卒，就占领了亚喀巴沿途的多个据点。

7月5日，劳伦斯先派一个土耳其俘虏，打着白旗跟亚喀巴守军联系，要求土耳其守军投降。守将很礼貌地答复：如果两天内得不到援助，他们就投降。劳伦斯急中生智，给土耳其俘虏一英镑金币做贿赂，亲自带着他再次来到土军阵前，由那个战俘亲口向守军描述亚喀巴城外劳伦斯"不断增长的队伍""不断运来的给养"；还有就是阿拉伯战士对不投降的土军是如何残酷（这倒是没夸张），劳伦斯又是如何越来越难以控制战士们的嗜血渴望。

土耳其俘虏的描述起了很大作用。当天下午，亚喀巴的700名守军向劳伦斯投降。这时候，劳伦斯已经在沙漠里度过整整4个月，骑着骆驼跋涉了2300公里。实际上，劳伦斯只有500人，已经弹尽粮绝。

攻占亚喀巴之后，劳伦斯返回埃及，向英军中东司令部汇报战况，争取更多的金钱和物资补给。

只有自己靠得住

劳伦斯攻占亚喀巴，化解了埃及西奈地区英军遭受的所有危险。

此前，英国人决定向埃及的西奈沙漠进攻。先是经过一番苦战得手，后来进攻加沙遭到惨败。英军攻击加沙失败后，司令官默里被撤职，接替他的是艾伦比将军。艾伦比接掌英军后，花费三个月时间准备秋季攻势，他的保密工作做得非常好，直到英军发动攻势前最后一刻，土军才恍然大悟。加沙地区的土耳其军队很快就被切成两段，艾伦比下令英军向耶路撒冷挺进，在土军来不及阻拦的情况下，突破重要关隘，于12月9日占领了耶路撒冷。

英军虽然没有把土耳其军队一口吞掉，但是劳伦斯跟阿拉伯军队的侧击逐渐使土耳其军队陷入瘫痪。此时，土耳其军队给养不足，士气涣散，许多阿拉伯士兵开小差，加入了协约国部队。在英军发动巴勒斯坦战役期间，劳伦斯又组织部队搞袭击。阿拉伯的骆驼骑兵控制着沙漠，对土耳其人发动短促而猛烈的袭击后，就向沙漠地带逃去，搞得土耳其人一点儿脾气都没有。

在这些袭击中，劳伦斯和阿拉伯酋长们带领着英勇善战的阿拉伯战士，同他们一起冲锋陷阵。由于劳伦斯不属于任何阿拉伯部落，还成为阿拉伯人发生冲突时的仲裁官。可见阿拉伯人对他有多信任。

1918年3月，在鲁登道夫的指挥下，德国军队在欧洲西线向协约国发起了最后的进攻。艾伦比手下的军队被调往欧洲，不得不暂时停止进攻，同时命令劳伦斯继续骚扰敌后。6月开始，劳伦斯率领阿拉伯部队向大马士革发动了进攻。

9月30日，劳伦斯随同阿拉伯部队攻入了历史上阿拉伯王国重要的首都——大马士革。此时，土耳其军队完全瓦解，节节败退，叙利亚全境都被阿拉伯人占领了。

到10月29日，土耳其宣布投降，土耳其人在阿拉伯地区400年的统治宣告结束。阿拉伯的劳伦斯，建立了辉煌的功绩！

必须指出的是，劳伦斯反复向费萨尔灌输一个观念：阿拉伯人的国家，是要靠自己争取才能得来的，而不是别人施舍来的。战后英法背信弃义，阿拉伯人要实现建国之梦，依然要靠自己努力。

02. 战火烧到非洲去

大英帝国的一场灾难

一战期间，在非洲撒哈拉沙漠以南也有战斗。为啥要跑那地界去打仗呢？因为那儿有德国殖民地。哪儿有利益争夺，哪儿就会有战斗。

德属东非包括现今的卢旺达、布隆迪、坦噶尼喀以及莫桑比克北部等地区，总面积大约99.5万平方公里，几乎是今天德国面积的三倍。

1885年，德国在这个区域设立了殖民地政府。一战爆发后，英国、比利时、葡萄牙都派军队前来进攻，但是直到1918年德国投降时，协约国军队都无法占领全境。为什么呢？因为这里有一位出色的德军统帅、极品牛人福尔贝克。

福尔贝克出生于一个古老而著名的普鲁士军事世家，他的祖先在七年战争和反抗拿破仑的战争中，都有着上佳表现，他老爹还是普鲁士陆军上将。1899年，福尔贝克毕业于军事学院，成为炮兵军官，随后在总参谋部任职。1900年，他前往中国，参加了八国联军。1904年到1908年，德国镇压非洲土著人起义期间，他曾在德属西南非（今纳米比亚）任职，了解那里进行丛林战的困难和当地部队的作战能力。

1914年2月，已经是中校的福尔贝克被任命为德属东非的殖民部队司令官，下辖12个营，约4000人，大部分装备都很陈旧。这支部队包括几百名德国军官和预备军官以及少数欧洲志愿者，大多数是由非洲土著组成的"阿斯卡里"部队。

福尔贝克到任后，对这些土著士兵按照普鲁士的标准严格训练，与德国士兵一视同仁。这种平等的精神，在战争中赢得了回报。他欣慰地看到，土著士兵在战斗中拥有和德国人一样的战斗力。而且，福尔贝克在指挥中，对于黑人和白人没有任何偏见。后来，福尔贝克在回忆录中怀着极大的骄傲写到，这些土著士兵的自信，随着每次对英军的作战胜利而不断增长。

一战爆发后，由于德国的殖民地离本土都很遥远，被强大的英国海军隔开，只有少量德国卫戍部队防御。英国人预计，孤立的德国殖民地将被轻而易举地夺过来，以最低代价成为大英帝国的殖民地。

但德属东非战役，最后被证明是大英帝国的一场灾难。

一边倒的战役

福尔贝克并没有因为兵力弱小就采取消极态度，而是在1914年8月英德两国开战之后，主动攻击英国在肯尼亚的铁路，开始了自己的战争。

9月，福尔贝克又发动进攻，试图夺取蒙巴萨。尽管有"柯尼斯堡"号巡洋舰的火力支援，但没有成功。

11月3日，一支数量庞大的英军为了占领德属东非，在坦噶湾登陆，这支英军的数量是德军的八倍。就是从这一刻起，福尔贝克向世人展示了过人的军事天才。他将自己的部队后撤了一段距离，将敌军引入内陆的交叉火力网，并对其施以沉重打击，迫使英军返回坦噶湾，撤回到登陆船上，赶紧开溜。

在英军撤离海湾的时候，英军船只成了德军机枪和火炮的靶子，遭到重创，死伤4000多人。而德军仅仅损失了15名德国士兵和45名土著士兵。此外，福尔贝克还缴获了大量武器和弹药，这是一场完全一边倒的战役。英国政府为了掩盖这场羞辱，一直没有对外公布。

随后的18个月里，英军采取守势。但是福尔贝克并不想让英国人平安度日，他对临近的英国殖民地肯尼亚和罗得西亚（现津巴布韦）发动突袭，摧毁了当地沿铁路及运输线建立的要塞，还摧毁了20列火车及一长段铁路。

当英国海军在拉斐济河迫使"柯尼斯堡"号自沉之后，福尔贝克将舰上人员编入了自己的部队。他还设法打捞起军舰上的大部分火炮，为它们制造由马匹拖曳的炮架，编入他的炮兵部队。

1916年3月，英军名将、游击战专家史末资，带领一支45 000人的军队从南非出发，对福尔贝克发动大规模攻击。由于无法和占10∶1这样绝对优势的英军正面交锋，福尔贝克率部缓慢向南撤退。当英军穿越复杂地形时，福尔贝克就转头向英国人发动诡计多端的袭击。史末资行动迟缓，完全被福尔贝克牵着鼻子走。加上气候恶劣、地形复杂以及热带病，福尔贝克的每次袭击都迫使英军停顿数周乃至数月，史末资最后不得不放弃了这次进攻。

虽然史末资遭到了挫败，但他对福尔贝克的勇气和智慧表示了钦佩和尊敬。

把英军打得团团转

到了1917年，协约国军加大了对福尔贝克的攻击力度。英国人从肯尼亚和罗得西亚、比利时人从刚果、葡萄牙人从莫桑比克分别发动进攻。由于弹药、食物和衣服等给养严重不足，福尔贝克决定放弃伤员和俘虏，以展开完全的游击战。土著士兵指导德国人如何在非洲土地上生存，如何制作衣服、药品，如何获得足够的食物。

10月15日到18日，福尔贝克率部猛烈阻击拥有4倍于己优势兵力的英军比维斯部，使英军伤亡1500人，而自己仅伤亡100人。

尽管如此，武器和弹药的匮乏仍然给福尔贝克的军队带来极大困难。到1917年12月，他几乎要被英军逐出德属东非。这时，福尔贝克了解到，葡萄牙人在莫桑比克边界处的要塞群拥有充足的给养。于是，他发动了一系列令人万分惊讶的攻击，不费一兵一卒就占领了这些要塞，成功夺取了4000人部队需要的所有军需品。

随后，福尔贝克转入反攻，率部于1918年7月1日挺进到沿海的克利马内地区，于9月末返回德属东非。接着，他侵入罗得里亚要塞群，采用各个击破的办法，将要塞一一攻陷。11月13日，他夺取了卡萨马（今赞比亚）。

正当福尔贝克准备对英军指挥中心发动一次大规模进攻时，他从一个英国战俘那里得知，停战协议已经在两天前生效。福尔贝克此时拥有至少还能维持两到三年的作战物资，手下还有3000名士兵，而且敌军难以对他发起有效攻击，但他还是遵守了停战协议。

11月23日，福尔贝克率领3000名弟兄正式向英军投降。此时的德属东非军，除了福尔贝克佩带的鲁格手枪，全军的武器都是从战争中夺来的"万国造"。

投降后，福尔贝克仍留在非洲，安排德军士兵和战俘的遣返工作。1919年1月，他返回德国。抵达德国后，福尔贝克才得知自己已晋升为少将，并成为民族英雄。

普鲁士战术和纪律的结合，加上土著士兵对当地的熟悉，使福尔贝克的部队成为军事史上最出色的游击队之一。虽然他有时冷淡，不易接近，但是他的部队对他绝对忠诚。多年之后，他访问非洲，数百名"阿斯卡里"老战士列队欢迎他。

在这场战争中，福尔贝克指挥的兵力从来没有超过12 000人。但是，他成功地击败了130名将军指挥的累计30万人的协约国军，造成对方6万人伤亡。

不过，福尔贝克个人的胜利并不能挽救国家的失败。德国投降后，国际联盟于1919年根据《凡尔赛和约》将德属非洲殖民地分别交给比利时、葡萄牙、英国托管，结束了德国在东非34年的殖民统治。

03. 趁火打劫抢青岛

日本站队很精明

说起一战时的亚非战场，就不能不提日本。

欧洲列强全面宣战之后，一向精明的日本也开始站队，最终日本人把宝押在了协约国这边。1914年8月23日，日本对德国宣战，趁德国陷入欧战无力东顾之际，派海军封锁胶州湾，想抢夺德国占领的中国青岛。

日军任命神尾光臣[①]中将为司令，调动了以第18师团为主力的陆军5万人，配备数百门攻城重炮、山炮、野炮和数架飞机，从陆路进攻青岛。日本海军出动了第二舰队60余艘军舰，由舰队司令加藤正吉中将指挥，从海上攻击驻青岛德军。日本还派出了第一、第三舰队，前往南中国海警戒，并攻占德国在太平洋岛屿的殖民地。

面对日军的进攻，德国总督瓦尔得克一面驱使数万中国劳工修筑临时炮台，挖掘壕沟工事，运送物资，积极备战；一面紧急召集在华预备役人员到青岛参战，并将在北京、天津、武汉、上海、济南及胶济铁路沿线驻守的德军调往青岛。

到战争爆发时，青岛德军总兵力已达4.5万人。而协约国最急于歼灭的德国远东舰队的6艘巡洋舰，早在日军合围青岛前就悄然离港，突破日军封锁，摆脱掉日、英、法、俄等国数十艘军舰的围追堵截，分别进入南太平洋和印度洋进行破袭战。留在青岛港内的仅有几艘小型驱逐舰和一艘老式奥地利巡洋舰。德军将各艘老式军舰的舰炮拆下安装在临时炮台上当作陆战火炮使用，并在前海航道布设水雷，以防止日本军舰进攻。

9月2日，日军主力在山东龙口强行登陆，侵占胶济铁路沿线城镇，向青岛进逼。9月18日，日军一部又在崂山仰口湾登陆，击退德军警戒部队后，与南下日军会合。几天后，一支2000人的英军也在崂山仰口湾登陆，加入进攻青岛的行列。

9月26日，日、英联军向青岛外围发动进攻，占领了德军外围阵地，随后向德军堡垒线发起全面攻击。其中，浮山攻坚战最为激烈。

[①] 神尾光臣（1855—1927），1882年被派遣至中国，后来任驻清国公使馆少佐武官，积极从事间谍活动。中日甲午战争时，神尾光臣窃取到李鸿章拟订的作战计划，是三大日本间谍之一。1914年8月，被任命为"青岛攻城军"司令官，攻占德国殖民地中国青岛，后任青岛守备军司令官、东京卫戍总督。

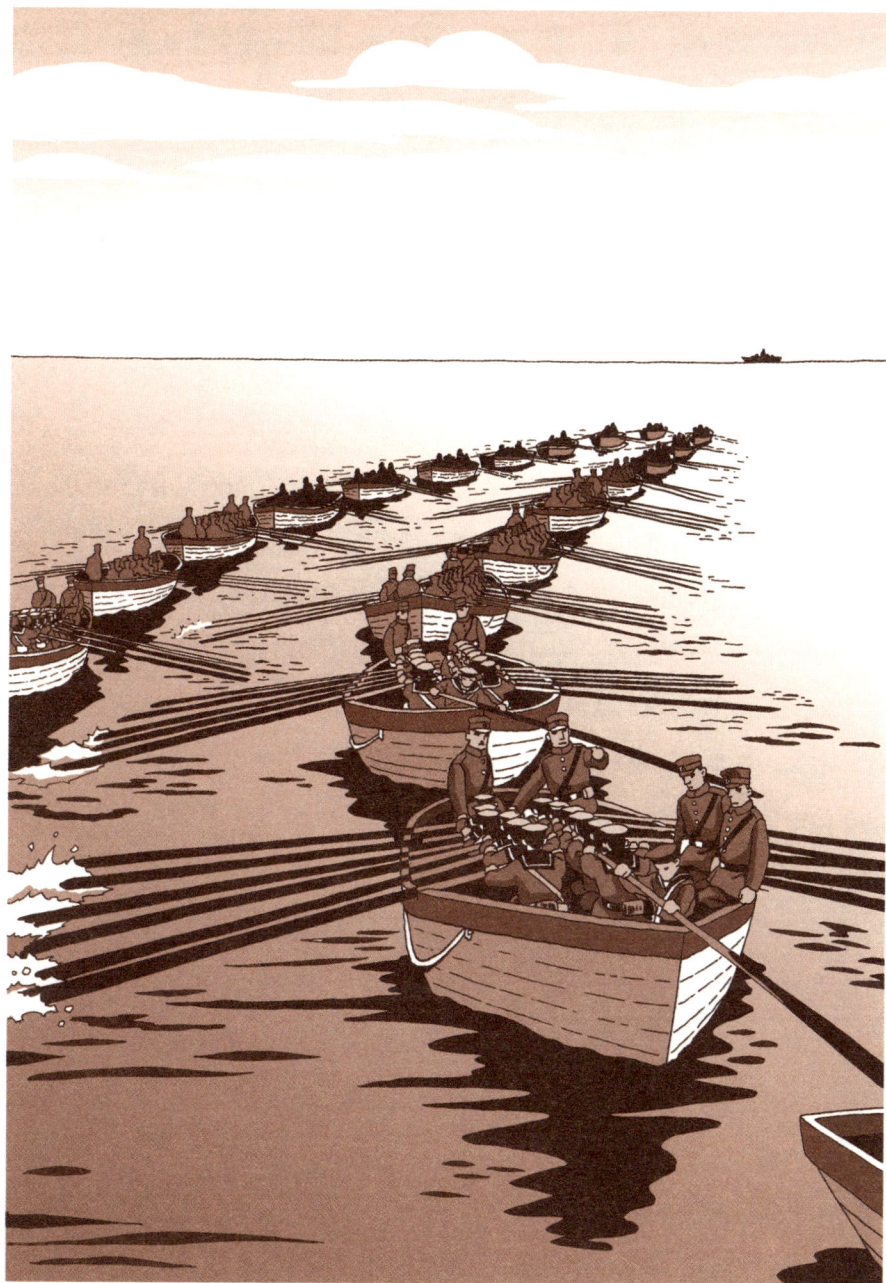

日军在崂山仰口湾登陆，进攻青岛德军

占领德军警戒所

浮山位于青岛市区东面，是一座天然屏障。德军的侦察小队就在海拔330米的浮山顶上，日军先头部队的每次行动，都在德军侦察小队的严密监视中。日军指挥部对德军的这支侦察小队恨之入骨，必欲除之而后快，占领浮山成为日军进攻的第一要务。

日军决定在9月28日前后攻占浮山，进攻军队在凌晨出发，首先攻击浮山东北侧的102高地。凌晨5点，天色见亮，德军集中火力射击日军主力，日军队伍中不断有人倒下。5点20分，日军中队长腿部中弹倒地，但仍然在大声命令部队冲锋。他的喊声又引来了德军的无数枪弹，很快被打死（真是个二货）。

5点30分许，天色大亮。当日军小队攀爬到距德军阵地只有15米的地方时，日军在近乎垂直的山崖上发起冲锋，德军士兵依然在猛烈阻击。许多日军士兵被击中后滚落山崖，不被打死也得摔死。日军伤亡陡增，每前进一步都要付出极大代价。日军感到正面强攻不行，应从侧面或背后迂回包抄。

5时40分，两名日军从山背坡爬上来，向德军战壕内投掷手榴弹，很快被德军击毙。日军还不死心，以大部队正面的猛攻吸引德军的注意力，同时派出众多士兵爬上高大突起的巨石，来到德军阵地的上面，从德军头顶上向下射击。

5时50分，日军派出敢死队带着日本军旗冒死爬上山崖，同时集中了几名优等射手封锁山崖方向的德军。日军利用巨石作掩护，慢慢地接近山顶。另一支日军小队为配合作战，也从高地的西北侧包抄过来。激烈的战斗一直持续到上午10时，日军的大股部队集中于山脚下约700米处，不断向山上的德军射击。

德军遭到日军三面攻击，终于顶不住了，上午11时30分，在山顶上竖起了白旗，向日军投降了。

孤军奋战顶不住

浮山失守后，德军指挥部非常不满，没想到这个天然的德军警戒所，安排了一个步兵排都没守住。

9月28日，经过激烈的战斗，日军逐步占领了德军第一道防线。接着，日本炮火猛轰德军各炮台。德军毫不示弱，各炮台一齐开炮，炮战十分激烈。双方飞机也加入了战斗，除侦察和轰炸对方炮兵阵地外，还进行了空中格斗，这是亚洲战争史上的首次空战。由于德军防守严密，加上连日大雨，日军的攻击没有取得什么进展，战斗进入胶着状态。

10月31日，是日本大正天皇①的生日，日本称为"天长节"。当日，日军向青岛德军发起总攻。在海军重炮联队的配合下，日本陆军向德军各堡垒群发动了一波又一波的猛烈冲锋。德军依托坚固的堡垒拼死抵抗，各炮台也向日军猛烈回击，战斗十分激烈。在11月1日一天，日军就向德军阵地倾泻了1600吨炮弹，德军还击的炮弹数量也与之相当。但青岛德军是孤军奋战，经过多日激战，弹药逐渐减少，炮台和堡垒的损坏也日渐严重，火力逐渐减弱。

11月7日凌晨，趁德军连日奋战、极度疲惫的机会，日军组织突击队偷袭德军中央堡垒。经过激烈肉搏战，中央堡垒陷落。德军连忙集中全部炮火轰击中央堡垒，组织军队反攻，企图夺回中央堡垒，但没有成功。日军趁势前后夹击，相继夺下了德军的各个堡垒和炮台。到了早上6点，德军最后一道防线全线崩溃。

7点时分，德军悬挂白旗投降。这场战役中，德军战死数百人，被俘4000余人，日军死亡1000余人。德军在投降前夕，将炮台上的火炮自行炸毁，把军舰自沉海中。

日德青岛争夺战以日本的胜利告终。在这场战役中，日本占领了梦寐以求

---

① 大正天皇（1879—1926），本名嘉仁，日本第123代天皇。他是明治天皇睦仁唯一活到成年的儿子，昭和天皇裕仁之父。1912年明治天皇去世后，以皇太子身份继位。由于他患有脑病，精神状态非常糟，不符合强大帝国的形象，于1921年被迫引退，由皇太子裕仁摄政。后于1926年去世。

的青岛，也在协约国中有了新的地位，在日后的巴黎和会上有了一定的发言权。而德国损失了在远东的全部陆海军兵力，在一定程度上影响了欧洲战场。

亚洲上空的第一场空战

在日德青岛争夺战期间，爆发了亚洲上空的第一场空战。不幸的是，这个亚洲上空，就是中国上空，由日德两国的空军展开搏斗。

青岛争夺战之前，日本陆军准备参战的飞机一共16架，都是从法国买来的。当时，日本陆军的飞行员只有14人、空中侦察员12人；日本海军的飞机主要是水上飞机，一共12架，飞行员11人。

青岛战役打响后，日本陆军就组成了直属航空队，装备了四架飞机，这些小飞机的主要任务是侦察，也可以带两枚小型炸弹，还能安装机枪。还有一架双翼侦察机，一只高空气球。日本海军航空队也组织了四架水上飞机，七名飞行员，前来青岛参战。

当时，德国在青岛只有两架飞机，都是侦察机，飞机上没有安装机枪，可以带小型炸弹，执行一些侦察和轰炸任务。德国在青岛的航空兵一共只有两名飞行员、一名机械官、两名士兵。

1914年10月13日，日本航空队的阪本中尉和内藤中尉驾驶两架双翼飞机，自机场升空巡逻。当时，德军一架单翼无武装的侦察机，飞到了日军阵地上空进行侦察。日军发现这架德国侦察机后，立即起飞了两架双翼飞机拦截，同时命令阪本和内藤驾驶飞机去支援，务必迫降或击落德机。日军还从水上飞机母舰上起飞了一架双翼水上飞机，从南边夹击。这等于是五架日本飞机夹击一架德国单翼侦察机，占据了绝对优势。

日德飞机迅速接近，双方驾驶员都能看清楚对方了。当时，日本飞机分成上下两层包围圈，不断围着德机转圈，企图迫降德机。而德机在众多日机包围中，左冲右突，就是不肯投降。日本飞机一看没辙了，就用刘易斯机枪向德国飞机扫射。日本飞行员个个都是"神枪手"，子弹射向德机，居然无一命中。

处在包围圈中的德机，虽然是无武装双座侦察机，但是机体非常灵活，盘旋半径小。德国飞机一下把机头俯下，好像要从下面逃走，日机见状降低高度，准备追德国飞机，结果德机瞅准日机的空当，突然一抬头，跃升至3000米高空，躲入了云层。尽管巨大的气流吹得德国飞机左右摇晃，但是德机仍然挣扎着飞走了。

日本飞机的性能和飞行员的驾驶技术都比德国人差远了，只能眼睁睁地看着这架德机逃走。这次空战，日军在兵力、武器都占优势的情况下，想迫降德国飞机，却没成功。

单机冲出包围圈

过了一个星期，10月21日，日本人又发现阵地上空飞来一架德机，两架日机立刻起飞迎战，还从海上起飞了一架水上飞机助战。当时，德国飞行员没有发现日机包抄过来，等发现的时候已经晚了。三架日机一同向德机压过来，数次在德机周围盘旋，用机关枪向德机扫射了三次。

德国飞行员在强敌面前英勇无畏，顽强抵抗，使用俗称"盒子炮"的毛瑟手枪，向日机射击。激战中，日本的"神枪手"们用机枪打德国飞机，又是一弹没中。而德国飞行员用手枪打日机，却把一架日机的左机翼给打坏了。那会儿机翼是木头的，靠张线连在机身上，张线被打断，日机只好退出战斗。"三英战吕布"都战不过，何况还少了一"英"，日本飞行员只好狼狈逃走。

这次空战，地面上的中国老百姓也目睹了激战的场面，对单架德机不惧众多日机纠缠包围，机智摆脱，伸出了大拇指，啧啧称奇。小日本又现了一回眼。

这两次空战的德机飞行员都是布鲁肖中尉。青岛守军被迫投降的前一天，布鲁肖中尉带着德国的机密文件，驾驶飞机冲出日机的拦阻包围，只身飞往中国南京，准备去那儿的德国领事馆。但是途中因燃油耗尽，被迫在海州（今连云港）降落。

后在中国政府的帮助下，布鲁肖中尉平安到达南京，辗转回国，受到了威廉二世的亲切接见，并且荣获皇家勇士勋章。第二年，布鲁肖全家移居美国，得以善终。

去欧洲试水

一战期间，日本的手就已经伸得很长了。

陆军进攻中国青岛的同时，海军派出了数艘舰艇，夺取德国在太平洋上的岛屿殖民地。日本海军还展开大规模巡航，组织了四支舰队前往各个海域，配合英国皇家海军，保护海运线并搜寻斯佩舰队。

1915年2月15日，驻扎在新加坡的1000多名印度士兵暴动，正在南中国海巡航的两艘日本巡洋舰派出陆战队，在新加坡登陆，协助英国当局镇压了这场暴动。当时的英国人不会想到，过了二十多年，日本陆战队就把新加坡占领了，这场镇压可以看作演习。

随着欧洲战火的扩大，协约国再三要求日本派陆军赴欧洲参战，遭到了日本人的拒绝。日本人还算明智，以日本那种装备水平的陆军，到了欧洲战场也就是给人当炮灰。

协约国还请求日本海军派舰队到地中海执行护航任务，也被拒绝了。后来，英法跟日本达成了秘密协定，答应在战争胜利后，日本接收德国在中国山东的权益，并且把德属南洋诸岛并入日本。日本见有好处，这才同意派舰队赴欧参战。为什么巴黎和会上欧洲列强把中国山东的权益交给日本？根源就在这里。

于是，日本组成了三支特混舰队，协助英国海军护航，打击德国潜艇和袭击舰。其中第二特混舰队被派往地中海，指挥官是佐藤海军少将，率领一艘巡洋舰和八艘驱逐舰，后来又增派了四艘驱逐舰。日本护航舰队1917年4月抵达马耳他岛，并以这个岛为基地，担任法国、意大利、埃及和巴尔干半岛之间海上动脉的护航任务。

日本护航舰队的主要对手是地中海沿岸同盟国港口的31艘德国潜艇、14艘奥地利潜艇和3艘土耳其潜艇。当时日本军舰还没有装备声呐，完全靠肉眼发现目标，但是这些军舰上搭载了新型的反潜武器——深水炸弹。战争虽然漫长而激烈，但日本人打得还算比较出色。到战争结束时，第二特混舰队一共执行了348次护航任务，护卫船只788艘，搭救人员7075名，跟同盟国潜艇交战了36次，最大的损失是1艘驱逐舰被鱼雷重创。

在这次远征中，78名日本海军官兵阵亡，其中73人至今仍然安葬在马耳他岛上的战争公墓里。一战结束后，为了表彰日本人的突出贡献，日本从德国得到了7艘潜艇作为战利品。获得这样珍贵的"礼物"，日本的潜艇技术突飞猛进，也算是一大收获。

此外，一战后期，日本海军还编成第一特混舰队，负责在南中国海、苏禄海、印度尼西亚海域和印度洋进行岛礁作战。第一特混舰队的部分兵力以开普敦为基地，协助英国海军好望角分舰队作战。

无论是否出于日本的本意，经过一战的海外作战行动，日本海军已经从沿岸海军向远洋海军转变了。

04. 把美国人给惹来了

击沉"卢西塔尼亚"号

萨拉热窝事件是一战的导火线，但是，斐迪南大公被刺身亡，对大西洋彼岸的美国人来说，不过是一个八竿子打不着的人，在一个没听说过的地方被刺杀的事件，根本没什么重要意义。

一战爆发的最初几个星期，美国一再宣布不卷入这场战争，大多数美国民众非常支持政府的中立政策。美国报纸报道的欧洲战况，多数美国人是抱着事不关己、看热闹、扯闲篇的态度读来当作茶余饭后的谈资。但是，美国人跟欧洲人之间毕竟有密切联系。当时，每9个美国人中就有1个出生在欧洲，也就是移民一代。美国人口中有600万来自中东欧，420万来自西北欧，150万来自南欧。另有1800万本土出生的美国人，他们的父母出生在国外，也就是移民二代。

因此，一战爆发之初，美国政府曾一度非常担心欧洲交战各国要求曾作为其国民的美国人效忠他们，从而引发美国动乱，所以美国政府更是申明严守中立。

1915年5月7日，英国"卢西塔尼亚"号豪华客轮从美国纽约出发，航行在大西洋上，目的地是英国的利物浦。这艘客轮上有1257名旅客，其中有159名美国人，有168名儿童。

当时，德国已经命令它的潜艇和水面舰艇在公海上攻击英国商船和客轮。当"卢西塔尼亚"号航行到爱尔兰附近水域时，接到了英国海军总部的警告，说德国潜艇正在爱尔兰海岸以南海域活动。过去一周内，已经有23艘商船在这片海域被击沉。现在，"卢西塔尼亚"号成了这片海域上唯一的船只。船长很紧张，计划中护航的巡逻队也没来。

当"卢西塔尼亚"号在这片危险海域孤独航行的时候，它正被德国U-20号潜艇严密监视着。德国海军规定，为了防止英国客轮上携带食品和军火，德国潜艇可以攻击英国的客轮。事实上，"卢西塔尼亚"号客轮确实载有4200箱子弹和其他弹药。当然，德国潜艇击沉它的时候并不知情，抱着宁可信其有不可信其无的态度，U-20号潜艇仍然发射了鱼雷。

于是，"卢西塔尼亚"号这艘和"泰坦尼克"号客轮一起被世人称为"永不沉没之船"的豪华客轮，仅仅18分钟便完全消失在汹涌的波涛之下。不同的是，"泰坦尼克"号的沉没是因为撞到冰山，而"卢西塔尼亚"号是被德军击沉的。

"德国佬"成了骂人话

"卢西塔尼亚"号上的逃生场面非常混乱，48只救生艇中只有6只完好无损地被降下，其余救生艇由于索具放松时失去平衡，全部随客轮沉入海底。

因此，"卢西塔尼亚"号的伤亡令人震惊，1257名旅客中，1201人死亡；159名美国乘客中，有124人丧生。

在恐怖的逃生场景中，发生了一幕可歌可泣的壮举。当时，一个叫范德比尔特的37岁的大款，一面指示他的贴身男仆寻找能找到的所有孩子，一面亲自引导妇女和儿童上救生船。他把自己的那只救生船给了一位妇女，然后，跟其他四个老爷们儿一起，手拉手，眼望着前方，不时地给其他人鼓气说："死有什么可怕！"

在"卢西塔尼亚"号客轮被袭事件发生后不到23小时，美国总统威尔逊就收到了美国驻英国大使佩奇的电报。佩奇在电报中直言不讳地陈述了英国对于"卢西塔尼亚"号客轮事件的感受，他报告说："英国方面流露出来的官方感觉是，美国必须对同盟国宣战，否则将失去欧洲的尊重。"

但是，当时威尔逊总统对佩奇的电报很不感冒，甚至随手烧掉了。佩奇希望回国向总统详细禀报他本人以及英国政府的意见，威尔逊总统断然拒绝了他的请求。这两位有40年交情的老哥们儿的友谊从此出现了裂痕。美国的驻外大使一般都是为总统选举立下赫赫战功的哥们儿，在总统当选后外放的"美差"，尤其是驻英大使，那得是总统的铁哥们儿才能担任。这次因为外交政策的互不认同，这对有40年交情的铁哥们儿掰了。

直到一年以后，佩奇才见到威尔逊总统。此时，德国人为纪念成功击沉"卢西塔尼亚"号做了一枚纪念章。佩奇给总统留下一封信，在信中，他指出当时特别想单独见到总统，并把这枚侮辱美国的纪念章也放在信里，但威尔逊总统仍不为所动。有意思的是，当1917年4月，威尔逊总统请求国会同意向德国宣战的时候，他向国会提供的证据恰恰是佩奇一年半前交给他的报告。

"卢西塔尼亚"号客轮事件对许多美国人的心态产生了重要影响。美国民众开始关注德国人对无辜平民犯下的暴行，美国媒体开始把德国人描绘成凶恶、残暴、没人性的野蛮人，"德国佬"成了一句骂人话。

谁也不听美国的

当然，并不是所有美国人都同情协约国，他们也有分歧。许多爱尔兰裔的美国人——这些人在美国还很有地位，当年就是因为不能忍受英国对爱尔兰的长期压迫而移民美国，他们很乐意看到英国人倒霉。而很多德裔美国人则纷纷捐款，支援祖籍国的战争事业。

1916年3月24日，一艘德国潜艇击沉了英国的"苏塞克斯"号客轮，又有一些美国公民罹难。此时，美国人的愤怒达到了顶点，柏林和华盛顿之间的矛盾也升级到了顶点。在美国国会支持下，威尔逊总统向德皇威廉二世发出最后通牒。美国威胁说，德国如果不收敛挑衅行为，美国将断绝与它的外交关系，由此产生的一切后果由德方承担。

当时德国在欧洲两线作战，非常吃力，不愿得罪美国这个世界头号的工业强国。5月4日，德国表示妥协说，他们承诺将严格遵守国际法准则，不再未经警告就击沉经过战区的商船和客轮，德国的这一保证史称"苏塞克斯承诺"。但是，德国军方认为无限制潜艇战比美国卷入这场战争更重要，没过多久就违反了诺言。

1917年2月1日，德国宣布恢复无限制潜艇战，威尔逊总统立即宣布断绝与德国的外交关系。到这时候，威尔逊已经认识到战争不会主动结束，他一直呼吁欧洲各国停战，做出了好几次努力，还亲自去过欧洲，结果谁也不听他的。这使他逐渐意识到，只有美国帮助某一方赢得这场战争的胜利，才能有和平，美国才能在战后的和平会议上发挥重要作用。

那到底帮助哪一方赢得胜利呢？这是用脚指头也能想明白的事儿。从血缘上讲，最早的美国人是英国移民的后代；另外，美国跟协约国的商业贸易很密切，到1917年1月，协约国欠美国的债务已达20亿美元，如果协约国战败，这笔钱就打水漂了。威尔逊总统确信，如果必须有一方失败，那么这个失败者必须是同盟国。

当威尔逊总统宣布跟德国断绝外交关系后，对德宣战只是一个时机问题。

因为不断有协约国船只被德国击沉，这些被击沉的协约国船只上有很多美国公民，现在只需要一枚鱼雷就能使美国卷入战争。

正义比和平更加珍贵

此时，发生了一件很不寻常的事情，英国情报部门截获了德国外交大臣齐默尔曼给德国驻墨西哥大使的绝密电报。

这封电报敦促墨西哥当局，如果美国加入协约国，墨西哥应立即向美国宣战。在这份电报中，德国承诺向墨西哥提供大量财政援助，并在胜利后把美国的得克萨斯州、新墨西哥州和亚利桑那州等所谓"墨西哥丧失的领土"归还给墨西哥。

这份电报真假难辨。当时，墨西哥基本处于无政府状态，根本没有成建制的部队，向美国宣战无异于天方夜谭。威尔逊总统原本认为这份情报不过是个骗局，但是，"齐默尔曼电报"被美国各大报纸登载，激起了美国民众最强烈的反德情绪，使美国国会中反对参战的议员人数骤减。再加上3月16日，德国潜艇在没有事先警告的情况下，击沉了三艘美国商船，所以美国人必须对德宣战了。

许多美国民众已经自发上街游行，举的标语上写着：杀死德国皇帝！打到柏林去！打倒德国佬！美国前总统老罗斯福义愤填膺地说："毫无疑问，美国必须开战，穷凶极恶的德国人已经向我们宣战。"

1917年4月2日夜，华盛顿国会大厦灯火通明，情绪激动的威尔逊总统强烈要求国会授权他向同盟国宣战。许多议员西服的翻领上别着美国国旗徽章，美国最高法院的法官们列席了听证会。曾是南北战争老兵的最高法院首席大法官怀特在聆听总统演讲时，甚至忍不住失声痛哭。

威尔逊总统在演讲中提出："有一个选择我们不能做，也没有能力做。我们不会选择屈服之路，不会使国家和人民最神圣的权力遭到忽视和践踏。"他提出"正义比和平更加珍贵"这个概念。威尔逊还说："世界必须给民主营造安全。"这句话充分表明了美国介入战争的正当性。

1917年4月6日凌晨，美国参议院以86票赞成、6票反对，通过了对德宣战的决议案；众议院以373票赞成、50票反对，同意对德宣战。从此，美国加入了协约国集团。

拉法耶特，我们来了

协约国集团得知美国参战的消息后欢欣鼓舞，无不举国振奋。

谁都知道美国当时是世界上最大、最发达的工业国家，如果它向同盟国宣战，协约国就会得到美国提供的大量物资和贷款；强大的美国海军将提供直接援助；一支人数多得难以想象的美国陆军将开赴法国参战。当时，协约国特别希望美国能够派遣数以十万计的军队到西线参战，实际上，美国根本就没做好应对如此大规模战争的准备。

1917年4月，美国对同盟国宣战的时候，陆军不足20万，在世界各国陆军中排名第17位，甚至还不如当时中国的陆军人数多。这支军队的规模比阿尔贝国王领导的比利时军队多不了多少。老兵们在领养老金退役之前基本都在睡觉和玩乐，部队装备的火器几乎都是过时的老式步枪。航空兵一共只有55架飞机，其中51架是面临淘汰的破旧飞机。当威尔逊总统向军方询问美国能够向法国派遣多少部队时，得到的回答是24 000人，而且只能保证一天的弹药供应。

尽管没有做好战争准备，1917年6月28日，第一批美军参战部队仍然抵达了法国，对于在三年消耗战中拖得筋疲力尽的法国人来说，这些美国棒小伙子的到来，给他们带来了无限希望。1917年7月4日，美国国庆节，巴黎为进入该市的美军举行了盛大的欢迎仪式。在仪式中，一名叫斯坦顿的美军上校吐出了长期激励法国人和美国人的一句话："拉法耶特，我们来了！"拉法耶特是美国独立战争期间帮助过美国的法国将军。

第一批赴法参战的美军，被称为美国驻欧远征军的核心力量。潘兴将军被任命为美国驻欧远征军司令。潘兴将军26岁时，以全年级第一名的优异成绩毕业于西点军校。他在美国骑兵部队服役期间，参加了发生在美国西部地区的最后几场印第安战争。那个时代，美国军队基本处于休眠状态，军官的晋升极

1917年4月2日，情绪激动的威尔逊总统强烈要求国会授权他向同盟国宣战

其缓慢，已经三十五六岁的潘兴还是一名中尉军官，深感升迁无望，曾经考虑离开部队当一名律师。但是，他的好哥们儿、后来担任过美国副总统的道斯极力说服他再干上几年，潘兴才在部队中忍耐了下来，终于迎来了人生的辉煌时刻。

在威尔逊总统眼里，潘兴并不是一位伟大的战略家，他没有一位高级军事指挥官应有的睿智，但是潘兴坚韧不拔，情绪稳定，极具耐心，可以凝聚军心、稳定士气。临危受命的潘兴果然没有辜负总统的重托，凭着对事业的执着和坚韧不拔的品质，白手起家，很快组织起一支规模庞大的美国远征军。

更了不起的是，潘兴以其坚定的意志，顶住了来自其他协约国政府及将军的压力。

给美国人一个"惊喜"

英国和法国对于建立一支独立的没有任何战争经验的美国远征军根本不感兴趣，他们需要美国军队填充他们日渐薄弱的防线，说白了就是想用美国人当炮灰。

但是，潘兴断然拒绝了英法提出的无理要求，他对协约国将军对自己军队的巨大伤亡所表露出来的麻木不仁和冷酷无情深感震。在协约国将军眼里，伤亡只不过是一些数字。而潘兴作为一名久经战火考验、忠于职守的老兵，绝不能容忍自己的部队被这么一群根本不懂战略战术的二百五将军指挥，去打毫无意义的消耗战。

所以，潘兴保持了美国远征军的独立性和完整性，在他认为部队已经进行了全面训练之前，并不打算让军队参加任何作战行动。以至于协约国政府和军事指挥部门一再向美国施压，要求撤换这位不听招呼的将军，但是威尔逊总统十分固执地信任这位远征军司令。

潘兴将军从法军中借调了一些久经战火考验的老兵，作为美国兵的教官。这些法军教官做梦也想不到他们日思夜想、早也盼、晚也盼、望穿双眼盼来的美军，竟然如此缺乏训练。一开始，他们非常失望，但经过一段时间后，他们对这帮美国兵接受新的训练科目和战术的速度，以及在训练过程中表现出来的献身精神感到由衷的满意。

直到1917年10月，潘兴才开始派遣美军到法军前线参战。经过再三比较，潘兴选择了图勒城周围的防线作为美军首次参战的战场。1914年以后，这里除了零星的炮击、放冷枪和偷袭之外，没有发生过任何真正的战斗。

但是，德军事先得到了情报，决定给美国人一点儿颜色看看。11月2日子夜时分，德国老兵为了向美国新兵表示"欢迎"，给美国人一个"惊喜"，发起了一次精心准备的突袭。德军小分队神不知鬼不觉地剪断了美军阵地前的铁丝网，迅速插入美军阵地，干净利索地完成了屠杀任务后，扬长而去。这次行动中，德军杀死了3名美军士兵，抓了11名俘虏。马尔霍尔下士成为美军在一战中第一位被俘的士兵。

很明显，德军发起这次突袭的目的，就是要羞辱美军并动摇他们的士气，但是美军被激怒了。

一份良好的答卷

之后，德国最高当局决定，在潘兴彻底把美国远征军打造成一支独立作战的力量之前，在西线发动一场大规模闪电战，将协约国军队彻底打垮。

1918年5月27日，德军在法国的苏瓦松和兰斯之间的山区向法军发动进攻，成功突破了法军防线。不到八天时间，德军向前推进了近60公里，比协约国军队过去三年推进的距离之和还要多，缴获了大量武器装备，抓获了65 000名俘虏。

自从1914年马恩河战役以来，协约国的形势从来没有这样严峻过。德军打到了马恩河畔，距巴黎不到60公里。巴黎充满了恐慌，法国又准备迁都了。

5月30日，协约国军总司令福煦委托法军总司令贝当拜访潘兴，请他向法军危急的防线派遣美军支援。当时的50万驻欧美军中，只有四个师准备就绪，其中两个师已经被派往前线。潘兴考虑再三，同意把美国陆军第二师和第三师借给贝当将军。

美军第二师隶属法国第六集团军指挥，集团军司令对于把一段防线交给一支毫无作战经验的部队感到不安，问他们能不能够挡住作风顽强、训练有素的德国军队。美军第二师参谋长布朗上校愤怒地回答："这些人是美国的正规部队，在过去的150年中，他们从来没有被打败过。"

美军抵达前线之后，发现法国军队正在不断后撤。当最后一支法军分队从美军第二师下辖的海军陆战旅防守的阵地旁撤退的时候，他们的指挥官走到一位美军陆战队连长面前说，他们已经接到了全部撤退的命令。美军陆战队上尉威廉姆斯咆哮如雷："撤退？该死的！我们刚到这儿。"

就在法军撤退后不久，在美军右侧的树林里，德军的机关枪开始疯狂地扫射起来，两股德军步兵呈扇形展开，向美军阵地发起攻击。美军第二师第六陆战团团长特林上校在回忆录中描述了当时的情景："如果说德军的前进在我看来很漂亮的话，那我们的海军陆战队员们更是如此……陆战队员们阻止了他们前进，他们被击退，且伤亡惨重，最后不得不后撤，但我们的火力丝毫没有减弱，将他们推向死亡。"尽管这只是一场小规模战斗，但美国海军陆战队顶住了德军的进攻。

6月6日，法国第六集团军发起了一次大规模的反击。当时美军第二师陆战旅受命控制贝洛树林。德军在这片树林里精心部署了200挺机关枪，将这片树林布置成了修罗的屠场。但是美军坚守阵地，打退了德军一系列反扑。其中，最后一次反扑是霍夫曼军士一人击退的。他发现12名带着机枪的德军士兵从灌木丛中爬向己方阵地，勇敢的霍夫曼大吼一声，冲下坡去，同德国兵展开白刃战，格杀了两名德国兵，其他德国兵发现不妙，转身逃之夭夭。霍夫曼受了重伤，但是被救活，并荣获了国会荣誉勋章，他是美国第二师获此殊荣的第一人。

战斗结束后，人们在一名阵亡德军士兵的遗体上发现了一封没来得及寄出的写给父亲的家书。这名阵亡士兵描述了德国兵眼里的恐怖战争，信中写道："美国兵都是残酷狠毒的恶魔，但凡能够移动的东西，都在他们的杀戮之列。"这种战场上的残酷，使德国人把美国海军陆战队员称为"凶残的狗"，这个绰号沿用至今。

贝洛树林作为德国人和美国人首次较量的见证永载史册。美国大兵凤凰涅槃，自南北战争结束以来第一次参加如此大规模的战争，以前打印第安人、墨西哥人，这次才有了像样的对手。在跟欧洲军事强国的首次较量中，美国兵交了一份良好的答卷。

像铁人一样战斗

7月15日，德军对协约国再次发动进攻，第二次马恩河战役打响。

美军最著名的作战行动发生在马恩河南岸地区，德军向美军第三师发起了凶猛异常的攻击，据守阵地的美国人顽强抵抗。在一个阵地上，美军第三师38步兵团受到来自三个方向的攻击，尽管形势危急，但是38团全体官兵英勇顽强，击退了德军一次又一次的进攻，并且给德军造成了三倍于己的重大伤亡。

在战斗中，38团涌现出很多可歌可泣的悲壮事迹。有一名战士阵亡时，一手拿着步枪，一手拿着手枪，在他周围横七竖八地躺着12具德军士兵的尸体。第38团在马恩河畔坚如磐石般的英勇战斗，使它赢得"马恩磐石"的称号。

在跟美国第三师相邻的地方，美第28宾夕法尼亚国民警卫师面对德军的凶猛进攻寸土不让，有四个连被德军重重包围，弹药打光了，就与冲上来的德军展开肉搏战。这些英勇无畏的宾夕法尼亚人，赢得了美国远征军总司令潘兴将军的高度评价："他们就像铁人一样战斗。"

到了9月份，潘兴将军统率百万美国远征军独立作战的梦想终于实现了。于是，他试图发动一场自始至终完全由美国人参加的进攻。

9月12日，美法联军投入50万兵力、各类火炮3000余门、坦克267辆、飞机1500架，对据守在圣米耶尔突出部的德军发动了猛烈进攻。由于进攻突然，许多德军据点被美军包围，加上德军有意撤出，抵抗十分微弱。一名美军军士长拿着一把没装子弹的手枪就俘虏了300多名德国兵。第二天，美军两翼部队对圣米耶尔形成钳形包围。此时德军主力已经撤离，美军很快肃清残敌，在战斗中俘敌15 000人，缴获了大量装备。

这一天恰恰是潘兴将军58岁的生日，他说，这是他最快乐的一个生日。

史上最坚强的信鸽

在圣米耶尔地区肃清德军残敌之后，美军将参加协约国全线的进攻作战。美军新组建的第一集团军将在凡尔登以北的阿尔贡地区与德军作战。参加进攻作战开始阶段战斗的9个美军师中，只有2个师具有实战经验。每位美军士兵要背负200磅弹药、2罐腌牛肉、6盒压缩饼干和1升容量的水壶。

许多新兵的水壶里盛的是酒，而不是水。他们身边没有老兵提醒，在激烈的战斗中饮酒不仅使他们翻胃般地难受，而且会增加他们的干渴，所以后来那些本来应该忙于战斗的美国兵却忙于呕吐。

9月26日，在2700门火炮进行3小时的猛烈轰炸后，美军正式发起进攻。尽管美军占有8倍于敌军的数量优势，但是美军在推进1公里后，遭到德军顽强抵抗而不能前进。9月底，美军只得暂停进攻。

激战当中，美军第77师308团1营被德军的火力阻隔，困在了幽深的山谷中，坚守四天后，部队减员严重。由于不能派步兵进入山谷救援身处绝境的1营，77师指挥官决定对包围该营的德军阵地实行猛烈轰炸。但是美军炮兵只知道1营的大概位置，他们的炮弹几乎全部落在了1营的阵地上。

1营营长怀着最后一线希望放飞了最后一只信鸽。这只信鸽的名字叫"亲爱的朋友"，信鸽本能地飞向77师阵地。在飞行途中，一颗子弹穿透了"亲爱的朋友"的头部，它的左眼破裂，眼珠子流了出来。后来，灼热的弹片击中它的胸部，致使它的胸骨折断，第三块弹片削掉了它的左腿下部。然而，这只史上最坚强的信鸽仍然奇迹般地坚持飞行，几乎流尽了最后一滴血，飞到了美军阵地。幸运的是，绑在信鸽左腿上部的信仍然完好无损。信中写道："看在上帝的分儿上，停止炮击。"

10月8日，这个营仅剩194名幸存者。在友邻部队的支援下，他们终于杀出了一条血路，离开了山谷。

陆军中士约克

同一天，在阿尔贡森林的另一个地方，一个名叫约克的美国陆军中士，在不到15分钟时间里，成了第一次世界大战中最著名的战斗英雄。这一天，约克中士随一支16人的侦察分队，去侦察一个长满灌木丛的德军机枪火力点。侦察分队摸到德军阵地后面，在一片小空地上，神兵天将般地出现在德军营长和一群士兵面前。这帮德军以为这支侦察分队只是美军大部队的一部分，就乖乖地举手投降了。

然而，另一个高地上的德军发现这只是一小股美军，就向他们开火，6名美军士兵中弹身亡，3名负伤，包括分队的指挥官。被俘的德国士兵趴在地上不敢动弹，剩余的7名美军士兵躲避在树后。德军从两个方向射击，形成交叉火力网。美军侦察小分队立即还击，很快击毙了几名德军。身为中士的约克负责指挥小分队，他一面命令其他人员看守德军俘虏，一面独自爬着去进攻另外的德军机枪火力点。

约克从小生长在美国田纳西山脉，喜欢在山林中狩猎，成了一个百发百中的神射手。现在，精湛的射击表演开始了。约克不慌不忙地用步枪一个个地击毙第一个机枪火力点的德军。另一群德国兵端着刺刀从侧面向他冲来，他掏出科尔特手枪，有意先打死最后一名德军士兵，以便其他德国兵继续向前冲。就这样，他一枪一个，打死了向他冲来的全部德国兵。不到15分钟时间，约克用17发子弹击毙了17名德军，随后他和小分队押着德军俘虏返回美军阵地，一名被俘的德军少校还命令其他德军向约克小分队缴械投降。

最后，约克率领小分队带着3名伤员、132名德军俘虏，安全返回了阵地。约克获得了美国国会勋章，战争结束后，他的英雄事迹被拍成电影《陆军中士约克》。

实际上，约克不久前还是一名拒服兵役者。他信仰宗教，认为所有的战争都是邪恶的，而且说过，与人战斗实际上就是反对自己的宗教信仰。当他被强征入伍时，他进行了"多次祈祷并有了良心发现"，才到了军营。但是，战争改变了他。

10月10日，美军从阿尔贡地区赶走了最后一名德国兵。此时，协约国军已经突破了德军的主要防线。德国人认识到他们将输掉这场战争，德国的外交家们开始放下身段，寻求和平了。

战争就是这么回事儿：袁腾飞讲一战

第九讲

铸成大错悔已迟

（德、奥、俄、土四大帝国的终结）

我们不是被打垮的，因为我们作为士兵更优秀，更有经验；我们无非是被许多倍的优势所压垮、所击退了。

——《西线无战事》

01. 沙皇俄国的末日

淫僧拉斯普京

一战结束时，那些让千百万人走进坟墓的君主，最终也把自己给玩废了。德意志帝国、奥匈帝国、俄罗斯帝国、奥斯曼土耳其帝国，这四大帝国从此灰飞烟灭。眼看他起高楼，眼看他楼塌了。为什么呢？他们是自掘坟墓。

俄罗斯罗曼诺夫王朝的崩溃，非常典型地证明了这一点。这个王朝走向崩溃的最后时光，出现了一个著名的淫僧——拉斯普京。

拉斯普京于1869年出生在俄国伏尔加河西岸的一户农家。他爹早年好赌，后携家移居西伯利亚地区的一个村庄。拉斯普京原来叫格里高利，年轻时就是个无赖，还做过偷马贼，被同村人称为"拉斯普京"。拉斯普京的意思是"淫逸放荡"，他是拿外号当名字。

拉斯普京后来混入东正教，俨然以"先知"和"神人"自居，出入大户人家，骗取钱财。他学会了高超的催眠术，他那双淡蓝色的眼睛，炯炯有神，当死死盯着人看时会泛出道道蓝光，再加上巧舌如簧、低沉洪亮的嗓音，总令人感到恐惧，昏昏欲睡。

拉斯普京的这种催眠术对女性尤其见效。据说，他睡遍了俄罗斯宫廷所有的贵族少女，如果跟处女发生关系，拉斯普京就会收藏她的一缕头发。1977年，当地政府拆除拉斯普京住过的房子时，在花园里发现了许多装有女人头发的箱子。

拉斯普京30多岁时，担任神父一职，以散播预言和施展巫医医术为绝活。

有一次，拉斯普京准确预言了俄罗斯某地3月的干旱，从而名声大噪。

1905年，拉斯普京又机缘巧合地来到了首都圣彼得堡。这一年，俄国爆发了革命，沙皇被迫决定召开国家杜马。当俄罗斯人民同盟（又称黑色百人团）去各地拉选票时，发现了拉斯普京。他们认为这人是个雄辩家，可以很好地为本党说话，于是便把他带到了首都。

在圣彼得堡，拉斯普京利用他不知从哪儿学来的占卜和咒术，轻松地笼络了一批骄奢愚昧的贵族，在整个上流社会风靡一时。不久，拉斯普京又瞎猫碰上死耗子，治好了沙皇尼古拉二世的叔叔养的狗，使他的名声传入了宫内。

尼古拉二世的皇后亚历山德拉笃信神秘主义，喜好招待"神僧""圣童""先知""预言家""救世主"这类人物，并经常举行降灵仪式。令这对夫妇悲伤的是，他们的儿子阿列克谢因患有血友病，面临生命危险。

每每阿列克谢犯病时，所有人都束手无策。就在此时，拉斯普京出现了。

把俄国搞得鸡飞狗跳

1907年，皇太子阿列克谢再次犯病。焦急万分的皇后说服了尼古拉二世，抱着试试看的想法，召拉斯普京入宫，看他能否拯救爱子。

令人惊奇的是，对这位病情严重的皇太子，就连宫廷御医都无计可施。拉斯普京进来后，仅给皇太子喝了一小包药粉，又进行了一番祈祷，然后坐在皇太子身边给他讲了些故事。接着，奇迹发生了，通过几天静养，皇太子居然康复了！

就这样，整个沙皇俄国未来的命运似乎都掌控在了一个出身不明的巫师手中，原因就是他与皇太子的健康有着密不可分的关系。只要拉斯普京留在宫里，皇太子就健康活泼，当他不在的时候，太子就会日渐消瘦。1915年，拉斯普京与沙皇一度交恶，被赶出皇宫。结果皇太子突然流鼻血，当皇后求助于拉斯普京时，他故意迟了两天，没想到太子的病情迅速恶化。当拉斯普京一出现，太子就奇迹般地好了。

从此，拉斯普京这种不可思议的力量，让沙皇尼古拉二世也完全屈服了，凡事都要让他三分。

但对于俄国而言，灾难开始了。在取得沙皇夫妇的绝对信任后，拉斯普京的本来面目逐渐暴露出来。由于拉斯普京有了"沙皇神灯掌灯官"的宫廷头衔，可以自由进出内宫，于是他经常对沙皇夫妇施加影响，从而使自己成为俄国最炙手可热的人物，甚至公然干预朝政。

到1916年时，拉斯普京的权力已达到顶峰，尤其是一战爆发后的1915年，沙皇御驾亲征，离开了京城。国家的权力落到皇后手里，实际上掌握在了拉斯普京的手中。

这一时期，俄国的内政被拉斯普京搞得鸡飞狗跳。1914年至1916年短短两年时间，俄国大臣会议主席（首相）换了四个，内务大臣换了六个，陆军大臣换了四个，外交大臣换了三个，司法大臣换了四个。据说，拉斯普京任命官员毫无原则，全凭一时兴趣。他让年近八旬的哥罗梅金当大臣会议主席，仅仅是因为他爱吃哥罗梅金老婆做的土豆。另外，许多官员和贵族因为得罪了拉斯普京而被罢免。

惊人的预言能力

俄国国内本来就矛盾尖锐，又在战场上屡吃败仗，像拉斯普京这样的恶魔，无疑将使国家迅速走向崩溃。

正如一名贵族后来回忆的："拉斯普京是个两面派。在皇族面前，他露出谦卑的长老面孔，皇后看着他便不由自主地相信他就是上帝附体。但是在国民面前，他便现出了狰狞的一面、那个酒色秃驴污秽的一面。民众看到沙皇居然重用了这样的人，感到十分气愤，而皇宫上下对此不解，并觉得受到了伤害。他们为什么这么生气？难道一个圣人为不幸的皇太子祈祷有什么不对的吗？要知道，那孩子稍不注意就会没命的呀。沙皇和皇后被刺痛并激怒了，怎么会爆发如此强烈的民愤呢？这个人除了好事什么也没做啊。就这样，死神的传令兵来到了统治者和人民之间，而且由于任何一方都无法完全了解这人的二元性，所以双方也无法互相理解，于是沙皇和人民便同时把对方推到了深渊的边缘。"

诚如所言，当沙皇夫妇沉溺于对拉斯普京的信任中时，不但是平民，甚至那些对王朝忠心耿耿的贵族也愤怒了，这对沙俄帝国来说绝对是非常危险的。

虽然拉斯普京在社会上声名狼藉，但皇后就是不肯承认他邪恶的一面。这个女人天真地说："圣人总是被人诽谤，人们恨他是因为我们爱他。"她无论如何都不相信那个她完全信任的人、那个治好了她儿子血友病的人是个骗子，也没料到他引起的公愤最终会随着革命的爆发达到顶点。

与此同时，不少官员认为民愤将继续扩大，于是纷纷请求皇后把拉斯普京赶走，却被皇后拒绝了。即便是在外面风传拉斯普京是她情人的时候，她也仍然拒绝赶走他。当皇后的姐姐伊丽莎白试图介入此事的时候，同样受到了皇后的冷遇。伊丽莎白临走的时候，伤感地说："看来我就不该来。"而皇后只是冷冷地回答："没错。"

拉斯普京之所以能够得到沙皇夫妇的绝对信任，除了他能治愈皇太子的血友病外，还因为他神秘的预言能力。而这些能力，皇后就曾亲眼见过。那还是拉斯普京刚进宫不久，虽然治好了皇太子的病，人们对他还不十分信服。有一天，拉斯普京突然紧张地对皇后说："皇后妈妈，千万别让孩子们进儿童室，我看见了。"几天以后，儿童室果然有一盏巨大的吊灯从天花板上掉下来，摔得粉碎。事后皇后感激不已，但后来有人披露，这其实是拉斯普京的一个圈套，他事先已把儿童室内水晶吊灯的链子锯开了口子。

1912年10月的一天，患血友病的皇太子阿列克谢陪同父皇在波兰一个小镇打猎时突然发病，发高烧，且流血不止。御医感到无能为力，让沙皇夫妇做最坏的准备。据记载，当时皇室的确已经开始为皇太子准备后事了。就在这时，万里之外的拉斯普京来电说，上帝已看到了皇后的眼泪，皇太子一定能活下来。就当人们将信将疑时，奇迹果然发生了：皇太子的体温开始下降，流血慢慢止住了。

另外，拉斯普京还曾预言，皇太子在13岁生日之后，身体就会好转，事实的确证明他是对的。

除掉这个祸害

在看到拉斯普京具有如此惊人的预言能力后，就连沙皇也开始将国家大事托付给他。

特别是在一战的战场上，无论是作战方针，还是军事调动，拉斯普京几乎无不插足。沙皇每遇难题必先咨询"我们的朋友"拉斯普京，就连前线是否发动进攻，什么时候发动进攻，也要看拉斯普京的预言行事。但这些"预言"，在历史学家看来都是拉斯普京的胡言乱语。

在拉斯普京种种预言的摆布下，沙皇继续将俄国引向灾难，因为这位"国师"的一些预言完全是瞎指挥。有一次，拉斯普京宣称自己做了个梦，他得到了神的启示，俄军应在里加附近发动进攻。当沙皇真的下令发动进攻时，却被德军打得大败。还有一次战役中，本来沙皇的军队明显占了上风，拉斯普京却怂恿皇后向前线发了一封电报，要求皇帝宣布停战，原因只是他做了一个"不幸的梦"。对此，就连尼古拉二世也开始不满，说自己"就好像穿了一条无形的裤子一样"。

随着俄国的局势进一步恶化，拉斯普京已预感到局势开始对自己不利。1916年12月的一天，在前线的尼古拉二世突然收到拉斯普京写来的一封信。这位巫师居然在信中说，自己将在1917年元月前被杀害，但是他又警告沙皇，如果自己是被民众所杀，皇帝尚可存活几年；如果是被贵族所杀，罗曼诺夫王朝将在他死后三个月之内崩溃，沙皇一家人将无法活过两年。看到这封信后，沙皇惊恐万分。这次，拉斯普京一语成谶，果然被人干掉了。

谋杀拉斯普京的主角是尤苏波夫亲王，他出身于俄国最富有的家族，老妈是靼鞑贵族的后裔，老爹曾经担任过莫斯科市市长。尤苏波夫于1914年娶沙皇尼古拉二世的外甥女伊琳娜为妻，他的丈母娘是尼古拉二世的妹妹，他是地地道道的皇亲国戚。

参与谋杀的除了尤苏波夫，还有尼古拉二世的堂弟德米特里大公，还有虽然没有贵族身份，但有杜马和黑色百人团支持的普利什凯维奇。预谋杀死拉斯普京的三人都是君主主义者，他们是为维护罗曼诺夫王朝、捍卫沙皇统治，而决心除掉拉斯普京这个祸害的。

杀死淫僧不容易

1916年12月29日，尤苏波夫亲王、德米特里大公、普利什凯维奇加上尤苏波夫的密友苏霍金大尉和一名医生，在圣彼得堡的尤苏波夫宫设下圈套。

尤苏波夫以美貌的妻子伊琳娜为诱饵，将好色的拉斯普京诱骗出来，给他吃了八块掺有氰化钾的蛋糕，喝了一瓶掺有氰化钾的葡萄酒。这些毒药的剂量足以毒死几匹马或者一头大象，但拉斯普京居然毫无反应。于是尤苏波夫向拉斯普京开了一枪，打穿了他的胸部。

大家都认为拉斯普京肯定挂了，正要处理尸体时，拉斯普京突然苏醒过来，掐住尤苏波夫的喉咙，说："明天我就把你绞死！"随后挣脱众人，往门外的庭院里跑。普利什凯维奇追出屋外，向拉斯普京连开三枪，最后一枪打中了他的脑袋。

密谋者将他拖进屋内，拉斯普京再度苏醒过来。尤苏波夫只好用哑铃猛敲他的太阳穴，将他再度击昏。最后，拉斯普京被扔入河中的一个冰窟窿里，尸体于次日被人发现。法医验尸结果表明，拉斯普京是溺水而死的，肺部全是积水。如果丢入河中的是一具尸体，肺中是不可能有这么多水的，拉斯普京在冰面下居然还活了八分钟。为了弄死他，真是费了一龙二虎九牛之力啊！

拉斯普京的尸体经过防腐处理后被运到皇村[①]，亚历山德拉皇后在那里为他修建了地下墓穴，并计划在墓穴上建一座修道院。二月革命后，这个淫僧的

[①] 皇村，指俄罗斯圣彼得堡下辖的普希金市，旧称皇村，位于圣彼得堡市中心以南25公里。皇村原为瑞典贵族庄园，1708年后成为历任沙皇的夏宫，1728年被称为"皇村"。二月革命后，末代沙皇尼古拉二世一家就是从皇村出发被流放到西伯利亚的。

尸体被进驻皇村的士兵扒了出来，运到圣彼得堡游街示众，然后挫骨扬灰。

尤苏波夫亲王和德米特里大公因为暗杀拉斯普京被软禁，随后被发配到了外地。塞翁失马，焉知非福，这两人因祸得福，不但躲过了俄国革命，而且赢得了布尔什维克的尊敬，没有像其他贵族一样被整肃。值得一提的是，拉斯普京曾预言说，杀死他的人将活不长久，但尤苏波夫一直活到了1967年。

找死，还是等死

有了拉斯普京这样的淫僧惑乱宫廷，统治俄罗斯300年的罗曼诺夫王朝寿终正寝，也就不令人意外了。

不过，从军事上来看，大战打到1917年的时候，俄国还是能坚持的。虽然勃鲁西洛夫攻势代价很高，但那是俄军在一战期间最光彩夺目的胜利，特别是为俄军将领树立了胜利的信心。丘吉尔认为，只要俄国能从1917年开始，保持战线完整无损，俄国就将成为战争的最后胜利者。冬天到来后，俄军有几个月的时间休整；奥匈帝国已被打得稀里哗啦，差不多变成浮云了；英法开始向俄国提供大量武器援助；德国由于两线作战，兵力不足，也不像从前那么可怕了。

因此，在霞飞将军提出1917年要在多个战场展开进攻的时候，俄军将领毫不犹豫地表示，要投入70个师的兵力进攻，这些部队将装备数以万计的大炮和机关枪。如果协约国在东西两线同时发动猛烈进攻，战争很可能在1917年就结束了。

尽管一战的形势对俄国有利，但俄国国内陷入了混乱。1916年底至1917年初这个冬天，俄国的雪下得非常深，温度特别低，整个国家变成了一个大冰窖。有一千多列火车的蒸汽车头因水被冻结而炸裂了，俄国的铁路本来就是一场灾难，这时候更是变成了地狱。整体状况虽然基本上可控，但是食品和燃料难以运进大城市，运输速度慢得就跟水龙头里没水了往外滴的感觉一样。

圣彼得堡不仅是俄国的首都，也是最重要的工业中心，但是首都跟内陆的距离太远，所以这座大城市遇到的问题特别严重。由于缺少能源，很多工厂停工了，工人们没事做，无事就要生非，既冷又饿，既惊恐又愤怒。面包房虽然有面，但是没有燃料加热烤炉，烘烤不出面包来。妇女们排几个小时的队也领不到配额食品，只好去抢。驻扎在圣彼得堡的数万士兵，好多是未经训练的新兵。这些新兵对前途深感迷茫，一些煽动者向他们发表长篇大论的演说，呼吁进行革命，从而结束战争。特别是俄军此前的惨重伤亡，加重了士兵的阴影。俄国士兵曾经跟英国记者说，德国人有机枪、大炮、毒气，我们有胸膛和天灵盖，我们只能靠肉身往上顶。

绝大部分俄国人要求改革，沙皇政府如果接受改革，建立君主立宪制，沙皇专制统治就要终结；但如果不改革，沙皇政府就会被暴力推翻。也就是说，改革可能是找死，但死得会好看一点儿；不改革是等死，死法就很难说了。不幸的是，沙皇政府选择了等死。

山雨欲来风满楼

英国的威尔逊将军在那段时间访问了俄国，他向国内报告说："无论是军官、商人、妇女，每个人都想着弄死他们。"这个"他们"，指的就是沙皇尼古拉二世和皇后亚历山德拉。

俄国的民主社会党人克伦斯基，面对俄国杜马谈及废止沙皇时说："如果其他办法行不通，就应该用恐怖主义的方法。"杜马成员一起欢呼，并答应为他提供庇护。报纸在报道他的讲话时做了删节，但他的言论很快就传遍了首都，大家为他高声喝彩。到了这个时候，俄国革命已经是山雨欲来风满楼。

1917年2月23日，杜马主席在结束了跟沙皇的会晤之后说，他认为他们俩之间没有再进行沟通的必要，革命马上就要来了。尼古拉二世躲了起来，不做回应。民政机关判断一场起义即将爆发，已经开始给警察派发机关枪。

沙皇尼古拉二世这时候既疲倦又孤独，不愿听任何人的意见。他很可能意识到了将要发生的事情，听天由命了。整个冬天，他都住在圣彼得堡附近的皇村。除了皇后之外，所有接近他的人都乞求他任命一个新内阁，但是他没有行动。

对沙皇有影响力的皇后，劝他采取残忍的手段。当他离开皇宫去军队总部的时候，皇后给他写信说："你要坚强，俄国人民需要你坚强，每次遇到困难，你总表现出爱和宽容，现在你要让他们感受到你的力量，这其实也是他们正在要求的。最近，许多人告诉我，俄国需要皮鞭。"但是，沙皇对皇后的诉求也无动于衷，接近他的人都说他变得疏远、超然，对现实漠不关心，总是耐心地听别人不断重复的诉求，神情茫然地微笑，什么也不说，什么也不做。

拉斯普京死后，皇帝和皇后都信任大臣普罗托波夫。他是一个典型的笨蛋，之所以得到信任，是因为他会操办降神会，帮助皇后跟已故的拉斯普京取得联系。他把操办降神会看得比自己内阁大臣的职责、比向城市提供给养还重要。

1917年3月7日，尼古拉二世突然宣布第二天要去杜马，并且声明要任命一个新内阁。这一举动使有理智的政府官员重新燃起了希望。然而，到了晚上，沙皇又宣布必须立刻去军队总部，不去杜马了，把早上说出的话收回了。

几个小时之内，沙皇离开了首都。离开的原因，据人分析有这么几种：第一，可能由于他媳妇的坚决要求。亚历山德拉皇后认为，如果尼古拉顺从杜马的意愿，那他就是一个软弱的笨蛋。第二，也可能他是为躲避皇后的不断骚扰。这时候，东线的战事处在休眠期，他去军队总部其实无事可做，也许就是喝喝小酒、跳跳舞，就干这个。

结果沙皇一走，局势发生了剧烈变化。

皇帝进不了首都

其实，在沙皇走的前一天，街上的示威游行已变成了骚乱和抢劫。

哥萨克骑兵被派到街上恢复秩序，沙皇习惯派骑兵控制不守规矩的群众。这次派去的骑兵都是年轻的新兵，军训只完成了一半，他们的兄长即使没有战死，也是滞留在东线战场上。这些哥萨克士兵没有像往常那样拿鞭子抽打人群，而是加入妇女组成的人群中，向她们表示不会有危险。

到了星期五，聚集的人越来越多，骚乱更加严重。一些在首都活动的极左组织领导人，在遭受了几年的残忍镇压后，此时胆子大了，呼吁进行大罢工。到星期六，抗议人群和哥萨克士兵都出动了。哥萨克士兵接到命令，向抗议人群开火，但是他们把枪口对准了警察。这是一个不可思议的具有震动性的历史时刻，哥萨克士兵对沙皇体制的忠诚结束了。

俄国内阁处在极端的惶恐之中，内阁成员们给沙皇发电报请求辞职，并且要求沙皇返回圣彼得堡，组织新政府。结果沙皇回了一封跟这事儿风马牛不相及的电报，搞笑到什么程度呢？沙皇说："在此与德国和奥地利开战的困难时期，我命令发生在首都的骚乱明天结束。"他太把自己当回事儿了！

这时候，沙皇还认为自己一言九鼎，命令"骚乱结束"。到了"明天"，也就是星期日，沙皇给他新任的首相一份圣旨，要求解散杜马。首相把沙皇的圣旨交给了议员们，议员们立刻投票，表示不予理睬，议员们实际上成了革命者。

到了星期一，好几万士兵加入抗议活动当中，很多士兵开了小差，还有的士兵跟平民一起发动了骚乱。首都的武器库受到攻击，武器遭到了抢掠，数千支步枪流散到城市四处，流入革命者手中。秘密警察的法院和办公室被焚毁，监狱被攻破，犯人获得了自由，有的逃跑，有的加入了革命阵营。

3月13日，沙皇终于离开军队总部，乘火车返回圣彼得堡，路程长达800公里。他的速度很慢，原因是给开往前线的部队和军需品让路，这个举动本意善良，实则愚蠢。沙皇离首都越近，发现混乱越严重，前方报告说暴力事件频发，不能继续前进。

皇帝的专列在离首都还很远的地方被迫停了下来，停在一个乡下小镇。皇帝居然进不了自己的首都，与随行人员躲在一个小火车站里。

退位的闹剧

这时候，军队的高级指挥官——包括沙皇的叔叔尼古拉大公——给沙皇发来电报，要求他交出皇位。

沙皇对这一切安之若素，已经麻木了。点儿背不能怪社会，没觉得有什么大不了，他现在只关心老婆孩子的安危，而他们此时已经变成了囚犯。驻守在圣彼得堡皇村的四万禁卫军也起义了，沙皇的五个孩子这时都得了麻疹，这种病在1917年可不是一个小病。皇后亚历山德拉无法与沙皇取得联系，她不敢相信眼前的一切，但很快，她恢复了理智，把全部精力投入照顾女儿们和12岁的儿子身上，安排饭食，让两个仍然效忠的哥萨克士兵住在温暖的地下室。与革命前的疯狂不同，皇后此时展现出平和的力量，可惜为时已晚，她只能努力帮助家庭度过最后的时光。

到3月15日，俄国出现了两个政府：一个是杜马推出的政府，由36岁的司法部长克伦斯基担任领导；另一个是效忠布尔什维克，由士兵和工人代表组成的苏维埃政府。这两个政府竟然在同一栋建筑中运作，尽管是竞争关系，但两个政府有一个共识——沙皇必须退位。

沙皇的内阁成员并没有与杜马作对，而是可怜兮兮地要求被逮捕，以确保生命安全。几个来自圣彼得堡的代表前去会见尼古拉二世。一开始，沙皇同意在退位诏书上签字，后来又反悔了。代表们要求他把皇位传给儿子，尼古拉二世坚决不同意。他知道儿子有血友病，可能活不了几年，到时候，陌生人就会来接掌皇位。

最后，沙皇决定把位子传给弟弟。这位御弟是罗曼诺夫家族公认的败家子，他曾与一个离过两次婚、育有一子的平民妇女结婚。御弟听说自己要继任沙皇，第一个反应是退位，他怕成为革命的牺牲品。接着，他又声称有意在未来恢复皇位，条件是必须有一个民选的议会。简直是闹笑话，哪有这种好事儿。

至此，统治俄国三百多年的罗曼诺夫王朝宣告结束了。

用专列送回列宁

罗曼诺夫王朝虽然结束了，但杜马的临时政府宣布将大战进行到底，直到取得最后胜利。

前任沙皇尼古拉二世这时表现得极为大度，表示毫无保留地支持临时政府，他在给军队的告别书中说："无论是谁，如果他现在梦想和平，或者乞求获得和平，他就是祖国的叛徒。"

世界各国很快知道了俄国罗曼诺夫王朝崩溃的消息，伦敦和巴黎都非常高兴，美国政府里那些渴望参战的人同样也非常高兴。英国、法国一开始就感到与独裁的帝俄建立同盟令人尴尬，因为英法希望把这场战争定义成民主和独裁之间的斗争，跟俄国同盟，使得解释这场战争的性质变得非常复杂。现在，俄国显然将要变成一个民主国家，而且比原先的沙俄更愿意参加大战，协约国内部变得更纯洁了。

俄国国内，有些人认为帝制的终结是场悲剧，但更多的人欢呼雀跃。事情发展得太快了，这是奇迹中的奇迹！一名士兵在日记中写道："欢乐和焦虑使我无法工作，这是一件多么伟大的事，这是新俄国的黎明，真是令人快活！……警察被抓起来了，他们的武器被没收。上帝，请让世界永远如此！"

但是，没有人想到，德国皇帝威廉二世用自己的专列，把流亡在外的布尔什维克党领袖列宁送回了俄国。列宁回国后，立刻着手领导了十月革命，推翻了克伦斯基的临时政府。

布列斯特和约

列宁领导俄国布尔什维克党掌权之后，立即向协约国提出了一个和平建议。在和平建议被协约国拒绝后，俄国便与德国单独进行和平谈判。

1917年12月3日，布列斯特谈判开始。德国提出了把波兰、立陶宛、爱沙尼亚的局部和拉脱维亚、白俄罗斯的全部割让给德国，并赔款30亿卢布的苛刻条件。

这么苛刻的条件，引起了布尔什维克内部严重的分歧。列宁主张接受德国的条件，尽快签订和约，斯大林等六名中央委员支持列宁；以布哈林为代表的委员则反对签订和约，主张继续进行世界大战；托洛茨基则主张停战，复员军队，但不与德国签约，即不战也不和。

1918年1月2日，苏俄政府召开中央和地方负责人会议。会议上，赞成布哈林主张的有32人，赞成托洛茨基主张的有16人，赞成列宁主张的人数最少，只有15人。

1月24日，苏俄政府召开中央会议，重新表决关于对德签约的问题，列宁的主张仍然没有获得通过。1月30日，布列斯特谈判恢复。作为外交人民委员（即外交部长）、谈判代表团团长的托洛茨基临行前与列宁约定：如果德国下了最后通牒，就让步签约。不出意料，德国果然向苏俄下了最后通牒。托洛茨基向列宁电报询问对策，列宁立即复电：接受德国条件，立即签约。但是托洛茨基没有接受列宁的建议，而是发表了拒绝签约的声明，率团离开布列斯特。结果，德国开始对苏俄大举进攻。

2月18日，苏俄中央委员会举行了紧急会议。会上，列宁的主张又以6：7的票数被否决。随后，中央委员会又连夜开会。经过激烈的争论，托洛茨基转而支持列宁，会议以7票赞成、5票反对、1票弃权的结果通过了列宁的提案。苏俄政府连夜通知德国方面，同意签约。

但是，德国在接到通知后没有立即停止进攻，而是于2月23日提出了更苛刻的条件。苏俄中央委员会又召开有15名委员参加的紧急会议。会议中，列宁力排众议，但大多数委员仍然不赞成他的主张。

郁闷的列宁最后提出，如果这种空谈继续下去，他就要辞职，退出政府和中央委员会。布哈林对此表示无所谓。托洛茨基不同意列宁的意见，但为了防止列宁辞职和党的分裂，他的态度发生了变化，在他的影响下，出现了4票弃权。结果，列宁的主张以7票赞成、4票弃权、4票反对获得通过。

2月24日，苏俄政府重新派出谈判代表团与德国进行谈判。3月3日，《布列斯特和约》正式签订。按照和约，苏俄须割让波兰、立陶宛、乌克兰、白俄罗斯和爱沙尼亚的部分地区共上百万平方公里的土地给德国，赔款60亿马克。苏俄付出丧权辱国的巨大代价，退出了第一次世界大战，保住了自己的政权。

几个月后，德国在西线战败，于1918年11月11日同协约国签订了停战协定，苏俄政府立即于11月12日宣布废除《布列斯特和约》。

02. 奥斯曼帝国的崩溃

想杀就杀，杀得疯狂

奥斯曼土耳其帝国的沦亡，许多人归咎于经济的崩溃。实际上，造成这种结局的是统治者本身。

奥斯曼帝国后期的历任统治者，都是半疯或者半傻。为什么呢？奥斯曼帝国的统治者们，害怕王位被王朝内部的阴谋者篡夺，因而有一个骇人听闻的习俗，他们建起了一栋没有窗户的建筑，称为"囚笼"。苏丹的后裔从少年起就被禁闭在其中，直到死去或者被杀死。他们中只能有一个人活着出来，这个人在没有学过任何知识的情况下，便被推上苏丹的王座。

这样做的结果就是，几个世纪以来，一些极度无知和无能的人统治着庞大的土耳其帝国。他们中许多人曾被禁闭数十年，然而，一旦被释放，他们在死之前就能自由自在地做任何想做的事儿，无论多邪恶都能做。当然，他们最喜欢做的事儿就是杀人，新君主的兄弟们会被杀得一个不剩，包括成年人、少年和婴儿。他们杀人可以用任何借口，或者根本不需要借口，想杀就杀，杀得疯狂。

从16世纪的奥斯曼帝国苏莱曼大帝，到一战爆发的三个半世纪里，只有一位苏丹展示出了奥斯曼帝国君主应有的力量，这就是17世纪在位的穆拉德四世。穆拉德四世在10岁的时候成为苏丹，由于年龄太小才没被放进"囚笼"。他曾带兵攻入波斯，镇压了那里的起义。但是他比其他苏丹更加残酷，更像神经病，仅仅一年内，他就处决了25万臣民，很多人还是被他亲手杀死的，他宣布自己有权每天杀死10个无辜的人。他有时站在宫殿的墙上，随意射杀过路人。晚上，他微服私访伊斯坦布尔的客栈，一旦发现有谁抽烟，当场处决。甫管他走到哪里，刽子手总是跟着，腰带上布满钉子和手钻，提着能打断手脚的木棍，揣着装有能使人眼睛失明的粉末的小罐。

这样的人统治奥斯曼帝国，能把这个国家糟蹋成什么样，就可想而知了。

结束奴役之路

这种惨无人道的统治持续了数百年，直到一战前夕，奥斯曼帝国才告别纯粹的君主专制。

1908年，奥斯曼帝国内部发生了一场革命。青年土耳其党军官建立了新政府，复行1876年宪法，恢复议会，扶植穆罕默德五世成为新苏丹，建立了君主立宪制。

一战初期，奥斯曼帝国也取得过几场胜利，如加里波利之战，但更多的是遭到挫败，如在高加索战役中败于俄国。同时，战争爆发后，帝国内部的民族矛盾变得更加严重。不幸的是，土耳其政府不但未能调和各民族间的紧张关系，反而制造民族分裂，酿成惨祸。

1915年，土耳其内政部长塔拉特对帝国内信奉基督教的亚美尼亚人的忠诚表示怀疑，指责亚美尼亚人勾结入侵的俄国军队，下令逮捕亚美尼亚人的领袖，大规模驱逐和屠杀亚美尼亚人，强行将数千人带到叙利亚沙漠的营地。事件演变成了种族灭绝，此后的几年时间里，估计有150万亚美尼亚人因饥饿、缺水、暴晒、盗贼掠夺而死亡，被称为亚美尼亚大屠杀。

奥斯曼帝国很快吃到了民族分裂的苦头。1916年的阿拉伯起义，使帝国在中东战场的形势逆转，土耳其军队伤亡惨重。1917年俄国革命后，奥斯曼帝国失去了外高加索的大片领土。到1918年，土耳其军队在英军和阿拉伯军队的攻击下，节节败退，丧失了全部美索不达米亚、巴勒斯坦和叙利亚。这时，土耳其军队失去了战斗力，士兵自动放弃阵地，拒绝作战。形势的急转直下和国内民众高涨的反战情绪，使土耳其政府无力再战。

1918年10月30日，在一艘英国巡洋舰上，土耳其与协约国签署了停战协定，退出战争。此后，协约国便开始侵占奥斯曼帝国的领土。希腊自西面登陆向内陆挺进，法国和亚美尼亚分别自南、东两面进入小亚细亚。1920年8月10日，协约国与土耳其签订了《色佛尔条约》。条约使土耳其的领土急剧缩减，昔日地跨三大洲的大帝国，面临被瓜分的危险。

这时，土耳其的一战英雄凯末尔站了出来，大呼："不独立，毋宁死！"着手把全国各地的爱国组织统一起来，成立了土耳其大国民议会，在他的带领下，进行独立战争。凯末尔对内废除苏丹制，对外与入侵土耳其的希腊、法国、亚美尼亚军队作战。

1922年，土耳其独立战争获得胜利，协约国同意废除《色佛尔条约》，并于瑞士洛桑重开谈判。1923年7月24日，土耳其政府与协约国签订《洛桑和约》，收回伊斯坦布尔周围大片土地，稳固了土耳其在小亚细亚的领土。

1923年10月29日，土耳其共和国正式宣告成立。1924年3月3日，土耳其的哈里发制被废除，昔日的统治者奥斯曼皇室被列为不受欢迎的人驱逐出境。

03. 永别了，奥匈帝国

断断续续的谈判

自从1916年冬天，茜茜公主的老公弗兰茨·约瑟夫一世死后，奥匈帝国的政治形势就大为恶化。

奥匈帝国之前的皇储斐迪南大公已经在两年前死于萨拉热窝，因此由弗兰茨的侄孙卡尔继位。卡尔皇帝是一位无能的好人，即位以来就一直想要和平。皇帝和他的外交大臣都感觉到奥匈帝国撑不下去了，于是就跟协约国秘密接触，想提前媾和，结束战争。

卡尔皇帝有一位亲戚，是法国波旁王室的后裔，在比利时担任炮兵军官。卡尔就和这位亲戚联系，让他给法国总统带信。在信中，卡尔表示支持法国对德国的一切要求，也就是收回阿尔萨斯和洛林两省。法国总统回信说，需要更多的德国领土。并且还威胁奥匈说，100万装备精良的美国军队即将来到欧洲作战，但是法国愿意网开一面，与奥匈帝国单独议和；奥匈帝国可以获得德国的巴伐利亚和西里西亚，但是必须把南提罗尔和达尔马提亚交给意大利，因为意大利也是协约国一个战壕里的兄弟。

对德国的土地，卡尔皇帝是崽卖爷田不心疼，你们爱怎么分就怎么分，但是他不愿意割让奥匈帝国的领土，同时他认为跟协约国单独媾和有点儿对老大德国太不够意思。这个谈判就断断续续，没有实质性进展。

1917年德奥联军发起的卡普里托会战，算是奥匈帝国陆军的最后一次光荣胜利。之后，卡尔皇帝再度提出了谈判的问题，法奥两国的代表在瑞士秘密接触。法国人非常精明，对于奥匈极尽利诱之能事，只要奥匈退出战争，并把某些不重要的领土割给意大利，那么巴伐利亚王国以及第一次瓜分之前的整个波兰，都将并入奥匈帝国，西里西亚也将再度属于奥匈，甚至罗马尼亚都有可能。这样的话，一个哈布斯堡王朝统治下的大帝国，领土将从波罗的海延伸到亚得里亚海。法国代表非常幽默地向巴黎当局报告说："用波兰诱惑他们，用巴伐利亚吸引他们，用西里西亚骇倒他们。"

卡尔皇帝并不傻，看明白了协约国这样做的目的，实际上是诱使他对德国开战，因为西里西亚和巴伐利亚在德国手里，要想得到就得对德开战，跟德国他是不敢打的。所以他问，包括德奥两国在内的和平条件是什么？巴黎回答说："德国应该割让阿尔萨斯和洛林，还有萨尔地区，以及之前波兰的领土，希望卡尔把这些条件转告柏林。"

卡尔知道，如果把这些条件转告德国，一定会惹得威廉二世勃然大怒，还会暴露自己秘密谈判的动机，于是这次谈判又黄了。

我们只好自杀

到这个时候，奥匈帝国内部虽然情况恶劣，但是只要还有使战争获得有利结果的可能，国内的斯拉夫民族仍然不愿意脱离这个帝国。

早在1915年，一些捷克人和南斯拉夫人的领袖就拒绝了协约国对他们的诱惑，他们所希望的只是在奥匈帝国之内获得民族自治。奥匈帝国境内的南斯拉夫人宁愿接受维也纳贵族的统治，也不愿意接受"贝尔格莱德文盲"塞尔维亚人的统治。

而且，到1917年年底为止，美国总统威尔逊还说，他无意削弱奥匈帝国。但是，当德国的威望和实力在西线日渐衰弱的时候，所有的乘客都急于逃离哈布斯堡王朝这艘即将沉没的破船。

到1918年秋天，卡尔皇帝决定对国内少数民族做出一切让步。如果他能在一年前采取这种政策，也许还能保住皇位。但是他的一切改革都必须获得匈牙利人的同意，因为奥匈是一个二元帝国，奥皇决定给其人民以自治，匈牙利首相提醒他，奥皇在宣言上必须声明所有这些自由都不适用于匈牙利，否则他会切断对奥地利的粮食供应。奥皇的宣言实际上就是奥匈帝国的讣告，奥匈最后一位外交大臣说："因为要预防任人杀害我们，结果我们只好自杀。"

当奥匈帝国的首相要求各民族领袖来开会，共同商讨如何实施自治的时候，没有一个民族领袖前来，大家都不要奥匈帝国了，根本就不买他的账。当奥匈帝国呼吁各交战国在海牙举行一次和平会议的时候，威尔逊总统拖延了两个星期才答复，并且指出，哈布斯堡王朝谋求建立一个联邦的观念不行了。威尔逊的这种言论，替奥匈帝国内的一切民族吹响了解放的号角，奥匈帝国开始分裂。

仗打到这个份儿上，奥匈帝国几乎耗干了自己的财富。在前线战斗的部队每个星期还能吃到200克肉，所以很多人从后方跑到前线，目的就是为了吃肉。得了疟疾的人，如果唯一的衬衫已经洗过、正在晒干，就只好光着身子在寒风中颤抖。奥匈帝国到了最后阶段，只有最前线的人才有制服，其他人就逮着什么穿什么了。

在这种形势下，奥匈帝国还企图发动新的攻势来扭转战场上的颓势。前总参谋长康拉德元帅主张向意大利再次发动进攻。1918年6月15日凌晨，后来被称为派夫河会战的攻势开始了。当奥地利军队开始进攻的时候，很多士兵逃往敌军战线，并顺便向敌人提供情报。攻击几乎立刻就受到意大利军队的阻击，到第四天就完全停止了。到第五天，一向脆弱的意大利军队居然开始反攻。两个伪列强在南线打得热火朝天，一直被奥地利人欺负的意大利总算逮着机会了，玩命地打。打到7月6日，奥军的攻势完全失败，白白损失了15万人。

有人认为，这场战役也能算得上是有世界意义的会战之一，因为这不仅是1918年协约国军的第一次大胜，而且也是意大利军队的首胜，非常值得纪念。

维也纳曲终人散

德国派驻奥地利统帅部的联络官克拉蒙将军说："6月会战对奥国国内情况以及全盘局势都产生了严重后果。不仅是失败本身，而且还有奥军所受到的惨重损失，在匈牙利国会中已经引起一片谴责声。他们要求撤回匈牙利的军队，不让他们再受那些毫无良心的奥军将领的指挥。而奥国人民也公开指责奥皇夫妇通敌卖国。"这一切替奥匈帝国敲响了丧钟。

奥军战败之后，意大利人看出战争可能快结束了，于是急于继续反攻，制造胜利，以便多捞好处。意军集中全部兵力孤注一掷，共出动了9个集团军、57个步兵师、4个骑兵师、7700门火炮，还有英国、法国、美国、捷克的联军部队在内，阵容可谓空前庞大。奥地利军队虽然有52个步兵师、6个骑兵师、6000门火炮，但早已士气低落，成了乌合之众，150万人当中只有35万是战斗部队。

意大利军队于1918年10月24日发起攻击，当然了，是由精锐的英国军队替他们打头阵。这次会战由于众寡悬殊，胜负早已注定。虽然奥地利军队仍然在拼死抵抗，但是其他民族的部队不愿意再跟日耳曼人同生共死，奥国的瓦解就在眼前。于是军人逃亡，战线崩溃，意军如入无人之境，会战自动结束。

当奥匈总参谋长向政府报告这些情况时，财政部长拿出他的表来，看了一眼，然后说："现在已经12点半了，咱们赶紧去吃饭，饭后就必须立即求和。"

10月29日，韦布将军率领的奥匈代表团越过前线，跟意大利人去谈判休战条件。意方首席代表是巴多里奥，也就是二战时墨索里尼之后的意大利政府首脑。由于卡尔皇帝在休战条件上出现反复，巴多里奥怀疑奥匈帝国是在玩弄诡计，就拍着桌子咆哮："谈判已经破裂，战争继续进行！"这种蛮横态度让奥地利人很害怕，只好同意了停战条件。

11月3日下午5点，奥匈代表团在停战协定上签字。巴多里奥为了表示他的"大方"，宣布休战在22小时之后生效，同时命令快速部队去拦截正在撤退中的奥军。意军不顾奥地利人的抗议，把凡是被他们追上的人员都变成了战俘，这样又抓了42.7万名"战俘"，赢得了意大利有史以来第一次"伟大"的胜利！

而在奥匈内部，这时早已混乱不堪，布达佩斯、布拉格等地纷纷成立了独立政府。奥皇卡尔束手无策，他用颤抖的声音打电话禁止使用武力对付臣民，实际上，他也没有武力可用了。

1918年11月10日黄昏，维也纳皇宫乐队最后一次演奏帝国国歌。此时夕阳西下，秋风萧瑟，面容憔悴的奥匈帝国末代皇帝卡尔立正静听。一曲终了，统治奥地利长达600多年的哈布斯堡王朝宣告结束。

两天后，奥皇卡尔宣布退位，奥地利变成了一个共和国。

04. 再见，德意志帝国

体面停战是幻想

1918年，协约国军队在西线发起总攻的同时，也在巴尔干战场开始反攻。

同盟国的重要成员保加利亚于9月29日宣布投降，与协约国军队签订停战协定，退出了战争。保加利亚、土耳其帝国和奥匈帝国相继投降，使得同盟国集团土崩瓦解，德国陷入了四面楚歌、空前孤立的困境。

此时，德军在战场上也极为不利。从1918年8月8日到9月8日，短短一个月内，德军就损失了15万人、大炮2000多门、机枪13 000多挺。军事上的失败，使德国政府和军方陷入穷途末路的境地。9月底，德国元帅兴登堡在枢密院会议上声明："德军已经不能继续抵抗了"，要求结束战争。10月3日，他又在一封信中要求停止战斗。

德皇威廉二世不甘心失去手中的权力，宣布改组内阁，由马克斯亲王担任德意志第二帝国第八任首相，并且把一份停战建议交给美国总统威尔逊，愿意以威尔逊提出的"14点纲领"为基础，开始和谈，并签订停战协定。同时，德国也向英法两国发出了停战照会。

就在第一次世界大战即将结束的时候，协约国内部在对德国战与和的问题上出现了严重分歧。有人主张直逼莱茵河，彻底肢解德国。美国出于自身利益考虑，不愿意看到这种局面。

威尔逊总统认为：只要德国人真正投降，就结束战争。10月8日，威尔逊正式答复马克斯亲王，表示美国准备考虑和谈，但只有在同盟国撤出比利时和法国，并且保证不再采取敌对行动后才能这么做。威尔逊还说，美国只和一个负责的、合法的文官政府谈判，而不和德国的军事首脑们谈判。

10月12日，马克斯亲王向威尔逊保证：他以德国人民的名义，接受"14点纲领"，并提议成立一个混合委员会监督撤出法国和比利时的工作。两天后，威尔逊拒绝了成立混合委员会的建议，并明确表明：他同意的停战，只能是保证美国和协约国军队目前绝对优势地位的停战。

威尔逊的这个照会在德国政界引起了一场大地震，打破了德国军方体面停战的幻想。德国军队的两位最高指挥官兴登堡和鲁登道夫致电马克斯亲王，要求实现体面的和平，否则，就战斗到最后一个人和最后一颗子弹。但是，当时德国军民的士气已经低落得无法恢复，最后文官政府占了上风。

10月20日，马克斯亲王通知威尔逊：德国接受他的条件。

条件有点儿太苛刻

1918年10月1日，德国西线统帅鲁登道夫跟高级军官们说，最高统帅部和德国军队已经完了，战争无法取胜，彻底的失败即将到来。连鲁登道夫这个一贯的主战派都说德国已经完了，可见情况严重到了什么地步。

但是德军最高统帅部仍企图铤而走险，命令海军出海，与英国海军决战。这时，公海舰队的司令官是曾指挥过日德兰大海战的舍尔上将，他给舰队的口号是：要么辉煌地胜利，要么光荣地沉没！仗打到这个地步，毫无疑问，这次出征肯定是光荣地沉没，不可能辉煌地胜利。于是，德国海军的水兵拒绝这种自杀行为。11月3日，基尔港的水兵起义，起义遍及了整个舰队。革命之火由北向南遍及全国。

11月6日，德国的战时内阁召开了紧急会议，商讨和谈问题。会议决定派遣外交大臣埃尔茨贝格尔率领代表团前往法国，与协约国谈判。如果协约国不同意，则打着白旗请求投降。

11月7日，天色已晚，德国谈判代表团的汽车插着白旗越过前沿阵地，于次日清晨，到达巴黎东北部贡比涅森林里的雷东德车站，协约国军总司令福煦元帅的列车停到那里。

德国代表团一到，姿态高傲的福煦未与他们握手就问："先生们，你们来这儿干什么？"埃尔茨贝格尔回答："我们想听听您的停战建议。"福煦耸耸肩，摊开双手说："喔，我们没有提过任何停战建议，我们很愿意继续打下去。"德国代表无可奈何，只好硬着头皮说："可是我们需要您提的条件，我们无法继续打下去了。"福煦说："呵，这么说，你们是来求和的？这可是另外一回事儿了。"

于是，福煦代表联军提出了停战条件，实际上是一份迫使德国投降的条件，要求德国代表72小时内给予答复。

停战条件规定：第一，德军在签订停战协定后15天内退出一切占领区；第二，德军交出5000门大炮、25 000挺机枪、1700架飞机、5000辆铁路机车、5000辆卡车；第三，所有协约国战俘立即遣返，而德军战俘则在和约签订后开始归还；第四，交出一切德国潜艇；第五，交出德国海军的16艘主力舰、8艘巡洋舰、50艘驱逐舰；另外，还有其他一些政治方面和经济方面的条件。

总而言之，协约国要求德国无条件投降。

首相罢免皇帝

一名德军骑兵立即出发，越过战线，向国内汇报情况。

当他到达德军统帅部的时候，德军统帅部已经对任何条件都不再有还价的资格了。因为后方已经发生了大革命，前方只有五天的补给，德国南面的门户已经洞开，兴登堡元帅已经彻底失宠。当时，德军副总参谋长格仑勒将军只有两种选择：要么签订停战协定，要么就眼睁睁地看着部队由于缺乏粮食、弹药而分别向协约国军投降。当一个军的补给官向第一集团军军部要求补充炮弹时，后者说扔石头吧，我们已经没有炮弹了。在这种情况下，德国政府准备接受投降。

11月9日上午，兴登堡跟格仑勒一同去觐见德皇威廉二世。兴登堡首先开口说，他实在说不出他所应该说的话，所以他必须辞职。威廉二世立即打断了他，命令格仑勒报告。在过去24小时内，格仑勒将军已经放弃了一切平息国内动乱的可能。革命分子切断了前线军队的补给线，部队天天都盼着休战，休战之后部队会保持良好的秩序返回德国。但是，格仑勒断言他们不会再拥护皇帝了。

听了这些话，威廉二世非常不痛快。这时候威廉皇太子来了，这位太子爷一跳下车就高喊说："那批水兵还没枪决吗？"可见他对形势简直无知到了极点。皇太子的参谋长夏伦堡伯爵质问格仑勒将军，军人必须遵守他们对军旗的宣誓。格仑勒摇了摇头，回答："宣誓不过是一种形式而已。"

当时陆军统帅部把50位团长招来，询问他们的部下是否会追随德皇去讨伐革命者。只有一个人说是，少数人不回答，大多数人都认为部下不会服从命令。很明显，陆军不会拥护德皇进行内战。

在这种情况下，德国首相马克斯亲王主动宣布，威廉二世已经同时放弃其作为德意志帝国皇帝和普鲁士国王的地位，并且通知在前线统帅部的威廉二世。

威廉二世得知首相宣布他退位的消息后，勃然大怒，高喊着说："可耻！可耻！岂有此理！一位巴登的亲王竟然推翻普鲁士的国王！"他不承认现实，一份电报又一份电报打到柏林，表示强烈的抗议。但是，这些电报已经不是当年呼风唤雨、地动山摇的圣旨了。

兴登堡元帅向德皇报告说，情况变得更坏，部队已经不再支持陛下，也不再有任何效忠的部队。他害怕德皇会被叛军劫持送往柏林，然后再移交给敌人，他建议威廉二世立刻前往荷兰避难。

一场游戏一场梦

看到大势已去，第二天，也就是11月10日，威廉二世在黑暗中乘坐专车驶往荷兰。有500年辉煌历史的霍亨索伦王朝，步沙俄罗曼诺夫王朝和奥地利哈布斯堡王朝的后尘，烟消云散了。

在旅途中，威廉二世没有开口说一句话。越过国境之后，他改乘私人汽车，去一位荷兰伯爵的别墅中寻求庇护。一直等到汽车越过吊桥驶入别墅后，威廉二世才开口说话，他向出来欢迎的主人说："现在我必须喝一杯好的、热的、浓的英国茶，完全是英国的味道。"

就在威廉二世流亡到荷兰的同时，马克斯亲王向社会民主党人艾伯特①移交政权。两个人完成交接，马克斯亲王要出门的时候，转身说："艾伯特先生，我把德意志帝国交给你来保管。"艾伯特回答："我已经为这个帝国丧失了两个儿子！"

社会民主党人艾伯特的新政府，建议代表团对福煦提出的苛刻条件提出异议，如果遭到拒绝就在条约上签字。不出所料，德国代表提出的异议，立即遭

---

① 艾伯特（1871—1925），生于海德堡，1891年加入德国社会民主党。一战期间为国会议员，1916年被选为社会民主党议会党团主席，后任社会民主党主席。1918年德国革命爆发后，接替马克斯亲王任首相。1919年2月11日，就任魏玛共和国第一任总统，在任期间接受《凡尔赛和约》。

到了协约国方面的拒绝。1918年11月11日凌晨5点，两名德国代表在福煦的列车上签署了停战协定，协定几乎完全同意了协约国提出的苛刻条件。

停战协定签订后，一位德国代表起身慷慨陈词，他说话的时候，英法两国代表都看着其他地方。那位代表最后说："一个7000万人的民族受到苦难，但它不会死亡！"福煦淡淡地说："很好。"

1918年11月11日上午11点，贡比涅森林鸣放礼炮101响，标志着四年零三个月的第一次世界大战正式结束。

第一次世界大战的战火席卷欧、亚、非三大洲，波及人口达到15亿。交战双方动员的兵力共计7400万人，共有880多万人阵亡，另有2100万人受伤，是人类历史上空前惨烈的一次兵劫。

战争就是这么回事儿：
袁腾飞讲一战

第十讲

历史是个死循环

（一战之后，苏波战争）

只有死人才能看到战争的结束。

——柏拉图

01. 追寻祖先的荣光

历经苦难的国家

第一次世界大战虽然结束了，但战争还在继续。

一战摧垮了德意志、俄罗斯、奥匈和土耳其四大帝国，在俄、德、奥三国的废墟上，建立起了一系列民族国家。其中特别值得一提的是，被俄罗斯、奥匈帝国和普鲁士在1772年、1793年和1795年三次瓜分，消失了百余年的波兰得以复国。

一战后期，德奥同盟发现，俄国巨大的人口优势构成了极大威胁。德国军需总监鲁登道夫认为，要想在人力上缩小同俄国的差距，就必须寻求波兰的支持。

在这种背景下，1916年11月5日，德皇威廉二世同奥匈帝国皇帝约瑟夫一世发表了联合公告，准许波兰人民建立一个独立国家，他们还为"独立"的波兰王国指定了国王。12月底，在德奥占领的波兰领土上，成立了波兰临时国务会议，后来的波兰民族英雄毕苏斯基，被任命为波兰临时国务会议的军政部长。

毕苏斯基，1867年出生在今天的立陶宛，父母都是立陶宛人。毕苏斯基家族在立陶宛和波兰国家事务中，世代发挥着重要作用，称得上是名门望族。

大家可能奇怪，一个立陶宛人怎么会成为波兰的民族英雄呢？事情是这个样子的，1385年，波兰王国和立陶宛大公国因通婚而联合，波兰历史上最光荣的时代，正是波兰—立陶宛联合王国的时代。这个时期，波兰首次实现了统一，领土面积将近100万平方公里，是响当当的欧洲大国。今天的欧洲，除了俄罗斯这个庞然大物之外，面积大的要算乌克兰、法国、西班牙，但这三国的面积也只是超过50万平方公里，上百万的还真没有。

毕苏斯基虽然是立陶宛人，但是，他心中的祖国就是历史上曾经强大，被俄、普、奥瓜分消失的波兰—立陶宛联合王国。毕苏斯基是个极其热诚的爱国者，拥有巨大的勇气和人格魅力，在军事政治思想上非常富有创新意识。他强烈反对俄国，希望复兴波兰的光荣与伟大。为了实现波兰的独立，他加入过反对俄国统治的波兰社会党，并在沙皇的监狱里被关了很多年。他也读马克思主义的书籍，但他始终是一名坚定的民族主义者，效忠的对象就是祖国波兰。

毕苏斯基被德奥占领下的波兰政府任命为军政部长后，意识到德国人对波兰有所图谋，拒绝跟德国人合作，很快就被囚禁了。1917年，德奥同盟面临崩溃，建立独立的波兰成为可能，毕苏斯基获释后返回了华沙。

毕苏斯基众望所归，一呼百应，是受到军民共同尊敬的显赫人物。当时波兰的摄政会议，把军队指挥权交给了他。毕苏斯基成为波兰第二共和国的首位国家元首，新的独立的波兰共和国成立了。

地盘大了好处多

1919年，在处理一战战后问题的巴黎和会上，通过决议承认波兰共和国，波兰的独立得到了国际社会的认可。

但没有想到的是，波兰在独立后第二年，就受到了严峻考验，遭到了老冤家俄国的进攻。这一次呼啸而来的俄国人跟历史上既相同又不同，相同的是他们的野蛮和残忍，不同的是他们披上了红色的外衣。

1917年俄国发生十月革命，布尔什维克党掌握了俄国政权。在列宁的领导下，布尔什维克利用革命的激情改造了俄国，还梦想改造全世界。苏俄政权的对外政策极具攻击性，既有革命的理想主义，也有东正教想拯救异教徒的救世情怀。

历史上，沙皇俄国就是极富侵略性的国家，它的对外扩张来自于一种对自身安全的病态恐惧，只有地盘越扩越大，它才会有安全感。特别是在拿破仑战

巴黎和会，实际上由英国首相劳合·乔治、法国总理克里蒙梭、美国总统威尔逊三巨头说了算

争和一战中，俄国都是仗着人多地盘大，逃脱了覆亡的命运，避免被强大的对手击垮。所以，俄国人更坚信地盘大了好处多。

列宁的对外政策，除了对传统外交政策的继承外，还有对世界上第一个红色政权能否存在下去的担忧。列宁认为，只有全世界无产者联合起来，在各自家里闹革命，才能使苏维埃俄国获得真正的安全。他宣称："世界帝国主义与胜利的苏维埃革命是不能和平共存的。"

一战给欧洲各国带来了经济崩溃，使马克思主义在大众中广泛流行，成为很时髦的东西，甭管懂不懂，大家都在谈论。十月革命一声炮响，也给中国送来了马克思主义。

列宁很有信心，坚信自己输出革命的理论能够变成现实。他认为只要在欧洲国家点起革命之火，俄罗斯就可以毫不费力地重夺在一战中失去的土地，甚至占领整个欧洲。布尔什维克党的二把手、号称"红军之父"的托洛茨基，也认为能否占领紧邻俄国的中东欧国家，是苏俄政权能否巩固的关键。

几个世纪以来，俄罗斯都是靠沙皇专制统治维持着它的庞大版图。二月革命发生后，沙皇政府被推翻，各民族纷纷寻求独立，十月革命的成功更是大大加速了这一进程。

乌克兰宣布独立，成立了共和国。效忠沙皇的俄国将军们则在各地起兵，海军上将高尔察克建立了自己的政权，步兵中将邓尼金统率白卫军，与之遥相呼应，苏俄迅速陷入内战。

布尔什维克最惨的时候，只能控制全俄不到10%的领土，连莫斯科都差点儿被攻克。

把老祖宗的土地收回来

巴黎和会时，协约国集团普遍认为苏俄红色政权很危险，把苏俄政权视为洪水猛兽，积极参与苏俄内战，想借此把布尔什维克赶下台。

此时，列宁和托洛茨基四处招兵买马，各种出身、各种信仰的人都被拉入红军，用来反击国内外的一切敌人。

特别有意思的是，后来成为苏联元帅的布琼尼就是这时加入红军的。他原来是一名土匪头目，骑术非常高超，带着一帮兄弟四处打家劫舍，大块吃肉，大碗喝酒，大秤分金银。托洛茨基想收编他，就派人给他送来一辆装甲汽车和一个党员证。布琼尼征询兄弟们的意见，一个家伙说："这辆汽车还行，党员证有个毛用，烧掉算了。"布琼尼觉得"党证反正也不吃粮食"，就留下了。谁也想不到，布琼尼日后成为苏联元帅，掌握全苏的骑兵，深得斯大林信任。

　　在苏俄内战中，涌现出了一批天才将领，最有名的就是图哈切夫斯基。他出身贵族，艺术修养极好，法语说得像母语一样流利。由于家境败落，便加入军队，担任禁卫军中尉，他身穿的礼服白色肩章上缀有沙皇的花体签名。他性格坚毅，从不抱怨困难，更不发牢骚。许多年后，在"大清洗"中有了不祥之兆时，他才对身边的亲人说起："我小时候是怎么请求给我买一把小提琴的呀，可爸爸由于始终没钱一直不能买。我大概可以成为一名职业小提琴手……"但是，历史决定了他跟小提琴没有发生关系。

　　一战爆发后，图哈切夫斯基担任连长，在波兰华沙附近被德军俘虏，关进了战俘营。他的难友回忆："图哈切夫斯基在监狱里表现出了极大的毁灭欲，按他的看法，一切毁灭都是好的。图哈切夫斯基曾说，一旦马克思主义输入俄国，最具毁灭性的战争必然爆发，我们会陷入一场大混乱，必须等到所有文明都化为灰烬，我们才能脱离这场混乱。而我喜欢战神，我决定追随马克思主义。"

　　后来，图哈切夫斯基越狱逃回了俄国。列宁号召俄国战俘返回俄罗斯后站到人民一边的讲演，传进了他的耳朵，图哈切夫斯基便加入了红军。因为他是正规军出身，在当时的红军中，具有过人的军事才能，很是拉风。1920年，图哈切夫斯基已升任红军高加索方面军司令，当时他只有27岁。马克思主义的革命激情，加上丰富的作战经验，使他在用兵打仗时更加娴熟。

　　在苏俄内战打得热火朝天的时候，刚刚复国的波兰看到了机会。毕苏斯基认为，尽管波兰复国了，但是1772年被掠夺的土地还在俄国人的统治之下。虽然苏俄在1918年8月颁布法令，宣布废除沙俄政府签订的关于瓜分波兰的一切条约，但是，正像他们答应废除掠夺中国土地的条约一样，俄国人的话算不算数，只有上帝才知道。

所以，毕苏斯基想趁俄国人陷于内战的良机，把老祖宗的土地收回来。强烈的历史使命感，驱使毕苏斯基夺回前人失去的土地。

因此，恢复原来的波兰—立陶宛联合王国的疆域，成为毕苏斯基奋斗的梦想，也成为他一切政策的出发点。

都是乌合之众

1919年12月，协约国最高会议决定，波兰东界应该止于布格河。毕苏斯基感到这是对波兰的侮辱，他决定在没有大国的支持下自由行动。

1919年岁末起，毕苏斯基和俄国人谈了几次，想收回1772年丧失的国土，他的要求遭到了俄国人的坚决拒绝。虽然苏俄宣布废除沙皇俄国掠夺领土的条约，但是苏维埃政权绝不可能放弃俄国人已经霸占的地盘，更何况世界革命还没输出，红色政权怎么能割让领土呢？

如此一来，双方都不让步，谈判只能破裂，一场决定欧洲命运的战争即将打响。

战争爆发时，苏波双方的军队都是一帮乌合之众。1918年11月，毕苏斯基刚刚掌权的时候，波军只有24个步兵营、3个骑兵中队、5个炮兵连。三个月后，增长到100个步兵营、70个骑兵中队和80个炮兵连，总兵力11万人。如此迅速的扩充，军人素质和武器装备情况可想而知。更糟糕的是，波兰长期被俄、普、奥三国占领，缺乏独立的军工生产体系，一切军用物资都需要英法援助，特别是战马，这一点对以后的战局产生了相当大的影响。

波军除了毕苏斯基和少数军官外，大多数军官缺乏基本的指挥素质和军事才能，而且对历史上三次瓜分他们祖国的俄国人有一种天生的恐惧感。战前，波军的一个团长对他的朋友说："招惹俄国人是危险的，我们可能连华沙都保不住。"

其实，跟波兰相比，苏俄的情况是半斤八两。托洛茨基组建了一支红军，保证了足够的兵源，但是无法保证部队士气和战斗力。图哈切夫斯基曾评价沙俄军队说："俄国陆军是一群乌合之众，但这也正是他们的优点。"这个评价同样适用于红军。红军是一群由农民临时组成的乌合之众，素质低下，革命使他们对沙皇的信仰破灭，但是没有建立起新的士气激励机制。当然，红军给每位军事长官都配了政委。

1920年4月25日，波兰军队向乌克兰首都基辅发动了猛烈进攻。在毕苏斯基眼里，一战爆发后，不断损兵折将的俄军简直就是纸糊的、泥塑的废物，现在这支红军更是一群不可救药的乌合之众。

波军果然势如破竹、摧枯拉朽，一路高歌猛进。5月7日，仅仅十多天时间，千年古城基辅就被波军拿下了。

02. 俄军反击波兰

俄军打仗有秘诀

居然让波兰人欺负到头上来了，这还了得？苏俄军队立即调兵遣将，准备反击。

此时，苏波战线由普里皮亚季河和同名的大沼泽一分为二，两军都由此分成了左右两部分。波军主力在南方，也就是右翼，由第二、第三、第六集团军组成；在北方，也就是左翼，只有第一、第四集团军，总兵力12万。苏军正好相反，主力在河北，是由图哈切夫斯基率领的西方面军，下辖第三、第四、第十五、第十六集团军；河南是叶戈罗夫指挥的西南方面军，下辖第十四、第十六集团军一部，还有赫赫有名的布琼尼和伏罗希洛夫指挥的第一骑兵军，总共18万人。苏联1935年首次授衔的五名元帅，这里就有四个，阵容不是一般地强大。缺席的是布柳赫尔，他在远东，没赶上这场战役。

从彼得大帝时代开始，俄军打仗的秘诀就是一个字：拖。以空间换取时间。从查理十二世①到拿破仑再到后来的希特勒，所有敢进攻俄国的强大敌人都毁在"拖"字上，现在这个魔咒又降临到了毕苏斯基头上。和毕苏斯基相比，红军的前敌总指挥加米涅夫是科班出身，毕业于沙俄的军事学院，当过步兵军参谋长，革命后当过工农红军参谋长，比毕苏斯基老辣得多。

波军占领基辅之后，加米涅夫下令攻击波军最弱的左翼。毕苏斯基刚刚进入基辅，凳子还没有坐热，未等全军集中，图哈切夫斯基的重拳就打过来了。俄军由第十五集团军担任主攻，图哈切夫斯基的意图是先发制人，把波军主力从右翼吸引过来。

尽管波兰借助乌克兰的军队阻止了这次攻势（乌克兰人对俄国人怀有刻骨仇恨，在战斗中打得相当顽强），但是图哈切夫斯基的行动仍然使毕苏斯基大为震惊，不得不停止攻势，极不情愿地从西南方向调集军队，救援左翼。

其实，图哈切夫斯基的这一击是虚招，当毕苏斯基救援左翼的部队还在星夜兼程赶往目的地的时候，真正的杀招已经逼近了波军右翼部队。布琼尼带领近2万名哥萨克骑兵、48门火炮、8辆装甲汽车，潜行300公里，攻击波军右翼，几乎合围了波兰第三集团军。哥萨克骑兵极其凶猛，波军缺少战马，无法抵抗，只能杀出一条血路，向西突围逃跑。

毕苏斯基离开了梦寐以求的乌克兰大地，黯然神伤。

---

① 查理十二世（1682—1718），瑞典发萨王朝的第10代国王。查理十二世于1697年即位时，瑞典处在极盛时期，他多次率军出征，屡获大胜。1707年秋，他在波兰东部集结10万大军，准备东征俄国，并于次年1月渡过维斯瓦河，开始向俄国腹地进军。俄皇彼得一世进行战略防御，采取坚壁清野政策，瑞典军队进攻受挫，最后大败，几乎全军覆没。此后，瑞典丧失了在东北欧的霸主地位。

红旗插遍欧洲

波兰第三集团军虽然捡回了一条命，但战场主动权已转入俄国人之手。

更可怕的是，尽管波兰军队避免了拿破仑大军的命运，主力未失，但在首都华沙，毕苏斯基的后院已经起火了。这要归功于捷尔任斯基，有意思的是，他是波兰犹太人，跟毕苏斯基还是校友，但两人道不同不相为谋。

捷尔任斯基安排了很多间谍深入波军后方，动摇波兰人的抵抗意志。在华沙城内，经常可以看到布尔什维克的小广告，上面写着："世界革命万岁！""波兰兄弟团结起来，推翻毕苏斯基政府！""你在为谁而战？"之类的文字。据卫兵回忆，甚至总统府的墙上也出现了这种小广告。在华沙城的咖啡馆、酒吧里，经常可以看到一些操着西部口音，留着大胡子，像俄国人一样画十字的人，绘声绘色地描述着波军前线失利的情况，就跟他们亲眼所见一样。各种版本的流言开始在波兰传播，内容大都是说波兰第三集团军被全歼了，司令带着人逃跑了。毕苏斯基当时坦言："恐慌现象已经开始发生，政权开始动摇。越是后方，心理上越是如此。"

所以，波兰人当务之急是要救出脆弱的左翼部队，因为右翼的失败已经使毕苏斯基感到了危险。幸亏图哈切夫斯基没有立即追击，他需要时间休整军队，补充给养，等待援军。整个6月，图哈切夫斯基的军队停止前进，收编了10万内战的逃亡者。

苏俄红军没有立即发动进攻，除了等待援军之外，还有一个因素是，图哈切夫斯基甚至列宁都陷入了一种莫名其妙的狂热之中。他们坚信波兰的情况大大有利于欧洲革命的发生，只要红军大军一到，波兰城市中的无产阶级和农民就会揭竿而起，箪食壶浆，以迎王师。

不只是波兰，按照苏俄情报部门的推断：德国正等待着起义的信号，英国正处于革命前夜，意大利工人正在占领工厂，只要红军大军一到，红旗就会插遍整个欧洲！

拿破仑复活了

从7月4日到23日，在集结了大量兵力和完成物资准备后，图哈切夫斯基指挥第三、第四、第十五、第十六集团军对波兰军队发动猛烈进攻。这次，红军势如破竹，步兵、炮兵、骑兵跟少量装甲兵配合，迅猛进攻，大胆穿插，先后占领基辅、明斯克等重镇，摧垮了波军几乎所有的防线，给波兰第一、第四集团军以歼灭性打击。

毕苏斯基在回忆录中写道："图哈切夫斯基的军队在运动中创造了一种不可战胜的形象，就像乌云伴随着暴风雨即将来临那样。在他面前，国家在颤抖、在动摇，士兵们惊恐不安。"看起来，现在没有任何东西能够挡住苏俄红军进攻的脚步，波兰的完全崩溃恐怕就在眼前。

这次战役中，红军强悍的战斗力和图哈切夫斯基机敏果决的指挥艺术，得到了淋漓尽致的发挥。整个欧洲都惊恐地注视着图哈切夫斯基的攻势，他三个星期前进了300公里。这位年仅27岁的红军方面军司令，高喊"拿下欧洲"的口号，指挥红军以史无前例的速度向波兰进军。人们惊呼："拿破仑复活了！"

7月23日，波兰首都华沙的最后一道天然屏障布格河被图哈切夫斯基突破，华沙已经毫无防备地躺在红军战士的面前。红军总司令部命令图哈切夫斯基在8月12日占领华沙。

这时，红军西南方面军也没闲着，他们持续给波兰第三集团军施加压力，从沼泽地的南部进攻。苏俄第一骑兵军具有极强的战斗力，据当年在波军服役的美军志愿飞行员回忆："从飞机上俯瞰第一骑兵军部队，每行八人八骑，哥萨克头戴圆筒帽，身披大衣，肩上挎着步枪，队伍浩浩荡荡，望不到尽头。"

苏俄著名作家巴别尔写过一本叫《红色骑兵军》的奇书。当时，他以记者身份跟随第一骑兵军参加了这场战争，经历了这一欧洲历史上乃至人类历史上的最后一场大规模骑兵会战。据他回忆，哥萨克组成的红军部队没有摆脱嗜血的本性，一路上烧杀抢掠，犯下无数罪行。特别是第一骑兵军，继承了沙皇俄国反犹太的传统。在巴别尔的日记中，处处可见红色骑兵军对犹太人的屠杀。有一次，在波兰小镇，当入侵的红色骑兵们准备召集会议、宣传革命的时候，一个年轻的哥萨克揪住一个犹太老人，把他的脑袋夹在腋下，抽出匕首，利索地割断了老人的脖子，身上没溅上一滴血。这位红军战士泰然自若地走开，敲了敲一扇紧闭的窗户说："要是有兴趣，出来收尸吧。这个自由可以有。"

已把绝望写在脸上

8月1日，布列斯特也被红军占领。波兰面临的处境非常危险。苏俄的两个方面军都已绕过了沼泽，可以直接协同打击波兰军队，而波军这时尚未完成回撤布防。

幸亏红军的两个方面军司令图哈切夫斯基和叶戈罗夫之间有矛盾，影响了两个方面军之间的相互配合。而这时候，克里米亚的白卫军将领弗兰格尔开始威胁西南方面军后方，拖住了叶戈罗夫的后腿，迫使图哈切夫斯基抽出兵力，加以支援，这对日后的战局有极大影响。

在快速推进的过程中，图哈切夫斯基忽然发现他的后勤补给系统近乎解体。苏俄红军的补给方式近乎野蛮，跟历史上的野蛮游牧民族一样，完全采取就地取食的办法，到处抢粮充饥。第一骑兵军的记者巴别尔记述：只要一跟女房东提要吃东西，她就想上吊。俄国人的野蛮凶残，使他们根本无法从占领区获得急需的粮食。这样，图哈切夫斯基只有继续向西占领华沙，他的部队才能吃上饱饭。

然而，战场形势大好，掩盖了这一切。这时的克里姆林宫正处在欢喜之中，令人惊叹的战绩使得全世界对无产阶级红军刮目相看。在政治上，全欧洲的工人都联合起来了，奥地利、捷克斯洛伐克、德国的工人罢工，拒绝军火经过他们的国家运往波兰；英国工党宣布大不列颠工人绝不参加波兰挑起的战争；法国社会党人宣称：不给波兰反动政府一个人、一分钱和一颗子弹，还高呼："俄罗斯革命万岁！工人国际万岁！"除了匈牙利，没有人愿意支援波兰。

在全世界人民看来，苏俄红军的胜利已经是板上钉钉，波兰城内可以听到近郊的炮声，上流社会的达官显贵逃亡一空，英法两国的外交使团已经分批撤离，无法逃走也无处可逃的妇女儿童们在哀号。还未从上一次惨败中恢复过来的波兰士兵紧张地加固工事，但是大多数人已把绝望写在脸上。

列宁满怀信心地说："如果波兰变成了苏维埃国家，华沙工人得到他们所期盼、欢迎的苏俄的帮助，《凡尔赛和约》就会瓦解，由战胜国建立起来的整个国际体系就会垮台。"

苏俄甚至建立了由捷尔任斯基领导的波兰临时革命委员会，号召波兰人民为推翻地主阶级政权、建立苏维埃共和国而斗争。

03. 挡住苏俄红潮

要跟俄国死磕到底

经过300公里的长途跋涉，红军早已疲惫不堪，缺枪少炮。士兵缺乏口粮，更没有肉吃，许多人衣服破烂，没有鞋子。

而波兰方面，英、法、美给波兰提供了大量援助，除了武器装备，还有大批生力军正从西方源源不断赶来。美国提供了1.1亿美元的军用物资和粮食。法国除了提供武器装备，还派遣了以魏刚将军为首的军事代表团前来助阵，代表团里，一名年轻军官外号叫"两米"，就是戴高乐①，后来成为法国的民族

---

① 戴高乐（1890—1970），生于法国北部边境城市里尔。身高1.95米，生性好斗，向往成为一名军人。1909年考入圣西尔军校。毕业后，在步兵团任少尉军官。一战初期，在战斗中多次负伤，1916年3月负伤昏死后被德国俘虏，直到德国战败投降后才重获自由。后应募去波兰同苏俄红军作战。在二战期间领导自由法国运动，在战后成立法兰西第五共和国，并担任首任总统。

英雄。

但是，这种情况没有引起图哈切夫斯基的警惕。他对部下讲："向西去吧！波兰的尸体躺在地上，让革命蔓延到全世界！进军华沙，然后在波兰的遗体上进攻柏林！"

8月初，在英法的斡旋下，苏波双方举行了谈判。列宁和托洛茨基提出了苛刻条件，其中有一条，要求波兰陆军减少到六万人，以城市工人组成的武装民兵为支援，由俄国、波兰、挪威三国劳工组织共同管理，这实际上剥夺了波兰拥有独立常备军的权利。

毕苏斯基拒绝了俄国人的方案，他深知国家独立自主的价值，宁愿站着死，决不跪着生，下决心要跟俄国死磕到底。也许是为了配合谈判，等待华沙工人起义，8月初，红军停在了布格河，暂停攻势。

波军分成两大集团，守卫着300多公里的战线。第一、第二、第四、第五集团军，以华沙为中心，构成波军北面集团，总数约11万；第六、第七集团军和一些乌克兰、罗马尼亚军队，构成波军南面集团，将近5万人；连接两大集团的是波兰第三集团军，2.5万人。

红军的部署与战前差别不大，西方面军在北线威胁华沙，西南方面军在南线，图哈切夫斯基比叶戈罗夫更靠前。华沙的城防情况较好，桥头阵地上挖掘了战壕，架设了铁丝网，有43个重炮连负责火力支援，北、西、南三面的外围据点与华沙互为犄角，形成拱卫之势。

看到阵地坚固，毕苏斯基的心情才稍微放松。

上帝保佑波兰

当时，毕苏斯基面对的战场形势足以令任何一个指挥官绝望。

法国军事顾问团团长魏刚将军建议毕苏斯基采取堑壕战，这是个纯粹的防御计划，已经被一战证明是行不通的，没有任何一场战斗是靠挖战壕打赢的。毕苏斯基虽然没上过一天军校，但他是在战争中学会打仗的。他敏锐地察觉到，纯粹的防御计划不可能带来胜利，只不过是苟延残喘，只有进攻才能获得一线生机。

毕苏斯基把自己关在贝尔维德宫，对着地图苦思冥想，要找出一个拯救波兰的方案。功夫不负有心人，就在毕苏斯基对着地图沉思的时候，智慧的火花闪现，他发现华沙南方是苏俄西方面军和西南方面军的接合部，敌军兵力薄弱，只有一个集团军，如果在这里集中兵力发动反攻，肯定会有出其不意的效果。

于是，毕苏斯基打算抓住这一难得的战机。苏俄红军摆出的是一个哑铃阵势，两头粗，中间细，西方面军和西南方面军就是哑铃的两端。如果让反攻兵力从中间插入，打击红军最脆弱的中间部分，并且实施战略包抄，就可以迂回到图哈切夫斯基的主力第十六集团军后方。红军的后勤补给体系早已崩溃，如果被包围，军队士气必然低落，无法面对后路被切断的情况。一旦第十六集团军被击退，华沙附近的波军主力就可以加入反攻，彻底扭转战局。

其实，图哈切夫斯基并非不清楚两个方面军之间存在软肋，但他认为，波军已成惊弓之鸟，败局已定，出现一点儿纰漏不算什么，这就是所谓的骄兵必败。而且一向靠前指挥的图哈切夫斯基，这时远在300多公里之外的司令部里。

8月6日，毕苏斯基制订了反攻计划，由波兰第一、第二、第五集团军坚守华沙三四天，第三、第四集团军向南进攻苏俄第十六集团军侧翼，尽量扩大战果。毕苏斯基的最过人之处，就是在防御已经捉襟见肘的情况下，还敢用有限的兵力进攻，这从技术角度讲非常冒险。

更让毕苏斯基意想不到的是，南线波军在撤退过程中经历了残酷的战斗，一位携带侧翼进攻命令的军官阵亡，进攻计划落入红军之手。但是，上帝保佑波兰，无论是红军总参谋部，还是图哈切夫斯基，都怀疑这一消息的可靠性，甚至认为这是深陷困境的波军虚张声势的诡计，完全没有重视这份情报。

除了几个亲信参谋和幕僚之外，毕苏斯基没有把他的计划告诉更多的人，他必须考虑部下在大败之后的承受能力。虽然这个计划在有限的小圈子内仍然遭到了强烈反对，但是毕苏斯基心意已决，他派自己最得力的将军防守华沙，同时开始秘密调兵遣将。

在毕苏斯基最需要的时候，协约国的援助物资终于冲破了各国工人的阻挠，运抵华沙前线。

波兰农民觉悟低

8月8日，红军前锋距华沙仅有10公里。但长途奔袭已使苏俄红军严重减员，西方面军总兵力不足4.5万人，最后的预备队也已经用上，一些团的人数仅相当于连，官兵极度疲劳，粮弹两缺。在进攻中，苏波两军的不少作战地段，战斗已处于相持状态。

8月16日，波兰军队发起了全线反击，以骑兵为主力的波军第三、第四集团军强行突破60到80公里，突然出现在红军第十六集团军后方。正在进攻的红军第十六集团军猝不及防，迅速溃退，第三、第十五集团军的侧后随之暴露。

与此同时，驻守华沙的波军第一、第二、第五集团军全力出击，终于收到了效果。红军的溃退形成了雪崩效应，第三、第四、第十五、第十六集团军先后遭到惨重打击。直到8月18日，图哈切夫斯基才收到报告，立即下达了全线撤退的命令。

但是命令已经不可能执行了，波军对红军各部队的分割包围已经形成。红军第十六集团军最先丧失战斗力，第三、第十五集团军依次瓦解。

后来的红军中将托多尔斯基参加了这场战斗，他对红军的崩溃有较为详尽的描述：到8月20日夜，他跟战友们还不知道友邻部队已被击溃，还在热烈谈论着发起总攻的时间，拿攻入华沙后的场景开玩笑，说要把华沙天主教堂的巨额财富还给波兰劳动人民，如何回应波兰工人兄弟的热烈欢迎……聊着聊着，哥儿几个进入了梦乡。

8月21日凌晨，托多尔斯基还没睡醒，就听到华沙方向传来炮声。凶悍的大胡子连长开始呵斥，说左翼的浑蛋们被波兰人击溃了，现在必须扔掉一切辎重，迅速后撤。他们一开始还不相信，但一看见前面败退下来的士兵，也就撒丫子开跑。一路上，情况极其混乱，在波兰的土地上，到处可见被打败的红军士兵，用俄语骂着波兰人和自己的上司。

在路口，常常可以看见俄国大车挡路，发生了严重堵塞。几支部队的指挥官互相对骂，甚至大打出手。正在闹得不可开交的时候，总会有一个哥萨克骑兵扬鞭而至，向他的首长报告波兰军队的动向。刚刚脸红脖子粗的苏俄军人立马恢复"革命友谊"，交通堵塞以最快的速度解决。因为他们都知道，如果再慢一点儿，波兰人就会追上来，把他们收拾干净。

每当溃逃的红军经过波兰村庄，总看到一些波兰农民远远地站在村口，拿着各种各样的农具，警惕地望着他们。托多尔斯基路过一个村庄的时候，曾经看到一个脑袋被打破的红军士兵，缠着白纱布靠在石头上。这个士兵说，他跟队伍走散了，路过一个村庄的时候，向波兰人要水，还没开口，就被一个波兰农民拿棍子打了。托多尔斯基在日记里描写："最使我难过的，不是我们被波兰统治者的军队击败，而是波兰农民的觉悟竟然如此之低，他们的脑筋竟然被民族主义填满，向阶级兄弟们舞枪弄棒。"

世界已被改变

在几支红军中，最惨的是第四集团军，因为深入前线，无法全身而退，只得和相对完整的第三骑兵军一起进入德国境内。当然，德国人毫不留情地缴了他们的武器。

8月25日，毕苏斯基下令停止追击。红军损失共计15万人，其中6.6万人被俘，3万多人被德国人解除武装。波军缴获大炮231门、机关枪1032挺，还有1万车弹药和其他补给。波军在七八月间的损失是5万人。

华沙会战，毕苏斯基凭借坚强意志和军事天才，以及波兰人民面临外敌入侵时宁为玉碎不为瓦全、众志成城坚决抵抗的战斗意志，用弱小单薄的身躯，挡住了苏俄红潮的进攻，拯救了华沙，也拯救了波兰。列宁认为能用马列主义意识形态征服波兰，却忘了俄国三次瓜分波兰及其亡国灭种的同化政策给波兰民族带来的国仇家恨。

战争虽然告一段落，但战争给人们留下的创伤，仍历历在目

波兰人挡住了俄国挺进中东欧的步伐，也挡住了汹涌澎湃的苏俄红潮。

一战结束了，尽管波兰挡住了苏俄红潮，但整个世界已被改变，再也无法复原，而且战争仍在继续，许多人认为《凡尔赛合约》不过是20年休战。整整一代欧洲年轻人奔赴战场，那些活下来的人躲过了炮弹，但还是被战争毁掉了。

他们中出现了"迷茫的一代"，战争爆发时，他们是20岁左右的年轻人，在政府"拯救世界"的口号下，怀着民主的理想，奔赴欧洲战场。他们亲历人类历史上空前惨烈的大屠杀，发现战争远不是他们原来幻想的那种英雄事业。他们在战争中经历了种种苦难，从此开始寻找新的生活意义，却又陷入空虚和迷茫，找不到自己的方向。

战争虽然告一段落，但战争给人们留下的创伤，仍历历在目。

（《战争就是这么回事儿：袁腾飞讲一战》完，敬请关注"袁腾飞讲战争"系列后续作品）